講談社選書メチエ
KODANSHA SENSHO MÉTIER
401

アイヌの歴史

海と宝のノマド

瀬川拓郎

●目次　アイヌの歴史

《各章扉カット》二〇〇四年に小樽市で発見されたアイヌ絵の画稿（作者不明・江戸時代末〜明治時代初か）より。アイヌの生き生きとした姿が人間としての共感の視線で描かれている（写真は小樽市総合博物館提供）。

はじめに――海と宝のノマド

考古学からみたリアルなアイヌの歴史

アイヌという人びとについて、私たちはどんなイメージをもっているだろうか。

なんとなく縄文人のイメージを重ねている読者が多いかもしれない。たしかに形質人類学では、アイヌは縄文人の血を濃厚に受け継いだ子孫という考え方が一般的だ。では、ほかにはどうだろうか。

私の手もとに、北海道が作成した『アイヌ民族を理解するために』というアイヌの歴史や文化、現状を紹介した小冊子がある。そのなかに繰り返し登場する言葉があることに気がつく。

いわく、「自然」の恵み・自由な「大自然」・「自然」の材料だけで・「平和」な暮らし・「平和」な生活・「秩序」ある暮らし・「秩序」正しい社会――。

かつての伝統的なアイヌ社会のイメージは、自然と共生するエコロジカルな社会、対立も格差もない穏やかで秩序正しい社会、といったもののようだ。ジャン゠ジャック・ルソーが説く自然人のような、この「公的」なアイヌのイメージは、さまざまなアイヌ文化の解説書の底流をなしているといえるかもしれない。

だが、アイヌ社会はほんとうに「自然との共生」「平等」「平和」の社会だったのだろうか。

かならずしもそうではなかった、と私にはおもわれる。

生態系への圧力になっていたとみられる偏向した狩猟漁撈・富の蓄積・侵略――。これらはいずれも縄文文化ではほとんど認められないものだが、その後の社会では程度の差こそあれ常態化していた。

北の狩猟採集民アイヌは、縄文文化であゆみを止めてしまった人びと、つまり縄文人の生きた化石だったわけではない。本州の人びとが農耕社会に踏み出し、激変の歴史をあゆんできたように、北の狩猟採集民の社会もまた、あゆみこそ異なるものの変容し、複雑化し、矛盾は拡大してきた。かれらはその歴史のなかをしたたかに生き抜いてきたのだ。

本書がめざすのは、このような視点からみたリアルなアイヌの歴史であり、日本からみたアイヌではなく、アイヌの側に視点をおいたかれらの社会史である。

近世をのぞけば北の狩猟採集民について記録した文字史料はほとんどない。本書は、この文字史料がない縄文から中世をおもな対象として、考古学がリアルなアイヌの歴史にどこまで迫れるのかというひとつの試みでもある。

宝が支配する社会

ではいったいなにが、どのように北の狩猟採集民の社会をかえてきたのだろうか。本書のあらすじをのべておくことにしたい。

まず第一章では、縄文文化から近世まで北の狩猟採集民のあゆみを概観する。数千年、数万年の時を自由に往還するスケール感が考古学の魅力だ。ここではその魅力の一端を紹介したい。

北海道の歴史ではオホーツク文化や擦文《さつもん》文化といった耳慣れない用語が登場する。北の考古学的な世界のあらましをわかりやすくみてゆくことにしよう。ただし、それを退屈な考古学概説とするつもりはない。アイヌがどのようにしてアイヌとなったのか。その基本的な関心にそって北の狩猟採集民のあゆみをたどってみることにしたい。

それに続く第二章では、北の狩猟採集民を虜にしていた宝と、宝が生みだした格差社会の歴史をみてゆく。

近世のアイヌ社会では首長が大きな権威をもっていた。ときに数十人の隷属民を抱え、神格化されていた。この格差は日本の刀や漆器、中国製の錦といった異文化の宝によって支えられていた。それは、宝が生みだす威信と名誉が首長という地位に欠かせないものだったからだ。

宝によって手に入れた隷属民や漁場はさらなる宝をもたらし、宝が宝を生みだした。宝をもたない者は貧乏人と差別され、隷属民はときに世襲された。宝が支配する「格差社会」——現代の私たちが抱える苦悩と、北の狩猟採集民のそれとは、まったく異質なものではなかった。

この「もてる者」と「もたざる者」の格差社会は、本州の弥生《やよい》・古墳文化に並行する続縄文《ぞくじょうもん》文化ではじまった。本州農耕社会のもたらすさまざまな宝が、北の狩猟採集民をその入手に駆りたてたのだ。階層化をキーワードとしてみえてくる北の狩猟採集民の歴史を紹介しよう。

縄文エコシステムとアイヌ・エコシステム

この異文化の宝を手にいれるため、北の狩猟採集民は交易品としてなにを生産していたのか。

九世紀の終わり、北の狩猟採集民には大きな変化が生じた。サケやアワビ漁、アシカ猟などへの特化がはじまったのだ。さらにこのころ北の狩猟採集民は、オオワシの羽を表象する人びととして日本の絵図に登場するようになる。

この一連の動きは、北海道と本州の交易が一気に拡大する動きと連動していた。北の狩猟採集民に生じた変化は、交易品生産としての狩猟漁撈へ特化してゆく姿だった。

第三章と第四章では、北の狩猟採集民の交易品生産への特化を、サケとオオワシを例に具体的にみてゆくことにしよう。どちらも腐食して残らないものだけに、手がかりはかぎられている。そのためここでは、生態学的なアプローチやフィールドワーク、絵画・文書からの追究といったさまざまな手法を試みる。歴史研究の多面的な面白さを紹介したい。

第七章では、この交易への特化によって、北の狩猟採集社会に自然利用にとどまらない劇的な転換が生じていたことを明らかにする。同じ狩猟採集社会でありながら、九世紀の終わりをさかいにカムイ（神）といった象徴的世界すら大きくかわっていったのだ。

多様で柔軟な「縄文エコシステム」の世界から、硬直化した一様性の「アイヌ・エコシステム」の世界へ——。宝が引きおこしたもうひとつの社会の変化をみてゆきたい。

海と宝のノマド

宝は、北の狩猟採集民に外部へ膨張してゆく大きなエネルギーをもたらした。

かれらは、ワシ・タカ羽やクロテンの毛皮、さらに中国製品を入手するため、一一世紀にはサハリンへ進出を開始した。

一三世紀にはサハリンに政治的影響をおよぼしていた中国の元朝と利害が衝突し、派遣された万を数える元の軍隊とサハリンで戦争をおこなっていた。さらに近世には、アイヌの分布は北緯五〇度付近まで達してサハリン島の南半を占め、先住民のニブフやウィルタと交易を繰り広げていた。

・また千島《ちしま》列島では、北東端のシュムシュ島までアイヌが居住し、カムチャツカ半島の先住民イテリメンと交易をおこなっていた。

札幌を起点として、サハリンの北緯五〇度までの距離は東京から本州西端間に相当し、シュムシュ島までの距離は東京から沖縄間に相当する。アイヌは宝をもとめて広大な空間を往来する「海のノマド」だったのだ——。

アイヌの文化やアイデンティティは、自閉的な環境ではなく、戦争・対立・同化といった異文化とのさまざまな接触・関係のなかで形づくられてきた。第五章では、サハリン系のオホーツク文化との具体的な関係をとおして、北の狩猟採集民が宝をめぐって北方世界の先住民とどのようにかかわってきたのかをみてゆこう。

境界と共生のシステム

北海道と東北北部は、縄文時代から、津軽《つがる》海峡をまたいで一体の文化を共有してきた。しかし、アイヌ・エコシステムが成立する九世紀の終わり以降、北海道と日本化した東北北部の文化は異なる道をあゆみはじめる。

これと並行して道南の渡島《おしま》半島には「青苗《あおなえ》文化」とよぶ日本（和人《わじん》）文化との融合文化が成立する。この青苗文化の人びとは、津軽海峡を往来して東北北部（和人）の社会と交易をおこない、濃密な関係を結んでいた。しかし、かれらのアイデンティティは明らかに北の狩猟採集民とつながっていた。

青苗文化の成立は、東北北部と道南がひとつの文化の共有にたちかえろうとする動きではなかった。というのも、濃密な交流にもかかわらず、東北北部が青苗文化に同化されることはなく、青苗文化が日本文化に同化されてしまうこともなかったからだ――。

第六章では、古代から中世の北の狩猟採集民が同化を回避し、みずからのアイデンティティを保ちながら日本と交流していた姿を紹介し、文化の境界がどのような実態をもつものだったのか、異文化との共生のシステムとはどのようなものか、考えてみたい。

アイヌの歴史にどのようにかかわるか

本書が「自然との共生」「平等」「平和」といった、なかば常識化したアイヌのイメージとは異なる歴史の側面を示そうとするのはなぜか、本論に入るまえにのべておくことにしたい。

私たちは、アイヌを日本の周縁や辺境の人びととみなしている。そしてそれは、ほとんど自明のことになっている。しかし、アイヌが周縁や辺境という本質をもつ人びとだったことは一度もない。周縁や辺境は、日本という「文明」のなかだけで成立しているフィクションにほかならない。

東京大学の村井章介《むらいしょうすけ》によれば、中世日本の世界観はもっとも浄《きよ》い天皇の身体を中心とし、天皇が住む洛中《らくちゅう》を離れるほどケガレが多くなるという同心円状の構造をもっていた。日本の境界の外にあった北の狩猟採集民はもっともケガレた存在であり、鬼であって人間とはみなされていなかった。はたして私たちはこの世界観を過去のものとしているのだろうか。

この虚構を削ぎ落とし、日本を相対化しなければ、アイヌの主体的な歴史、つまりアイヌ史は成立しない。日本国民としてのアイヌを日本史のなかでどのように位置づけるのかといった議論は、日本との関係が相対化されたアイヌ史を踏まえたうえでおこなわれなければならないはずだ。

生きぬいた軌跡としてのアイヌ史

では、周縁・辺境を相対化するアイヌの歴史とは、いったいどのようなものだろうか。

文字をもたないアイヌの歴史研究で中核的な役割を担っているはずの考古学は、この点についてはまったく無自覚だった。たとえば、日本文化の強い影響を受けた古代「擦文文化」の成立、あるいは日本製品の移入拡大による中世「アイヌ文化」の成立は、すべて日本へ従属してゆく過程・前史としてうたがいもなく説明され、日本からの視点を越えるアイヌの歴史像を提出しようとする動きはなかった。

一方、文献史学では、アイヌと北東アジアとのかかわりを示すことで日本史を越える視点を提示しようとする議論や、和人商人による収奪と抑圧のなかでアイヌの自由意志にもとづく経済活動があったことを示し、アイヌの自律性や主体性に光をあてようとする議論もおこなわれてきている。

本書では、周縁・辺境を相対化するため、日本という「文明」にむけて、「自然」の一部として未開視されてきたアイヌを「文明」として突き返す作業を試みたいとおもう。つまり、エコロジカルなアイヌ像ではなく、宝を求めて異文化と交流しながら、激動の世界をしたたかに生きぬいてきたアイヌの歴史を提示したい。

このことは、アイヌの歴史に自然との共生を学ぼうとする態度を否定するものではない。しかし、多くの場合それは裏づけを欠き、「自然」破壊を進めてきた「文明」の贖罪意識《しょくざい》や、アイヌを「自然」の一部とみなすことで侵略を正当化してきた「文明」の贖罪意識といったものが一体になった、心情論でしかないようにみえる。

国家と農耕社会の相対化

日本とアイヌの関係を相対化するもうひとつの方法は、「文明」の一方的な論理である進歩史観を相対化することだろう。

アイヌが国家をもたず、農耕民にならなかった事実は、進歩や発展から取り残されたあかしとみなされてきた。

しかしテッサ・モーリス゠鈴木は、人類社会を農耕モノカルチャーに適合した「集権型知識体系」と、労働集約的農業に適さない「分散型知識体系」に分類し、前者は中心に向かって統合された大規模な知識体系を創造し、後者は数多くの小規模で分散した知識体系を創造したと考えている。つまり、両者の関係は優劣や進歩の遅速ではなく、知識体系の適応と選択の問題であり、アイヌが農耕民にならなかった事実は、進歩とは異なる次元の問題ということになる。これは農耕優位観を乗り越えるうえで興味深い議論だ。

またピエール・クラストルは、農耕民のなかに狩猟採集民へ逆行・退行した人びとが存在する事実に注目し、そこに未開社会における国家の拒否を読みとる。クラストルによれば、未開社会には歴史がないのではなく、位階《いかい》秩序・権力・服従・統合・国家への抵抗の過程こそ歴史とされる。これにしたがえば、北の狩猟採集民は、異文化の宝が生みだす不平等の流れに抗うことはできなかったものの、国家になる一線を越えることには抵抗し、踏みとどまったといえるだろう。

アイヌが文字をもたなかった事実も、かれらが国家をもたなかったことと関連しているのかもしれない。文字の使用は国家社会の成立に深くかかわっていると考えられているからだ。そして、アイヌに国家がなかった事実を歴史的な停滞と即断できないのと同様、文字がなかった事実についても、それがネガティブな意味しかもたないことなのか、あらためて考えてみる必要がある。

たとえば千葉大学の中川裕《なかがわひろし》は、アイヌの古老が一様に博識で物覚えがいいのは、忘れてしまえば二度と取りもどせないという気持ちでいつでも物事に接してきたからであり、かれらは文字を知っていても自分の記憶を書き残そうとはしなかった、とのべている。アイヌは紙に書かれた文字ではなく、人が発する生きた言葉を至上のものとし、それを聞き逃すまいと耳を傾け、記憶に刻みこんできたのだ。人間としての教養や生き方が、文字の使用によって評価できるようなものではないことを、このエピソードはよく示している。

「文明」のまなざしを越えて

市川光雄《いちかわみつお》は、アフリカの狩猟採集民が霊長類の自然状態の不平等を否定し、努力のうえに平等な社会をつくりあげてきたとして、そこには社会が不平等になることを防ぐさまざまな知恵が結集していると指摘する。また網野《あみの》善彦《よしひこ》は、古代以降の社会が支配と所有にとりこまれ、自由と平等を失ってきたことを示している。とすれば、そもそも私たちの歴史自体、はたして進歩だったといいきれるのだろうか。

いずれにせよ北の狩猟採集民の社会は、国家になりそこねたのではなく、農耕をうけいれる忍耐力と組織力を欠いていたわけでもなかった。かれらは私たちの後方で立ち止まっていたのではなく、私たちとは異なる道をあゆんできたのだ。そしてかれらは「自然」の一部だったのではなく、その歴史は私たちと同じ側にある——本書が示そうとするのは、このことだ。

第一章

アイヌ文化のなりたち

——北の縄文から近世

櫂を持つ男性図

1　アイヌのルーツ

アイヌ・アイヌ文化・考古学的なアイヌ文化

「アイヌ」とは、アイヌ語で神に対する人間を意味する。

このアイヌ語を話す人びとは、北海道を中心にサハリンの南部と、千島列島は北東端のシュムシュ島まで、そして青森の一部にも住んでいた。一八〇四年のこれら地域（ただし千島はクナシリ島まで・青森は除く）のアイヌ人口は二万三七九七人であり（『アイヌ政策史』）、その後は減少したが、二〇〇六年の時点では二万三七八二人を数える（北海道環境生活部調査）。

アイヌ語地名が残る地域は、アイヌが住んでいた前記の地域と重なっている。ただし本州では青森の一部だけでなく東北北部一帯に広くみられることから、アイヌ語を話す人びとがかつては東北北部一帯にも住んでいたことがわかる。そして、このアイヌ語を話す人びとが共有していた伝統的な生活様式の総体が「アイヌ文化」とよばれる。ちなみに、アイヌ語と日本語は語順が同じであるなど似かよった点もあるが、言語学では同系関係は認められていない。

アイヌの歴史をたどろうとするとき、かれら自身による文字の記録はないため、考古学的な資料によって歴史を復元することが必要になる。考古学では、腐食《ふしょく》を免れて残存したモノや、住居や墓など大地に刻まれた人為的な痕跡の組み合わせを「文化」とよび、その変化から歴史を考えようとする。縄文文化や弥生文化などというのがそれだ。

北海道の考古学では、あとで説明する古代の「擦文《さつもん》文化」以降、つまり中近世の遺跡からみつかる物質文化（鉄鍋《てつなべ》・漆塗椀《うるしぬりわん》・儀礼具の捧酒箸《ほうしゅばし》・骨角製《こっかくせい》狩猟具・サケ捕獲用の鉤銛《かぎもり》・平地住居・足を伸ばした埋葬姿勢の土《ど》葬墓《そうぼ》など）の組みあわせを「アイヌ文化」とよんでいる。この物質文化は、アイヌの自製品にとどまらず本州や大陸からの移入品もふくんでいる。さらにこの考古学的な「アイヌ文化」は、時代区分の名称ともなってきた。つまり縄文文化の続いた時代が縄文時代であるように、アイヌ文化が続いた時代はアイヌ時代ということになる。

だが、この考古学的文化の命名が適切といいがたいことは、考古学の専門家でなくても理解できるだろう。ひとつは、アイヌの伝統的な生活様式を指す「アイヌ文化」と考古学的概念の「アイヌ文化」が同じ名称であること、もうひとつは考古学的な文化に集団名称を冠していることだ。

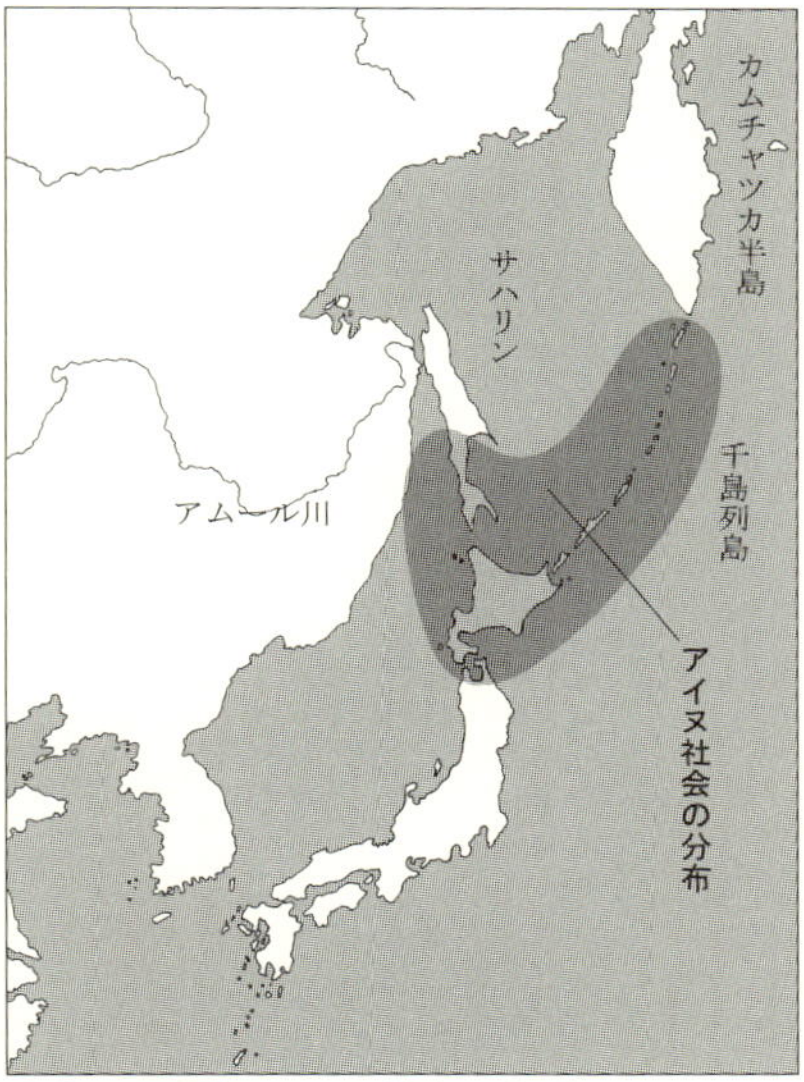

中世から近世のアイヌ社会の広がり

たとえば、日本の弥生時代や古墳時代を「日本人時代（文化）」とよんでいる状況を想像してみてほしい。アイヌ文化が続いた時代を「アイヌ時代」ではなく、実際には多くの場合「アイヌ文化期」とよんでいるのも、「アイヌ時代」と直接的によぶことから生じる混乱をできるだけ小さくしようという、私をふくめた考古学関係者の無意識の心理作用といえなくもないが、もちろんそれで問題が解決するわけではない。考古学的な「アイヌ文化」はほかの用語に変更されるのがのぞましい。

「ニブタニ文化」の提唱

では、もし「アイヌ文化」を廃止するとすれば、どのような用語が適当なのだろうか。

ひとつの案として「鉄鍋文化」が考えられる。本州から移入されていた鉄鍋は、中世から近世の遺跡からしばしば出土するから、資料としての普遍性をもっている。さらに鉄鍋の形態的な特徴から、これを前期の内耳《ないじ》期と後期の吊耳《つりみみ》期の二時期に分ければ、その境は一七世紀中ごろであり、前者が中世、後者が近世におおむね対応して理解しやすい。文化指標をかならずしも自製品にかぎる必要はない。

しかし、「アイヌ」から「鉄鍋」への名称変更は落差が大きすぎ、簡単には定着しないだろう。では「ニブタニ文化」ではどうだろうか。

日高《ひだか》の平取町《びらとりちょう》にある二風谷《にぶたに》遺跡は、中世から近世のアイヌ集落が広域に調査されたはじめての例だ。近世アイヌの住居（チセ）につながる平地住居が確認される一方、古代の擦文文化との関係が考えられる竪穴住居も確認され、さらに豊富な鉄製品や漆器が出土するなど、擦文文化以降の暮らしの一端が明らかになった。その記念碑的な意味をこめて、この遺跡に集約された物質文化要素の総体を「ニブタニ文化」とよぶのはどうだろうか。これはアイヌ文化伝承の聖地とされる二風谷の地名を取りこむことにもなり、それをカタカナ表記にすることで、固有地名としての「二風谷」にしばられない普遍的なイメージももたせられるだろう。

名称の変更は緊急の課題であると私にはおもわれるが、長く使われてきた用語をかえるのは容易な

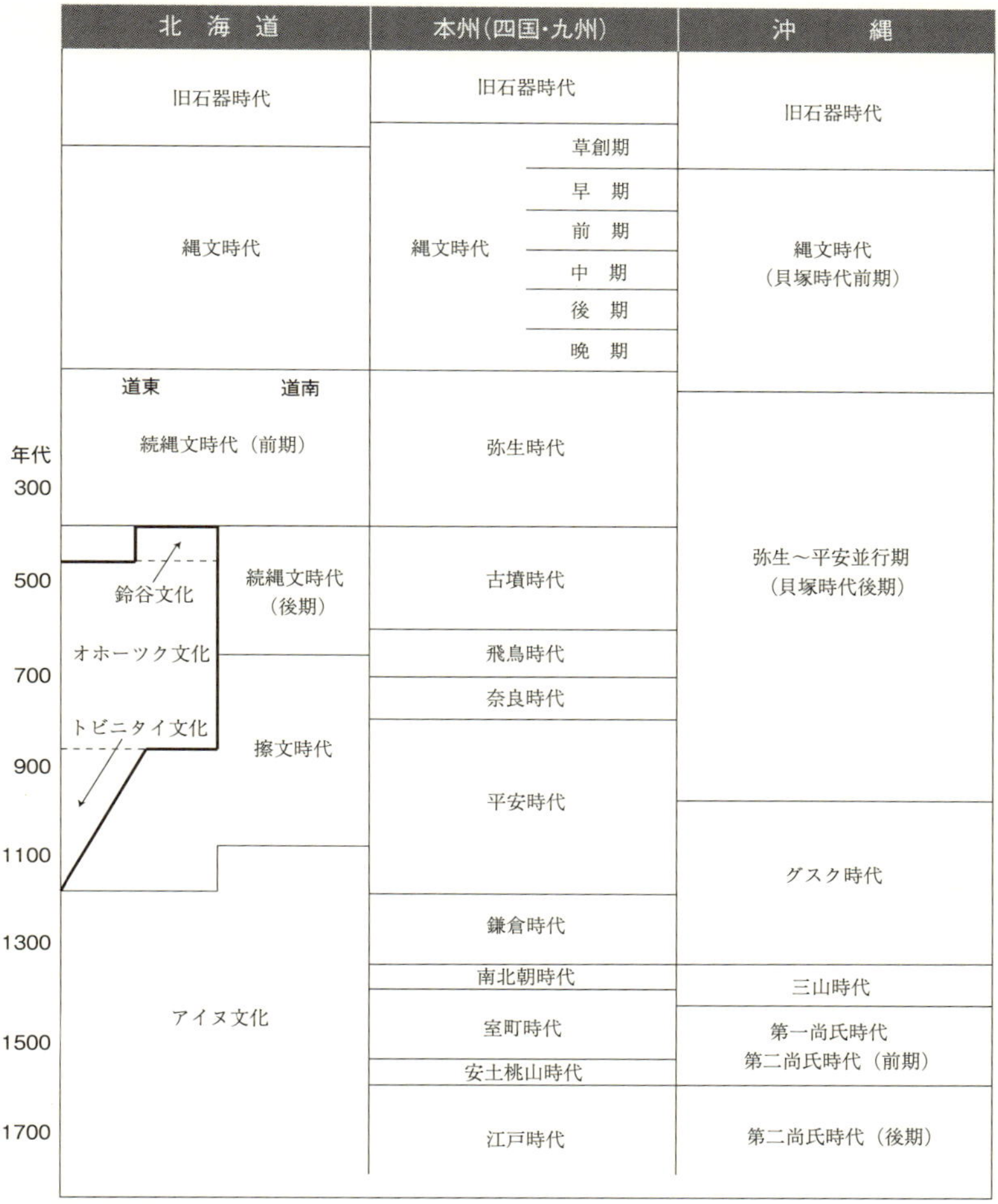
北海道
本州(四国・九州)
沖縄
旧石器時代
旧石器時代
旧石器時代
縄文時代
縄文時代
草創期
早期
前期
中期
後期
晩期
縄文時代
(貝塚時代前期)
道東
道南
続縄文時代(前期)
弥生時代
年代
300
500
700
900
1100
1300
1500
1700
鈴谷文化
オホーツク文化
トビニタイ文化
続縄文時代
(後期)
擦文時代
古墳時代
飛鳥時代
奈良時代
平安時代
弥生～平安並行期
(貝塚時代後期)
グスク時代
アイヌ文化
鎌倉時代
南北朝時代
室町時代
安土桃山時代
江戸時代
三山時代
第一尚氏時代
第二尚氏時代(前期)
第二尚氏時代(後期)

北海道の考古学年表

ことではない。とりあえず本書では、考古学的なアイヌ文化の用語に問題があることを指摘するにとどめよう。

アイヌのルーツは東南アジアか

アイヌの歴史にかんして寄せられる最大の疑問は、かれらがどこからきたのか、つまりアイヌの系統問題だ。

古いヒトの形質を研究する学問は、形質人類学や自然人類学などとよばれ、歴史学である考古学とはちがって自然科学に属する。骨の形態学的な研究が主流だが、一九七〇年代以降はミトコンドリアDNAなど遺伝子研究もおこなわれてきている。

アイヌの系統については、石器時代人（縄文人）がアイヌか、あるいは非アイヌ（コロポックル）か、という論争が明治時代からおこなわれてきた。しかしその後は、縄文人とアイヌは形質的にちがったものとする考えが主流を占め、一九五〇年代まではコーカソイド（白人）説が世界的に受け入れられていた。

ところが一九六〇年代に入ると、縄文人骨とアイヌの共通性が埴原和郎《はにはらかずろう》や元国立科学博物館の山口《やまぐち》敏《びん》らによってあらためて認識され、アイヌが日本人の成り立ちに深くかかわっていると考えられるようになった。現在では、アイヌは縄文人の子孫であるという認識が常識化しているが、意外にもその説の歴史はまだ浅い。

では、この縄文人のルーツはどのようなものか。

国立歴史民俗博物館の藤尾《ふじお》慎一郎《しんいちろう》は、形質人類学・分子人類学・考古学・古動物群・古地理の成果

を総合的に検討し、縄文人の先祖である後期旧石器人がどこからきたのか、次のようにのべている。
更新世《こうしんせい》の終わりころまでに、後期更新世人類が東アジアや東南アジアから西・南回りのルートで陸橋を通って日本に到達した。その後、この子孫が列島全体にひろがり縄文人となった。ただし更新世の終わりころに寒冷地適応を遂げた北方モンゴロイドが北回りで移住し、縄文人の形質に影響を与えた可能性があるという。

つまりアイヌは、基本的には東南アジアや東アジアから日本列島にやってきた後期更新世人類の子孫ということになる。ただし頭蓋骨の形態学的な分析では、アイヌと東南アジアの人びとの関係は、アイヌと北方モンゴロイドの関係よりもさらに疎遠であるとの結果がえられた事例がある。また、アイヌと北方モンゴロイドの深いつながりを示す遺伝学的な研究結果もあって、簡単ではないようだ。

本書でのべるように、アイヌの先祖である古代の擦文人《さつもんじん》は、サハリンから道東オホーツク海沿岸に南下してきた北方モンゴロイドの「オホーツク文化」人を同化していった。北海道アイヌの骨の形態は道東と道西で差が大きく、とくにオホーツク海沿岸のアイヌは顔面頭蓋《がんめんとうがい》の幅も高さも大きいという地域差をみせていたが、琉球大学の石田肇《いしだはじめ》らが指摘するように、これは古代におけるオホーツク人の同化がかかわっているのだろう。アイヌや縄文人、あるいは後期旧石器人が、それぞれ純粋に固有の形質を保ってきたわけではない。

縄文人の復元
（国立歴史民俗博物館2000『北の島の縄文人』）

縄文人がどのような人びとだったのか、その平均的な像を示しておこう。後期旧石器人の形質を受け継ぎ、平均身長は男性で一五六から一五九センチ、女性は一四八センチ。顔の輪郭は正方形に近く、眉間《みけん》が隆起し、鼻根部《びこんぶ》がやや陥没して顔立ちは立体的。眉毛は濃く、目は大きく二重まぶた。鼻はやや広く、口唇はやや厚め。あごが頑丈でえらが張っている。奥歯を嚙み合わせた時、前歯が毛抜き状にかみあわせになる、といった特徴をもっていた。

山口敏や東北大学の百々幸雄《どどゆきお》によれば、アイヌはこのような縄文人に形質的にもっとも近い存在だが、なかでも北海道の縄文人骨が近世アイヌにより近く、とくに道東には縄文時代のはじめからアイヌ的形質を強くもった人びとがいたという。

2 アイヌ化の第一の画期

狩猟採集という選択――続縄文文化前期

では、縄文人はどのような経過をたどってアイヌとなったのか、文化的な変遷からみてゆくことにしよう。

日本列島の住人は、およそ一万年にわたって縄文文化という共通の文化を共有してきた。縄文文化が展開した地域は、南の端は琉球列島中部の沖縄諸島であり、北の端については、基本的に宗谷《そうや》海峡を越えるものではないと考えられてきた。ただし最近はサハリンでの調査が進みつつあり、その南端が縄文文化圏にふくまれていた可能性もでてきている。東の端については千島列島南部のエトロフ島まで、つまりいわゆる北方四島が縄文文化圏にふくまれる。

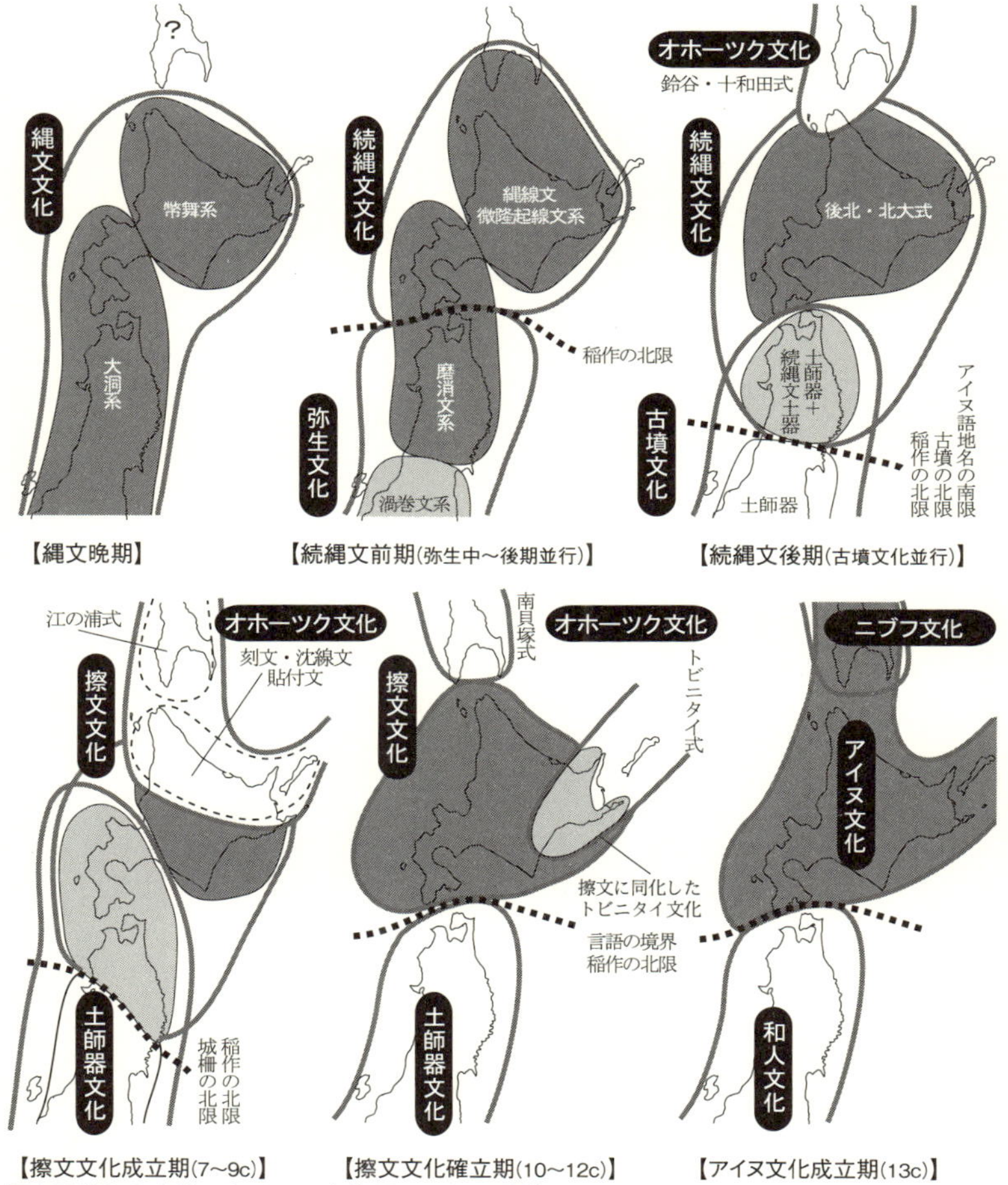

縄文時代から中世にかけての文化圏とヒトの形質

縄文系の形質　渡来系の形質　縄文系・渡来系（オホーツク文化を含む）混在

このような亜熱帯から亜寒帯をまたぐ、多様な生態系のなかで展開した縄文文化が、均質な文化だったわけではない。しかし、地域文化のあいだに対立や孤立はなく、多様な人びとがネットワーク的に結びついた、ゆるやかな連帯の社会が存在していたようだ。

北海道についても、つねに均質な文化が全島をおおっていたわけではない。大きくみれば、北海道東部には在地的《ざいち》で、ときにサハリンとの関係も考えられる文化が、また西部には東北北部と共通する文化が展開してきた。このような地域的構図には、気候や植生といった生態的な条件がかかわっていたとみられる。津軽海峡は文化交流の障壁となっておらず、北海道西部の人びとと東北北部の人びとは海峡を越えてつねに密接な交流をもち、一体の関係にあった。

しかし、本州で弥生文化がはじまると、弥生時代前期のうちに東北北部まで稲作が波及した。青森県弘前市《ひろさき》の砂沢遺跡《すなざわ》では弥生前期の灌漑《かんがい》施設をもった水田跡が、また青森県田舎館村《いなかだてむら》の垂柳《たれやなぎ》遺跡でも弥生中期の広大な水田跡がみつかっている。ただしこれは、東北北部の縄文人が弥生人によって駆《く》逐《ちく》・同化されたことを意味するものではない。東北地方の弥生文化には、西日本の弥生文化とは異なる要素が多く、とくに信仰にかかわる道具は縄文文化からの連続性が強いとされる。つまり東北北部では、縄文人が稲作を受け入れながら独自に農耕民化していったようだ。

北海道では、本州の弥生文化から古墳文化に並行する時期の土器に、縄文土器と同様な縄目をほどこしている。そのためこの文化は「続縄文文化《ぞくじょうもん》」とよばれている（以下では続縄文文化のうち、弥生文化に並行する時期を続縄文前期、古墳文化に並行する時期を続縄文後期とよぶ）。

続縄文の北海道は、農耕社会に移行することなく狩猟採集の社会が続いた。北海道の人びとが、なぜ東北北部の人びとと異なる道をあゆむようになったのか、その理由については諸説ある。たとえば寒冷地で農耕社会に移行できなかった、あるいは豊富な資源に恵まれて農耕社会に移行する必要がなかった、といったものだが、これらはいかにもありそうな「常識のウソ」のたぐいだろう。第三章でのべるように、七世紀以降、北海道では本州から移住した農耕民や在地住民が雑穀栽培をおこなっており、その後の北海道の人びとも狩猟採集の一方で農耕を活発におこなっていたからだ。

続縄文人が狩猟採集を「選択」したのは、かれらの社会の階層化と結びついていた、と私は考えている。詳しくは第二章でのべるが、いずれにしてもこの選択が、北海道の縄文人と東北北部の縄文人の大きな分岐点になったのであり、アイヌ化の第一の画期ということができそうだ。

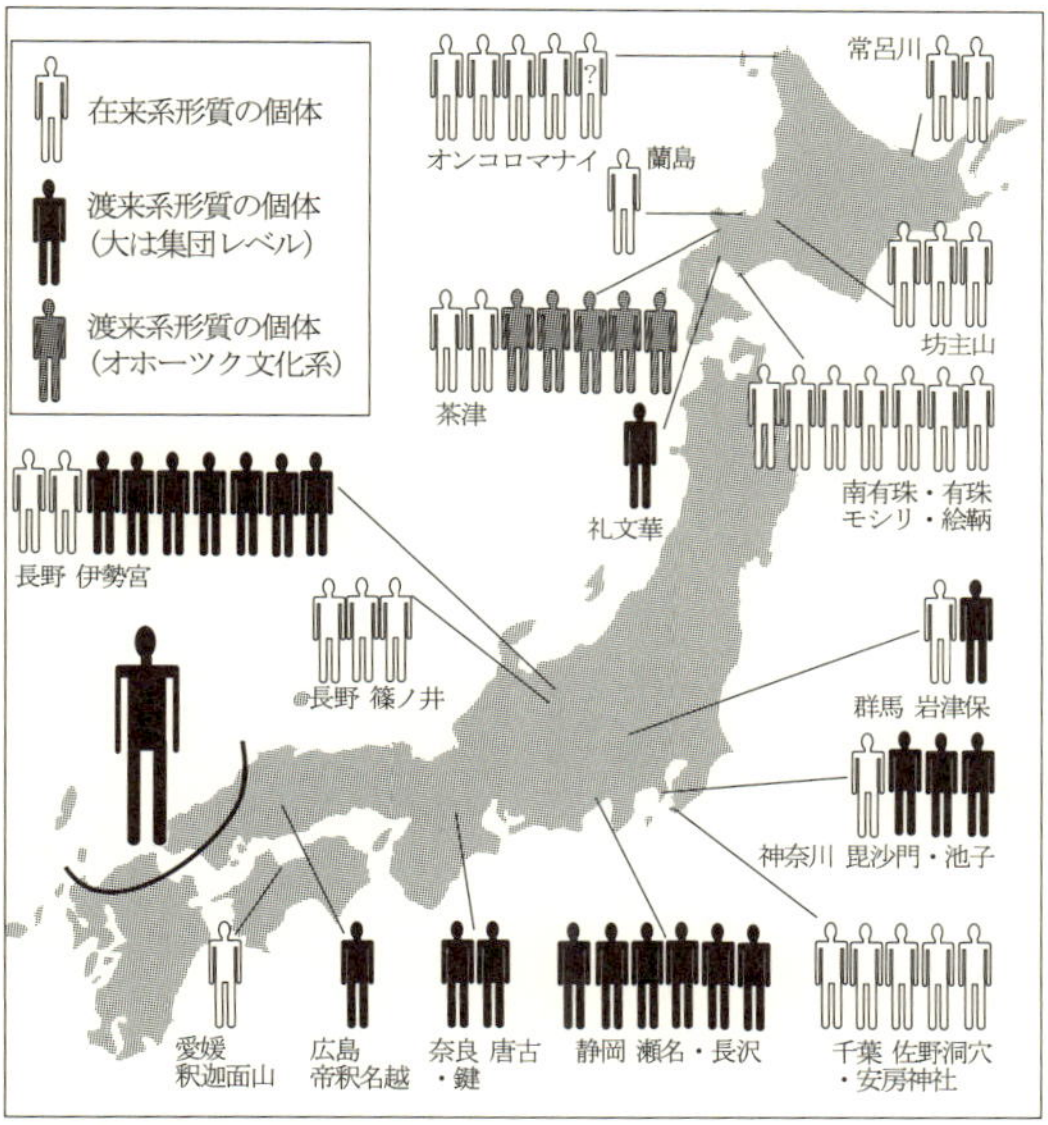

弥生（続縄文）時代の渡来人と在来人
（松村博文2003「渡来系弥生人の拡散と続縄文人時代」『国立歴史民俗博物館研究報告』107）

ところで、弥生文化の開始に大陸から移住した渡来人がかかわっていたことはよく知られている。札幌医科大学の松村博文《まつむらひろふみ》は、全国の弥生遺跡と北海道の続縄文遺跡から出土した人骨を、歯冠《しかん》の大きさから在来系（縄文系）と渡来系に分離した。それによれば、西日本は北部九州と山口地方を中心にほぼ渡来系の形質が占め、東日本は在来系集団のなかに渡来系の人びとが斑状《まだら》に入りこんでいたという。これは埴原和郎が提唱した有名な「二重構造モデル」、つまり現代日本人の成り立ちについて縄文系の人びとをベースに渡来系の人びとが重なりあったとする説を支持するものであり、その過程を具体的に示すものだ。

松村によれば、北海道は縄文人の直系の子孫である在来系によってほぼ占められていた。ただし東北地方については、この時期の人骨がほとんどみつかっておらず、状況はよくわかっていない。おそらく渡来系の人びとが入りこみつつ、在来系がまだ多数を占めていたのだろう。

「対外」進出のはじまり――続縄文文化後期

古墳文化がはじまると、東北地方ではその南部までが古墳文化圏となった。東北大学の藤沢敦《ふじさわあつし》によれば、この東北南部の古墳文化は、住居・土器・農耕具といった基本的な物質文化の面で、在地の伝統を引き継ぐものは「皆無」とされる。さらに、東北南部でみられる前方後円墳・方墳《ほうふん》・円墳《えんぷん》・方形周溝墓《しゅうこうぼ》といった墓のバリエーションは階層社会の存在を示しているが、弥生時代の東北南部社会に階層化はうかがえないという。

つまり、この劇的な社会変化は「断絶」をともなうものだったようだ。南の地域から東北南部へ大規模な集団移住があり、在地の人びとが渡来系集団に吸収されてしまったことを示しているのだろう。

一方、東北北部にも劇的な変化が生じていた。古墳文化の開始と同時に、北海道の続縄文人が一気に南下してきていたのだ。

この時期の東北北部の考古学的な状況についてはまだ十分明らかになっておらず、弥生中期以降、人口密度が極端に低かったのではないかとする説もある。また農耕の証拠がとぼしいため、狩猟漁撈の社会に逆もどりしていたとみる考えもある。いずれの説も当時の気候の寒冷化をその原因としている。

古墳時代の東北北部を続縄文文化圏とみる考え方もあるが、最近では東北南部から移住してきた人びとの集落跡もみつかってきている。現時点では、東北北部をどちらか一方の文化圏と決めてしまうより、続縄文文化と古墳文化が混在する広大な中間領域とみておいたほうがよさそうだ。

では、北海道の続縄文人はなぜ東北北部に南下したのだろうか。

この時期、続縄文社会では鉄器化が急速に進んだ。続縄文前期では副葬品として鉄器がいくつか発見されているだけだが、続縄文後期では石器のかなりの部分が鉄器化した。流通はかなり増大したようだ。そしてこの事実は、続縄文人の南下の目的が古墳文化の鉄器の入手にあったことを示唆している。

続縄文人は、新潟県や宮城県など古墳文化の北限、すなわち古墳社会の前線地帯まで往来していたが、かれらと古墳文化人の関係については、考古学的な状況からみて敵対的ではなかったと考えられている。古墳社会の前線地帯は、続縄文人にとって鉄器やガラス玉などを入手するための交易の前線地帯となっていたのだろう。

北海道の続縄文後期の人びとは、東北北部に南下しただけではなく、サハリンへも往来していた。当時、続縄文人はコハク玉を身にまとい、亡くなるとこれを副葬品として埋納していた。大量に「消費」されていたこのコハクは、サハリン産の可能性が指摘されている。サハリン進出にはコハクの交易がかかわっていたにちがいない。

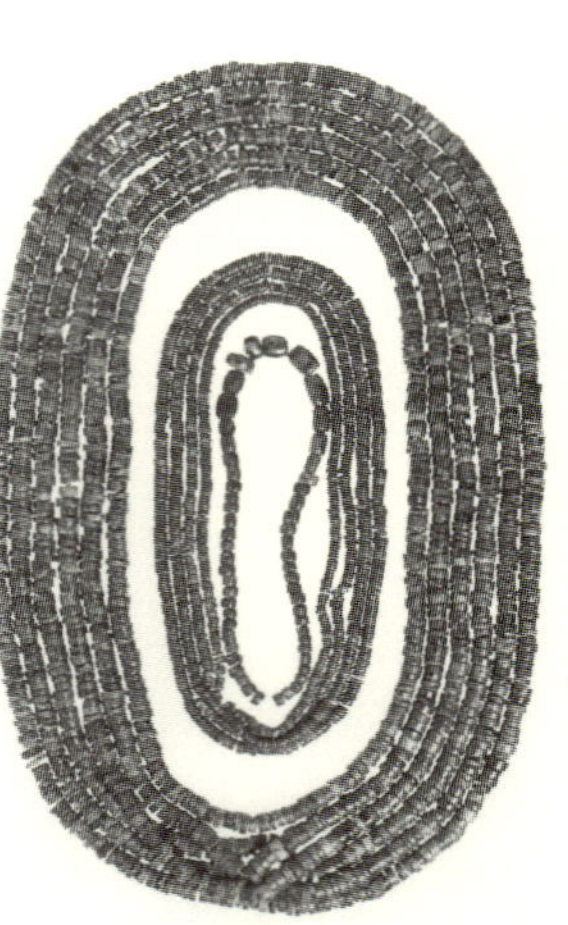

サハリン産とみられるコハク玉
北見市常呂川河口遺跡出土。続縄文前期。（北見市教育委員会2002『常呂川河口遺跡３』）

古墳文化の鉄器やサハリンのコハクは、第二章でのべるように「宝」として続縄文社会の階層化と結びついていた。つまり続縄文人の「対外進出」は、社会の階層化を背景とした「宝」を求める動きだったといえそうだ。

だが七世紀になると、この対外進出の動きは急速に衰退していった。東北北部には南の農耕社会から大規模な移住が進行し、北のサハリンからはオホーツク人が押し寄せてきていたのだ。

擦文人とエミシの関係——擦文文化前期

七世紀以降の東北北部の動向については、東海大学の松本建速《まつもとたけはや》の説明によってみてゆくことにしよう。

七〜八世紀には、東北南部以南の農耕社会から、東北北部の太平洋側に移住者が大量に入植した。東北北部の太平洋側は、やせた火山灰土の「黒ボク土」がひろがり、夏が冷涼なため稲作に不向きだが、馬飼《うまかい》や雑穀栽培には適している。移住は馬産《ばさん》が目的だったようだ。移住者は、盛土した墓（いわゆる末期古墳）の習俗をもちこんだが、これは長野県中部以北・群馬県域・山梨県甲府市域に分布する積石塚《つみいしづか》古墳の流れをくむものであり、これらの地域は古代の馬産地でもあったことから、松本は移住者の出身地の有力候補とみる。東北北部には続縄文系の人びともいたが、かれらは多数を占める移住集団に急速に同化した。

移住者は東北北部にいったん定着したが、その後さらに北海道の石狩《いしかり》低地帯まで移住した。北海道に移住した農耕民は、カマドをもつ住居や文様のない土器である土師器《はじき》、農具など農耕民の文化を複合体としてもちこみ、農耕活動をおこなっていた。江別《えべつ》市や恵庭《えにわ》市など石狩低地帯には、移住者の盛土の墓(いわゆる北海道式古墳)も残された。

松本は、農耕民の北海道への移住が短期間で規模も小さかったため、在地の続縄文人を凌駕《りょうが》することはなかったとみている。おそらくそうだったのだろう。だが、この移住は大きな文化的影響を続縄文人にもたらした。続縄文人は農耕民の文化を取り入れ、またかれらと同化して、農耕民の文化と一見かわるところのない狩猟採集民の文化を生みだしたのだ。この文化を「擦文文化」とよんでいる。「擦文」とは、土器の表面を板でなでつけたときに残る条痕《じょうこん》を指しているが、これは弥生時代以来の土器づくりの手法であり、本州でハケメ調整とよんでいるものにほかならない。

その後、九~一一世紀には、北陸と出羽から東北北部の日本海側に移住者が入植した。この移住は稲作を目的としており、津軽など日本海側の地域では水田開発が急速に進展した。また、かれらといっしょにやってきた鉄や須恵器《すえき》(陶器)生産の技術者によって、岩木山《いわきさん》周辺で鉄生産が、また五所川原《ごしょがわら》地域で須恵器生産がはじまった。

この移住は急激な人口増をもたらした。たとえば青森県埋蔵文化財調査センターの三浦圭介《みうらけいすけ》は、元慶《がんぎょう》の乱《らん》(八七八年)直前、苛政《かせい》に苦しんで出羽国から奥地に逃亡した者だけでも二万~三万人に達したと考えている。実際、遺跡数などからみても、この人口増加は「爆発的」なものだったようだ。

古代の東北北部に住む人びとはエミシとよばれていたが、その実態にかんするさまざまな説は、おおおまかにいえばアイヌ説・非アイヌ説・両者が融合したクレオール説の三種に大別できそうだ。現代の東北地方の人びとのなかには、自分たちのアイデンティティと結びつけて、エミシを縄文時代にさかのぼる土着先住集団と考える傾向もあるようだが、松本はエミシの主体が関東・北陸・出羽など古代日本国領域内からの移住者であり、古代日本語を話す人びとであったと主張する。そして、東北北部にアイヌ語地名が残された事情については、次のように説明する。

明治以降、北海道には日本各地から「開拓者」が大量に入植し、かれらは先住民であるアイヌの人口を短期間のうちに大きく上回った。そして、現存する北海道のアイヌ語地名は、アイヌを駆逐していったこれら日本人によって利用され、残されてきたものである。古代の東北北部が日本語集団によって急速に占められるなかアイヌ語地名が残存したことも、これと同様に理解できるだろうという。

松本のこの説にしたがえば、アイヌ語地名を残したのは東北北部に南下していた続縄文人、あるいは土着の先住集団であり、かれらは後のアイヌ語につながる言語を話していたことになる。とすれば、続縄文人の後裔《こうえい》である擦文人も当然アイヌ語につながる言語をもちいていたことになり、また続縄文人の直接の先祖である縄文人も同系統の言語を話していた可能性が強いことになるだろう。

ところで、この七世紀以降の東北北部から北海道への移住について、東北地方の研究者のなかには否定的な見方もある。それは、北海道の土師器とその住居が東北北部のそれと微妙に異なる、といった事実にもとづいている。つまり、東北北部の農耕民の文化は、北海道の続縄文人に「伝播《でんぱ》」しただけという立場のようだ。

だが北海道の側からみると、擦文文化の成立を「伝播」や「影響」ととらえるだけでは十分に説明しきれない印象がある。擦文文化は、高床《たかゆか》の穀倉・脱穀用の臼杵《うすきね》・各種の栽培植物といった農耕文化だけではなく、食事での箸の使用や土製勾玉《まがたま》をもちいる農耕民の祭祀《さいし》なども受け入れたものであり、さらに第三章でのべるように、世界観や精神文化にかかわる日本語古語がこの段階で定着した可能性がある。つまり、北海道の農耕民の文化は「移植」されたもののようにみえるのだ。

移住者の文化が東北北部の文化そのものと微妙に異なった面をみせるのは、かれらが続縄文人と交流・同化してローカル化していったからだろう。つまり初期の擦文文化には、在地化しつつある移住者と、移住者の影響を深く受けている在地の人びとがおり、土器についていえば、在地化しつつある土師器と、土師器化しつつある在地土器が混在していて、かなり複雑な様相をみせていたのだとおもわれる。

3 アイヌ化の第二の画期

文化の境界化とアイヌ・エコシステムの成立——擦文文化中期

東北北部に移住した古代日本語を話した人びとを、議論をわかりやすくするため「和人《わじん》」とよぶことにしよう。七、八世紀の擦文文化は、東北北部の文化と共通する面をみせていたが、九世紀に東北北部がこの和人集団によって占められて以降、擦文文化は次第に固有性を深めてゆくことになった。

たとえば、当初は文様がなく、土師器そのものだった擦文土器は、とくに九世紀の終わり以降、複雑な文様をほどこして固有化してゆく。その文様は縄目ではないが、器の表面を濃密な文様で埋めるという点では、縄文土器や続縄文土器への先祖返りにもみえる。縄文時代以来続いてきた東北北部と

擦文土器（太平洋沿岸タイプ）
札幌市北大構内出土。（旭川市博物館蔵）

北海道の文化的な一体性は失われ、津軽海峡は文化の境界となった。北海道の住民と東北北部の住民のあいだには、交流が途絶したわけではないものの、明らかな差異の意識が成立したとみられる。

ちなみに、津軽海峡が政治的な境界になるのは、津軽・糠部《ぬかのぶ》・鹿角《かづの》・比内《ひない》など東北北部のいわゆる北奥社会が陸奥国《むつのくに》の一部に組み込まれた一二世紀であり、それ以前の北奥社会は国家支配の外にあったとされる。しかし最近、青森市新田《にった》1遺跡で、檜扇《ひおうぎ》・斎串《いぐし》・形代《かたしろ》・物忌札《ものいみふだ》など国家の出先機関でおこなわれた律令《りつりょう》的祭祀にかかわる遺物や木簡などが大量に出土した。一〇世紀後半から一一世紀の遺跡だが、国家と北奥社会の関係については、考古学的な調査によって今後定説が大きくかわってゆく可能性もある。

北海道の文化の固有化の動きのなかで注目されるのは、交易品となる特定種の狩猟漁撈に特化する体制、つまり私が「アイヌ・エコシステム」とよぶ体制が成立していったことだ。擦文文化は完全な鉄器文化として成立したが、その鉄器はすべて本州からの移入にたよっていた。ほかにも漆塗椀・青銅製の鋺・コメ・絹織物・曲物《まげもの》などさまざまなものが本州から移入されていた。つまり擦文社会は、本州製品を入手するため特定の交易品をつねに生産してゆかなければならなかった。そのなかで九世紀末から一〇世紀以降成立していったのがアイヌ・エコシステムだ。この体制は、さまざまな資源を柔軟に利用していた「縄文エコシステム」とは異なり、またその移行には象徴的世界の転換をともなっていた。このことについては第三章と第七章で詳しくのべる。

いずれにしても、津軽海峡が文化の境界となり、北の狩猟採集民のなかにアイデンティティの凝集が生じて固有な文化の形成に向かっていったこの九世紀末は、アイヌ化の第二の画期だったといえそうだ。

冷たい隣人の同化――オホーツク文化・トビニタイ文化

第二の画期に生じた大きな変化はこれだけではない。サハリンから北海道に南下してきていた「オホーツク文化」人と擦文人の関係にも劇的な変化が生じていた。道東・道北を占拠するオホーツク人と棲《す》み分《わ》けをしてきた擦文人が、一転してかれらの領域に進出していったのだ。

オホーツク文化は、サハリンで成立した漁撈や海獣猟など海洋適応に特徴をもつ文化だ。大陸のアムール川下流域の人びととかかわりが深く、また中国の唐王朝にも朝貢《ちょうこう》していたとみられる。オホーツク人は、擦文人とは異なる寒冷地適応の形質的特徴をもっており、現在サハリンに住む先住民ニブフの祖先と考えられている。

続縄文人は古墳文化の鉄器を求めて東北北部に南下していたが、実はこれと同時に、サハリンのオホーツク人も北海道に南下を開始した。オホーツク人がなぜ北海道に南下したのか定説はないが、それとかかわって興味深いのが道南の奥尻島《おくしりとう》でみつかった青苗砂丘《さきゅう》遺跡だ。この遺跡では四～八世紀ころのオホーツク文化の住居や墓が発見されて話題になった。

オホーツク人は、道北日本海の利尻《りしり》・礼文《れぶん》などの島々やオホーツク海北部沿岸に拠点をおきながら、しばしば日本海を南下していた。六世紀ころの続縄文土器には、本州の土師器とオホーツク土器

オホーツク文化人の復元
（国立歴史民俗博物館
2000『北の島の縄文人』）

の両方の影響がうかがえるから、オホーツク人の日本海南下はこのころピークを迎えたようだ。この南下の前線は、せいぜい道央部あたりまでと考えられてきたが、青苗砂丘遺跡の発見は、それが道南にまで達していたことを明らかにした点で、おおいに注目を集めたのだ。

　この発見は、オホーツク人の南下のねらいが、北海道よりもむしろ本州に照準を合わせていたことを物語っている。実際、オホーツク人が本州まで南下していた証拠もある。下北《しもきた》半島の脇野《わきの》沢《さわ》村瀬野《せの》遺跡で七世紀のオホーツク土器がみつかっているのだ。青苗砂丘遺跡の発見以前、オホーツク文化の分布域を大きく越えて出土したこの土器のかけらをどう評価すべきか、とまどいもあったようだが、オホーツク人が本州北部へ往来していたことを示す証拠と理解してよさそうだ。

　オホーツク人が続縄文人と同時に南下を開始し、またその南下が本州までおよんでいたことを考えると、目的のひとつは、続縄文人と同様、古墳文化の鉄器の入手にあったとみてよいだろう。古墳文化の鉄器は、想像以上に大きな影響を北方世界におよぼし、その流動化を招いていたことになる。

　青苗砂丘遺跡のもうひとつの成果は、島嶼《とうしょ》に中継拠点を築くオホーツク人の南下の手法・戦略が明白になったことだ。

　『日本書紀』六五九年の阿倍比羅夫《あべのひらぶ》遠征の記事には、北海道とみられる渡島の大河の付近で、同地の蝦夷《えみし》と、沖合の島からやってきてかれらを襲撃する「粛慎《みしはせ》」の対立する状況が描かれている。渡島蝦夷は続縄文人または擦文人、粛慎はオホーツク人と一般に理解されている。この大河と島がどこに比定できるのか一致した見解はないが、粛慎が「島」を拠点としている点に注目したい。

この粛慎は、同書の五四四年の越国《こしのくに》の報告のなかにも登場する。佐渡の北の海岸に粛慎の船が停泊し、漁をしながらしばらくとどまったという記事がそれだ。ここでも粛慎は本土ではなく島に出没している。佐渡への南下の途中には、飛島《とびしま》（山形）や粟島《あわしま》（新潟）もあるから、かれらがこれらの島に立ち寄った可能性もおおいに考えられる。飛島や粟島でみつかっている考古資料のなかにオホーツク土器がふくまれていないか、気になる。

オホーツク人が島嶼に拠点を築き、北海道本島を迂回しながら日本海を往来していたのは、記事にもうかがわれるとおり、続縄文人や擦文人と基本的に親密な関係になかったからだろう。

しかし九世紀の終わりになると、擦文人は全道へ一気に進出した。それまで擦文人は、オホーツク人が占拠していた道北や道東オホーツク海側の地域を避けて暮らしていたが、これらの地域でも九世紀末の擦文土器が出土している。

オホーツク式土器
利尻町亦稚貝塚出土。（利尻町教育委員会1978『亦稚貝塚』）

この進出により、オホーツク文化は擦文文化の影響を強く受けた「トビニタイ文化」に変容し、擦文人の進出を避けるように知床《しれとこ》半島から道東の太平洋沿岸にその中心を移していった。北海道のオホーツク文化は、サハリンのオホーツク文化を通じて大陸製品を入手していたが、トビニタイ文化に変容した時点で、北海道とサハリンのオホーツク文化の交流は基本的に断ち切られた。

しかし、ビッグ・バンをおもわせるこの擦文人の全道進出は、道東ではそのまま定着しなかった。おそらくそこには、オホーツク人の残党であるトビニタイ人との確執がかかわっていただろう。しかしその後、擦文人は一〇世紀にオホーツク海沿岸、一一世紀から一二世紀にかけて道東太平洋沿岸にふたたび進出する。擦文人の攻勢のなかでトビニタイ人は次々《つぎつぎ》擦文人に同化し、その分布圏を縮小していった。かれらは、擦文文化が終わる一二世紀末〜一三世紀はじめには、ほとんど同化されていたとみられる。サハリンでもほぼ同じころ、土器から鉄鍋に移行してオホーツク文化が終焉を迎えていた。

このトビニタイ人の同化がどのように進行したのか、そしてその同化が擦文文化やのちのアイヌ文化にどのような影響をおよぼしたのか、第五章でみてゆこう。

海のノマドの世界——擦文文化後期

九世紀末の擦文人の全道進出によって、日本海北部の天塩川《てしおがわ》・古丹別川《こたんべつがわ》・小平蘂川《おびらしべがわ》など主要河川の河口部には、河口港を核とした流通拠点としての大集落が一斉に成立した。この動きも、アイヌ・エコシステムの成立というアイヌ化の第二の画期のなかで理解すべきものだ。

この日本海北部の海に面した人びとは、その後一〇世紀中葉になると、土器の坏の底に特殊な記号を刻む習俗をみせるようになる。この記号は、アイヌが「イトクパ」とよんで椀の底に刻んでいた「祖印《そいん》」の原型とみられる。交易中継によって結びついた日本海沿岸の人びとが、祖先を同じくして一体化したようだ。

さらにこの一〇世紀中葉、松前《まつまえ》町からせたな町の日本海南部に、擦文文化と本州の土師器文化の融合文化が成立する。私はこれを「青苗文化」とよんでいる。

青苗文化はクレオールな特徴をもつ文化だったが、そのアイデンティティは明らかに擦文文化の側にあった。というのも、かれらは日本海北部の人びとと「イトクパ」の習俗を共有し、祖先を同じくしていたからだ。しかし青苗文化の土器は、擦文文化圏ではなく青森の津軽平野から多く出土する。また青苗文化の集落は、環濠をめぐらしていた当時の東北北部の集落そのものだ。青苗文化の人びとは、擦文社会に帰属意識をもちながら、実態としては青森の日本海側の和人集団とより深く交流していた。

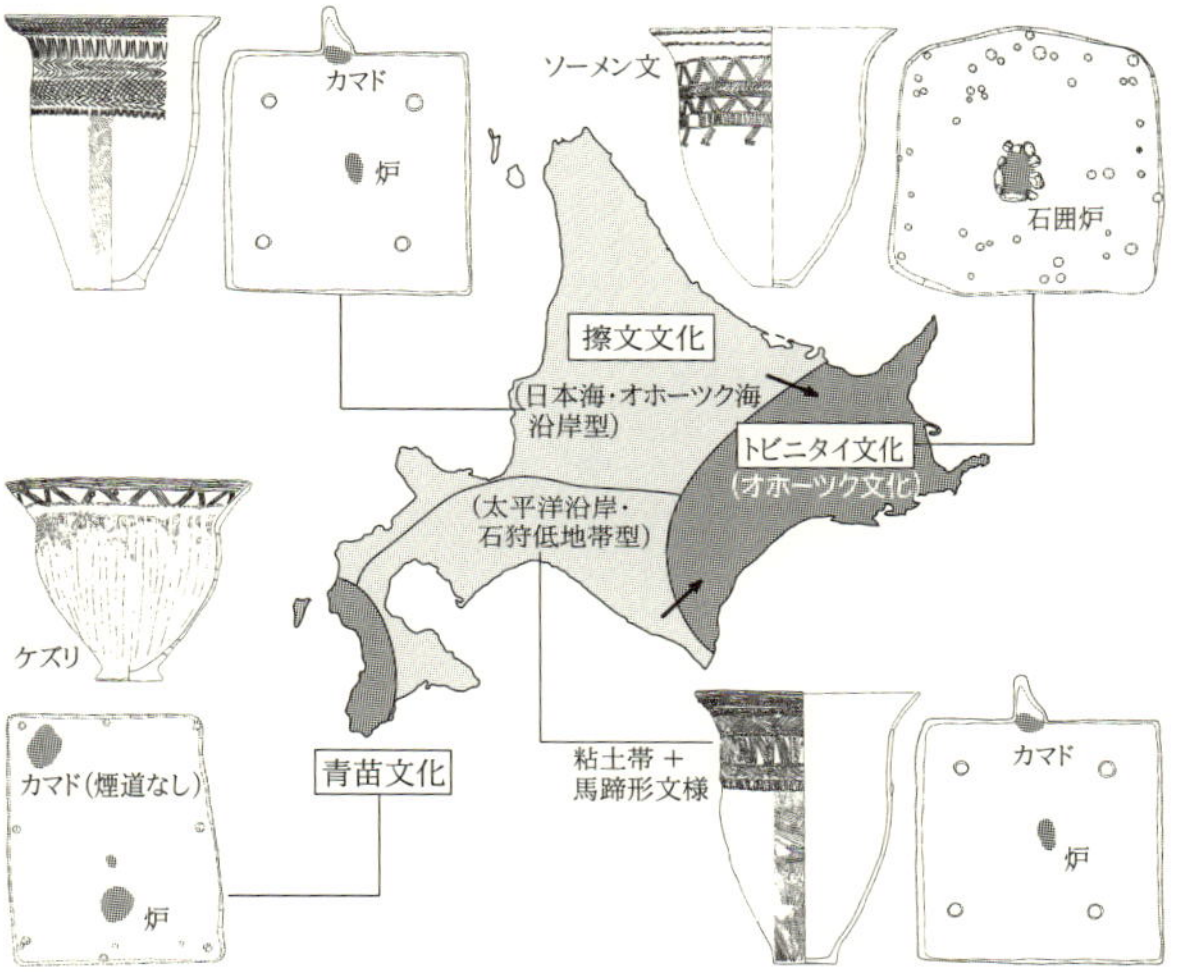

古代北海道の文化　11世紀後半の状況。

和人と擦文人の文化の境界に成立した青苗文化の人びとは、境界というその立地から中継交易に従事したと考えられるが、実際はそれだけにとどまらず、鉄器の生産という本州的な生業と、海獣猟という擦文的な生業の両方に従事して、それぞれの製品を本州社会と擦文社会へ移出していたようだ。かれらは、土師器文化そのものでも擦文文化そのものでもない、あるいは狩猟採集民であると同時に手工業生産に特化した農耕民でもあるといった「青苗文化」という固有性を創造しながら、本州社会と擦文社会を媒介する存在となっていた。

私は、一〇世紀中葉の日本海沿岸に成立した、青苗文化人と日本海北部擦文人の共同体を「日本海交易集団」とよんでいる。

この日本海交易集団は、一一世紀になるとサハリン南部へ進出していった。その目的は、サハリンのオホーツク人を介してクロテンの毛皮やワシ・タカの羽、大陸産のガラス玉などを入手することにあったようだ。かれらは一一世紀以降、サハリンや中国製品の中継交易に積極的にかかわってゆくことになった。サハリンのオホーツク文化では、ちょうどこの時期、環濠《かんごう》集落が成立していったとみられるが、これは日本海交易集団のサハリン進出が、同地のオホーツク人社会に緊張を招いていたことを示すものだろう。

日本海交易集団の成立と並行して、太平洋沿岸でも動きが生じていた。道南の噴火《ふんか》湾から日高、さらに札幌市や千歳市など道央内陸部の人びとが、特異な馬蹄形《ばていけい》文様の土器を指標とする共同体、つまり「太平洋交易集団」を組織していったのだ。この馬蹄形文様の土器は、青森県では下北半島や陸奥湾周辺で出土する。太平洋交易集団は、おもに青森の太平洋側の社会と交易をおこなっていた。

ただし、かれらは本州社会とのあいだに青苗文化のようなマージナルな集団を介在させていなかった。さらに、噴火湾から日高には河口港となるような河川が少なく、海岸線も単調な砂浜が続いて、舟の停泊場となる複雑な地形を欠いている。その交易活動は日本海交易集団ほど活発なものではなかったようだ。実際、第三章でのべるように、擦文時代の噴火湾から日高の移出品は陸獣皮程度と推定される。中国やサハリンの製品の流通にくわえてアワビやアシカなど多様な産物に恵まれた日本海側とは、その点でも格差が大きかった。ラッコ産地である千島は、擦文時代にはトビニタイ文化の勢力下にあったため、ラッコ皮の移出が活発化したのも中世以降のことだろう。擦文段階における太平洋交易集団の役割は、日本海交易集団に比較してかなり小さなものだったと考えられる。

以上については第六章でくわしくみてゆくことにしよう。

ところで、それまでエミシとよばれていた「蝦夷」は、一一世紀にはエゾとよばれるようになり、またその指し示すところも津軽や北海道に住む人びとへと変化したが、その背景には、このような擦文人の活発な交易活動によってもたらされるさまざまな製品を通じて、かれらの存在や異文化性が本州の人びとに認知されていったことがあるのだろう。

擦文社会はその後、大きな経済力を背景に本州から高価な鉄鍋や漆塗椀を大量に移入し、土器づくりの伝統は絶えることになった。考古学ではこれ以降をアイヌ文化とよんでいるが、この擦文文化の終焉・アイヌ文化の成立とは、擦文人の交易活動の飛躍的な拡大にほかならないものだった。

湖州鏡（中国宋代）
釧路市材木町５遺跡の擦文終末期の竪穴住居跡から出土。（釧路市立博物館1988『湖州鏡と古鏡展』）

擦文文化終焉の年代は、決め手を欠くものの、日本海交易集団では一一世紀末〜一二世紀初頭、それ以外の札幌や千歳など道央内陸をふくむ全道では一二世紀末〜一三世紀初頭、と私は考えている。

擦文文化についてのべた本や論文には、その終焉年代を一一世紀とするものから一七世紀とするものまである。しかし現在では、一三世紀以降の年代を想定する研究者はほとんどいない、といってよいだろう。とくに釧路《くしろ》市材木町５遺跡で、一三世紀前半を中心とする使用年代が想定される中国製の鏡（湖州鏡《こしゅうきょう》）が擦文終末期の竪穴住居の床から出土して以降、擦文文化の終末は一二〜一三世紀とみるのが一般的になった。さらに、近年高精度化した放射性炭素年代の測定結果からも、終焉の年代は一二世紀末〜一三世紀初頭とみて、ほぼまちがいないようだ。

4　変容する和人との関係

拡大する擦文社会の体制——アイヌ文化期・中世前期

北海道の中世は、文字史料も考古資料もかぎられているため、「暗黒の中世」や「ミッシング・リンク」などとよばれてきた。最近では遺跡の調査例も少しずつ増えてきているが、中世アイヌのくらしはまだ十分にはみえてこない。しかし、中世アイヌにかんするほとんど唯一の史料である『諏訪大明神絵詞《すわだいみょうじんえことば》』からは、擦文社会の交易体制を継承していた中世アイヌ社会の姿が浮かびあがってくる。

同書によれば、一四世紀はじめの北海道には三種類のエゾ、すなわち「日ノ本《ひのもと》」「唐子《からこ》」「渡党《わたりとう》」がいた。このうち「日ノ本」と「唐子」は和人と言葉がまったく通じず、夜叉《やしゃ》のような姿をしていた。つまり、和人社会とかれらのあいだに直接的な交流・コミュニケーションは基本的に存在しなかったことがわかる。

これに対して「渡党」は和人に似て言葉も大半は通じた。しかし髪や髭が多く、全身に毛が生え、近世アイヌのウケエホムシュとよばれる戦陣呪詛《じゅそ》に似た習俗をもち、毒を塗った骨鏃《こつぞく》をもちいていた。そして、かれらは道南の松前などから青森へ頻繁に往来し、交易をおこなっていた。つまり渡党はマージナルな性格をもった交易集団であり、北海道と本州の交易は、唯一コミュニケーションが可能なかれらの仲介によって成立している、と認識されていたのだ。

その根拠地や性格から、ここにいう渡党は古代青苗文化人の後裔とみてまちがいないだろう。また、その名称が中国との関係を示唆する唐子は、大陸製品の中継交易にあたっていた擦文文化の日本海交易集団（そのうち道北の人びと）の後裔、さらに東方の集団を意味する日ノ本は、擦文文化の太平洋交易集団の後裔をそれぞれ指すとみられる。一〇世紀中葉に成立した擦文社会の地域体制は、ほぼそのまま中世に継承されていたようだ。

一一世紀にはじまった擦文人のサハリン進出は、擦文文化の終焉という交易活動の拡大にともなって一三世紀には規模が拡大し、サハリンのオホーツク人の後裔であるニブフとの対立が深刻化した。そして一三世紀後半には、ニブフを服属させていた中国の元朝と、サハリンに進出したアイヌのあいだで半世紀におよぶ戦争がはじまった。ここにも擦文文化の社会体制を継承しながら拡大していった中世アイヌの姿をみることができる。

中世のアイヌ遺跡から出土するサハリン経由の大陸製品としては、ガラス玉のほか、シャーマンの装着品の飾りとみられるコイル状鉄製品が北見《きたみ》市ライトコロ川口遺跡、平取町二風谷遺跡などから出土している。

また、北千島やカムチャツカ半島南部の遺跡では、一五世紀前後のアイヌの生活用具である内耳土器と回転式銛頭《もりがしら》が出土し、当時すでにアイヌがカムチャツカまで進出していたことが明らかになっている。擦文人は道東を東に向かって進み、トビニタイ人を次々同化していったが、擦文文化の終焉後もその動きはとどまることなく、ラッコ皮やワシ羽を求めて千島列島を領域としていったのだ。

考古学的なアイヌ文化の成立は、物質文化的には大きな変化であり、大きな研究課題といえる。しかし、擦文文化からアイヌ文化への移行は、社会体制からみれば連続的であり、人の入れ替わりや断絶があったわけではない。アイヌ文化の成立という物質文化の日本化を、擦文文化の成立に次ぐ和人社会への第二の隷属化だったとみる説や、極端な例では、これを和人社会への同化の完了とみる考え方もある。しかしアイヌ文化の成立は、擦文人の経済力の拡大と、社会の連続性を前提としなければ理解できないものなのだ。

物質文化の日本化は、現代の私たちの暮らしが高度成長をさかいに劇的に変化していったのと、ある意味かわらない。考古学的なアイヌ文化の成立とは、擦文文化という高度成長期における一種の「バブル」であるといえるだろう。アイヌ文化の成立を、アイヌ史の大きな断絶や謎として、ことさらあおりたてる必要はない。以上については第四章~第六章で詳しくみてゆくことにしたい。

変容する和人との関係――アイヌ文化期・中世後期

北海道内に和人が進出してくるようになったのは、採集されている陶磁器から推測して一四世紀後半以降のことだったようだ。かれらの足跡は渡島半島を中心に道央部までおよんでいる。これ以前に和人の往来がまったくなかったわけではないだろうが、本格的になったのはこの時期以降といってよい。

では、この道央部まで進出していた和人は、いったいどのような人物で、アイヌとどのような関係にあったのだろうか。

千歳《ちとせ》市教育委員会の田村俊之《たむらとしゆき》が興味深い事実を示している。千歳市末広《すえひろ》遺跡は中世から近世にかけてのアイヌ集落であり、墓が二七基みつかった。中世以降のアイヌの葬法は体を伸ばした伸展葬《しんてんそう》で、頭を東から南に向け、男は太刀や狩猟具、女は鉄鍋や鎌などの採集具を副葬する。末広遺跡の墓もこのような特徴をもっていた。

そのなかに遺体の膝を曲げ、頭を北にして顔を西に向けた墓がみつかった。漆塗りの小箱に入れた鏡、古銭三枚、小石二個、巻貝一個を副葬しており、年代は室町〜江戸時代初頭と推定される。古銭・小石・巻貝の計六点は、俗に三途《さんず》の川の渡し銭といわれる六道銭《ろくどうせん》をあらわしており、西面北枕は釈迦涅槃《ねはん》にならったものだ。つまり被葬者は仏教を信仰していた和人女性とみられる。北枕の屈葬墓《くつそうぼ》はほかにも一基あり、これは太刀を副葬していることから、被葬者は和人男性とみられる。田村はこの和人の男女を、遺跡で多く出土している陶磁器などをもたらしていた商人とその妻と考えている。

田村が指摘するように、末広遺跡のアイヌは自分たちの集落に和人の定住を許し、かれらが亡くなったとき、自分たちの墓地にまったく異なる方法で埋葬することを認めていたことになる。おそらく和人の進出はまだ組織的ではなく、アイヌ社会に大きな緊張をもたらすものではなかったのだろう。

その後、一五世紀には渡島半島の南端に和人の館《やかた》が次々と築かれ、コロニーが形成されていった。これらの和人は、当時北方交易の拠点となっていた津軽十三湊《とさみなと》を南部氏によって攻め落とされ、蝦夷島に敗走した津軽安藤（安東）氏の勢力とされる。

興味深いのは、一五世紀半ばに道南にいた安藤氏が秋田へ本拠を移した際、道南に一二ヵ所あったこれらの館を、松前・下之国《しものくに》（函館《はこだて》など津軽海峡側）・上ノ国《かみのくに》（日本海側）に三分して、それぞれに守護《しゅご》を置いたことだ。

元北海道開拓記念館の海保嶺夫《かいほみねお》が指摘するように、これは下之国守護が「日ノ本」への備え、上ノ国守護が「唐子」への備え、そして松前に置かれた守護は「渡党」の押さえだったのだろう。「日ノ本」は擦文時代の太平洋交易集団の後裔、「唐子」は日本海交易集団の後裔、「渡党」は青苗文化の後裔と考えられるから、『諏訪大明神絵詞』から一世紀半を経た当時にあっても、擦文時代の三類のエゾの構図はなお存続していたことになる。

とすれば、進出してきた和人集団が占めていたのは、渡島半島の南端という北海道全体からみれば小さな地域にすぎなかったものの、そこは日本海からサハリンのルートを押さえる唐子と、太平洋沿岸から千島のルートを押さえる日ノ本、本州と北海道をつなぐ渡党というアイヌ社会の交易体制の結節点であり、流通の要にほかならなかったといえる。

近世はじめのジロラモ・デ・アンジェリスの「第一蝦夷報告書《だいいちえぞほうこく》」（一六一八年）には、この唐子と日ノ本の交易の様子が具体的に記されている。それによれば、道東太平洋沿岸のメナシからは千島のラッコの毛皮などを積んだ百艘ちかい舟が、また日本海側の天塩からは中国製の絹織物を幾反も積んだ舟が松前にやってきたという。アンジェリスの報告はさらに、松前に来る人びとのなかに、ラッコを産する島（千島）からやってきた、ひげがなく、アイヌと異なる言葉を話す人びとがいたと記している。この人物は、これまでも指摘されているように、カムチャツカ半島の先住民イテリメン系の人びとなのだろう。北海道本島から一〇〇〇キロも離れたカムチャツカ半島の人びとまで巻きこんだ交易は、先にのべたとおり、すでに一五世紀には確立していたとみられる。

一方、発掘調査によって様相が明らかになっている数少ない和人の館のひとつ、一五世紀後葉に築造された上ノ国町勝山館《かつやまだて》から進出した和人の暮らしぶりをみてみると、日本海に面した夷王山《いおうざん》中腹に

上ノ国町勝山館遺跡（復元）
15世紀後半から16世紀の和人の山城。（小学館編集部1993『日本歴史館』小学館）

三〇〇軒以上の掘立柱の建物や竪穴住居を整然と配し、館主・家臣とその家族、鍛冶工人や銅細工師、漁民、修験者などさまざまな職業や階層の人びとが集住していた。

そこではコメや陶磁器など大量の物資を移入し、馬を飼い、茶道具や鉄砲、喫煙具といった先端文化もいちはやく取り入れながら、本州とかわらない生活をおくっていた。勝山館はもはや植民都市・交易都市と評価すべきものだが、この都市の繁栄をささえていたのは唐子がもたらすさまざまな交易品だった。

なお、勝山館のゴミ捨て場からは、アイヌの儀礼具や狩猟具、また墓地では和人の墓に混じってアイヌの墓もみつかっており、館のなかに和人に混じって固有の生活伝統を保持していたアイヌがいたことが明らかになっている。

和人集団によるアイヌの交易体制の浸食が進むなか、一五世紀半ば（一四五七年）にコシャマインの戦いとよばれるアイヌと和人の戦争がおこった。これは、道南に築かれた一二の館のうち現在の函館市東部にあった志苔館《しのりだて》付近の鍛冶屋が、小刀の値段をめぐって口論となったアイヌを殺害した事件が発端とされる。コシャマインの蜂起《ほうき》自体は、上ノ国花沢館《はなざわだて》の客将であり、のちの松前藩（松前氏）の祖とされる武田《たけだ》（蠣崎《かきざき》）信広《のぶひろ》によるコシャマイン謀殺によって終息した。しかしその後も、詳細は不明だが、首長ショヤ・コウジ兄弟、首長タナカサシ、タリコナなどの蜂起が一六世紀半ばまで一〇〇年間断続的に続いた。そのためこのコシャマインの戦いは、のちのシャクシャインの戦いやクナシリ・メナシの戦いとならぶ、アイヌ対和人の民族戦争のひとつと位置づけられてきた。

この一〇〇年戦争については、アイヌと和人の利害対立のほか、指摘されるように和人館主層における覇権争いという側面もあったのだろう。だが函館高専の中村和之《なかむらかずゆき》は、そこに中国の動向もかかわっていたとみている。つまりこの時期は、アムール川下流域やサハリンで先住民と朝貢交易をおこない、下賜《かし》品として多くの中国製品を流通させていた明の後退と重なっており、これによって中国製品が手に入らなくなったアイヌの交易上の優位が失われ、社会的な混乱が生じたという。

道南における和人対アイヌの戦争と、中国王朝の動向を結びつけることが意外にみえるかもしれないが、すでに一一世紀から北海道の人びとがサハリンに進出して中国製品の流通に深くかかわり、また中世にはかれらが中国風の人びとを意味する唐子とよばれていたことからすれば、中国王朝のアムール川流域やサハリン支配の動向が、北海道のアイヌ社会や和人集団の動向を直接左右する影響力をもっていたことは、当然想定されなければならないだろう。

コシャマインの戦いから一世紀にわたって続いた戦乱は、一五五〇年、松前藩（松前氏）の祖である蠣崎氏が、シリウチの首長チコモタインを「東夷《とうい》」（太平洋側のアイヌ）の統括者、セタナイの首長ハシタインを「西夷《せいい》」（日本海側のアイヌ）の統括者として定め、両人に交易の利益の一部を「年俸」として与えることで決着をみた。つまり、この講和の段階で渡党は完全に和人の支配下に入っており、日ノ本である「東夷」と唐子である「西夷」についても、和人の任命を受けたアイヌが交易の利益を「給与」として受けとる体制となった。

ただし、和人の任命を受けた「東夷」と「西夷」の代表者が、いずれも道南端の首長であったことからすると、「東夷」と「西夷」の全体がこのような体制に組みこまれたわけではなく、講和の実態は道南アイヌと和人のあいだの調停にすぎなかったのかもしれない。

しかし、いずれにせよ、渡党という和人とアイヌの媒介を失い、全島アイヌの交易体制の結節点・流通の要が和人集団の完全な支配下に入ったという点で、コシャマインの戦いが和人とアイヌの関係史における大きな転換点となったことはまちがいない。

封じこまれるアイヌ——アイヌ文化期・近世前期

道南端を占める和人集団の覇権争いに勝ち残った蠣崎氏は、徳川家康から対アイヌ交易の独占を保証され、松前藩が成立した。とはいえ、このアイヌ交易の独占によってアイヌの主体的な交易活動がただちに停滞したわけではなかった。

しかし、幕藩体制が確立に向かう一七世紀前半以降、アイヌと和人の交易場を各地に設定し、そこでの交易権を家臣に給与として与える「商場《あきないば》知行制《ちぎょうせい》」とよばれる制度が展開してゆくと、アイヌの交易は居住する商場に制限され、交易相手も固定化していった。また交換比率も和人によって一方的に定められ、それまでは干したサケ一〇〇本に対してコメ二斗《と》であったものが、この時期七升まで減らされ、アイヌにとって物価は一気に三倍にはねあがった。さらに商場には和人の漁民やタカ猟師、砂金の採掘者などが入りこみ、アイヌの生業《せいぎょう》を圧迫するようになった。

畝をもつアイヌの畑跡（洞爺湖町高砂貝塚）
1663年に降下した有珠山の火山灰直下で発見された。（洞爺湖町教育委員会2007『国指定史跡入江・高砂貝塚』）

こうしたなか、一六六九年にシャクシャインの戦いとよばれる江戸時代最大のアイヌ対和人の戦争が勃発《ぼっぱつ》した。日高の静内《しずない》の首長であったシャクシャインのよびかけに応じた各地のアイヌが、砂金掘りやタカ猟師、蝦夷地への交易船を襲撃し、東蝦夷地（太平洋沿岸）で二一三人、西蝦夷地（日本海沿岸とオホーツク海沿岸）で一四三人の和人を殺害した。当時の松前藩の和人人口は約一万五〇〇〇人、アイヌは二万人ほどとみられており、松前の城下はアイヌ蜂起の知らせにパニックにおちいった。しかし、和睦に応じたシャクシャインが謀殺され、戦いはやがて終息した。

この戦いのそもそもの発端は、同じ静内川を領域とするアイヌ同士のサケの漁業権などをめぐる対立にあった。交換レートの変更などによって、狩猟漁撈の権利をめぐるアイヌ社会内部の対立が深刻化したのだろう。各地のアイヌはチャシを築いてアイヌ同士の戦いに備え、あるいは実際に戦いを繰り広げていた。シャクシャインの戦いは、このようなアイヌ社会をおおう緊張が一気に和人に向かったものといえるかもしれない。

ただし、シャクシャインの戦いの直前、有珠山《うすざん》噴火（一六六三年）と樽前山《たるまえさん》噴火（一六六七年）による大量の火山灰の降下が相次いだことから、そうした環境変化に内部対立の原因をもとめる説もある。実際、樽前山噴火では日高西部に厚さ数十センチもの火山灰が降り積もった。この環境変化が狩猟採集だけではなくアイヌの農業にも深刻な影響をおよぼしたのはまちがいない。噴火湾に面した洞《とう》爺湖《やこ》町の高砂《たかさご》貝塚では、有珠山火山灰におおわれたアイヌのものとおもわれる畑がみつかっている。畑は噴火によって放棄されたようだ。

　アイヌの農業は粗放で、樹木の少ない川べりの草地をおおまかに耕起し、野焼きも施肥もせず、数年経てば新たな場所に移ったといわれてきた。しかし、近年はこの高砂貝塚の畑のように、台地上に位置し、整然と畝《うね》だてされ、野焼きもされていたアイヌのものとみられる畑の発見が相次いでいる。第三章でのべるように、擦文人は農耕と狩猟採集の両方に比重を置いた「狩猟農耕民」あるいは「複合生業民」とよぶべき存在だったが、近世前半においてもそれはかわらなかったようだ。

　海保嶺夫は、シャクシャインの戦い当時、首長に率いられた国家的性格をもった権力体系が各地に成立し、アイヌ社会が国家形成への過渡的段階にあったとみている。しかし、第二章でのべるように当時のアイヌ社会は強く階層化していたものの、初期国家に先行する首長制社会よりさらに前の部族レベルにあり、「国家的性格をもった権力体系」の出現をみることは遂《つい》になかったとおもわれる。海保はまた、シャクシャインを広範のアイヌ勢力を統合する存在だったとするが、宮城学院女子大学の菊池《きくち》勇夫《いさお》のように、各地域集団を強力なリーダーシップによって結集する政治的統合は、結局存在しなかったと考える立場もある。

　シャクシャインの戦いに勝利した松前藩は、各地のアイヌから賠償品（宝）を徴収し、藩への忠誠や和人の安全保証などを誓う七ヵ条の「起請文《きしょうもん》」を提出させるとともに、徹底的な武器の没収をおこなった。「商場知行制」は全島に貫徹し、アイヌは商場に封じこめられてゆくことになった。

アイヌ・モシリの変容――アイヌ文化期・近世後期

商場知行制では、知行を受けた家臣が交易品を積んでみずからの商場におもむき、入手した産物を松前で商人に売却していたが、一八世紀に入ると、運上金を徴収して商人にすべてをまかせる「場所《ばしょ》請負制《うけおいせい》」が成立していった。

場所請負人はアイヌの産物を交易するだけでなく、出稼ぎの和人を雇い、アイヌを使役して、みずからニシンやサケなどの漁業経営をおこなうようになった。アイヌは雇いとして賃労働に従事し、和人の番人の監視のもと過酷な労働に従事させられた。また一九世紀に入ると、漁場の周辺にアイヌが集住させられ、伝統的な地域社会が崩壊するとともに、和人の進出により疱瘡《ほうそう》などの伝染病が蔓延《まんえん》してアイヌ人口の激減を招いた。

沿岸部にくらべて比較的伝統的な社会が保たれていた内陸についても、この場所請負人から自由ではなかった。探検家の松浦武四郎《まつうらたけしろう》によれば、上川《かみかわ》アイヌは毎年、七月から一〇月までは石狩川河口にくだって漁業労働に従事し、その賃金でえた食料や生活用品を携え、川が結氷するまえに上川へもどり、交易品となるサケ漁と毛皮獣の狩猟に従事するといった生活をおくっていたが、石狩川河口でのサケ漁が長引き、川が結氷して上川にもどれず、上川に残された老人らが冬場の食糧も確保できないまま越冬を余儀なくされる事態も生じていた。場所請負人の過酷な使役を嫌って、出先の漁場や上川から失踪するものもいたが、番人によって徹底的に捜索され、連れもどされていた。

松浦は上川のほかにも、場所請負制のもとで困窮にあえぐアイヌの姿や、崩壊してゆく伝統的社会の実態を全道各地で記録し、その矛盾を告発している。

ただし発掘調査からは、このような疲弊したアイヌ社会とは異なるアイヌのくらしぶりもみえてくる。たとえば千歳市ユカンボシC2遺跡は、一七三九年降下の樽前山火山灰直下でみつかったアイヌ集落だが、馬の蹄《ひづめ》の跡がみつかって話題をよんだ。田村俊之は蹄跡を分析して、子馬をふくむ複数の馬が、柵などで囲われた比較的狭い場所で飼われていたとする。さらに、遺跡から出土する陶磁器が少ないため、この馬を飼っていたのはアイヌと考えている。アイヌ住居のなかでは鍛冶のあともみつかっており、馬産と鉄器生産をおこなうアイヌ集落だったようだ。ここにもまた、狩猟採集民とひとくくりにできない複雑なアイヌの実態が顔をみせている。

一七八九年、道東のクナシリ・メナシ場所で、場所請負人の横暴に対してアイヌが蜂起した。この戦いでは、クナシリ場所請負の飛驒屋に蜂起したクナシリ島のアイヌと、これに呼応した北海道本島のメナシのアイヌあわせて一三〇人が施設や交易船を襲い、和人七一人を殺害した。

しかし、ひたすら増産と利益を目指す場所請負人に対して反発したのはアイヌだけではなかった。クナシリ・メナシの戦いの翌年、道南和人地の日本海側の百姓およそ三〇〇〇人が一揆をおこした。これは、和人地のニシン・サケの不漁の原因が場所請負人による大量捕獲にあるとして、西蝦夷地の増毛《ましけ》や留萌《るもい》などの場所請負人の追放を訴えたものだ。和人地の不漁の原因が、増毛や留萌などでの過捕獲に直接起因していたのか、その当否はともかく、建網《たてあみ》で河口を閉め切り、遡上するサケをすべて捕獲する場所での漁が、資源全体の減少とかかわっていたのはまちがいない。

ただし、資源の過捕獲は、場所における商業漁業だけにとどまらず、アイヌ社会内部においても生じていたとみられる。というのも、商場知行制や場所請負制が展開するなか、アイヌ社会では階層化が拡大していったが、首長や富裕層は日本製品や中国製品を「宝」として蓄積し、この宝によってウタレとよばれる下層民を労働者としてときには数十人も抱え、さらに漁場を宝で買いとって個人的に

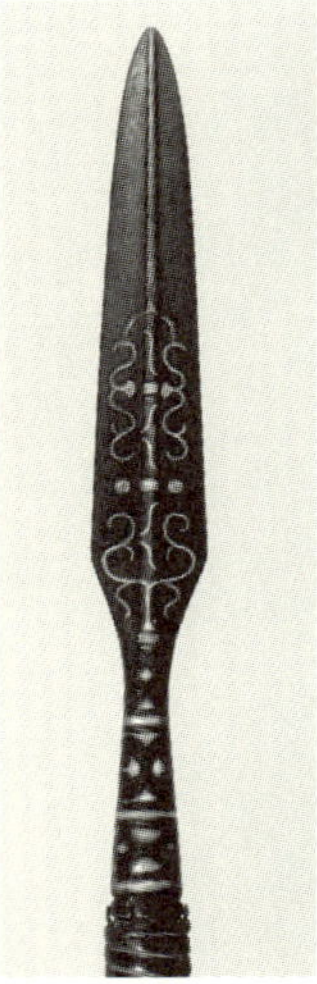

大陸産とみられるアイヌの槍先（左）と鼎（上）
サハリン先住民とのいわゆるサンタン交易によってもたらされたとみられる。槍先は鉄製。唐草様文様を象眼する。（旭川市博物館蔵）鼎は青銅製。留萌市三泊出土。（東京国立博物館蔵。東京国立博物館1992『図版目録アイヌ民族資料篇』）

独占するなどしながら、活発にサケ漁をおこなっていたからだ。

たとえば上川アイヌの社会では、第七章でのべるように、サケ産卵場に「漁村」をかまえ、食料であり交易品でもあるサケの大量捕獲をおこなっていた。擦文時代には盆地内に三ヵ所ある産卵場のうち最大規模の一ヵ所が占拠され、利用されていたにすぎなかったが、近世には漁場としては二次的な残りの産卵場もすべて開発し尽くして、徹底的にサケ漁をおこなっていた。このような資源の全面的な開発・利用が、その減少に拍車をかけていたのはまちがいない。伝統的社会の崩壊は、アイヌ社会の内と外の両面から進行していったとみられる。

一八世紀後半以降、幕府はロシアの南下を排除するため蝦夷地の内国化に乗り出した。一七九九年には東蝦夷地と千島列島を直轄領とし、その結果、中部の千島アイヌとの交易・交流は禁じられ、道東アイヌや南千島アイヌが中部千島に出向いてラッコ猟をおこなうことも不可能になった。ついで一八〇七年には樺太《からふと》と西蝦夷地が直轄領とされ、サハリンでの先住民とアイヌの交易（サンタン交易）を官営化して、幕府の役人がこれを担うことになった。活力に満ちた海のノマドの世界は、ここに終焉を迎えた。

その後、幕藩体制の崩壊と明治政府の成立のなかで場所請負制が廃止され、アイヌは「解放」された。しかし、実際には交易の場を失い、生活はさらに苦しくなった。また河川でのサケ漁の禁止や狩猟の規制、クマ送りといった伝統的習俗やアイヌ語の禁止など、アイヌの「日本人」化が強力に推し進められていった。和人に土地が払い下げられ、狩猟採集の場も次々失って、アイヌ・モシリ（アイヌの大地）は大きく変容していった。

第二章
格差社会の誕生
——宝と不平等

柴すべり

1　アイヌ社会のプアマン・リッチマン

幻影としての自由の天地

夭折《ようせつ》した知里幸恵《ちりゆきえ》の『アイヌ神謡集《しんようしゅう》』は、アイヌのユーカラ研究における古典的な著作としてご存知の方も多いだろう。なかでもその美しい序文は有名だ。

その昔この広い北海道は、私たちの先祖の自由の天地でありました。天真爛漫な稚児の様に、美しい大自然に抱擁されてのんびりと楽しく生活していた彼等は、真に自然の寵児、なんという幸福な人だちであったでしょう。冬の陸には林野をおおう深雪を蹴って、天地を凍らす寒気を物ともせず山又山をふみ越えて熊を狩り、夏の海には涼風泳ぐみどりの波、白い鷗の歌を友に木の葉の様な小舟を浮べてひねもす魚を漁り、花咲く春は軟らかな陽の光を浴びて、永久に囀《さえ》ずる小鳥と共に歌い暮して蕗《ふき》とり蓬《よもぎ》摘み、紅葉の秋は野分に穂揃うすすきをわけて、宵まで鮭とる篝《かがり》も消え、谷間に友呼ぶ鹿の音を外に、円《まど》かな月に夢を結ぶ。嗚呼なんという楽しい生活でしょう（抜粋）。

この序文は教科書にもとりあげられ、アイヌのイメージの形成に大きな影響をおよぼした。函館高専の中村和之によれば、アイヌを自然と共生する民として学ばせようとする教育実践のイメージの系譜は、いずれもこの序文に収斂《しゅうれん》するといっても過言ではないという。

大自然に抱擁された稚児、歌い暮らす天真爛漫な日々——私たちは、自然と一体になったアイヌの姿に、みずからの幸福な幼年期を重ねあわせるのだろう。多感な少女であった幸恵にとってもまた、あるべきアイヌの姿は、「文明」という汚れた大人になることを拒否した「自然」の側にある幼年期としてのアイヌだったにちがいない。

もちろん、このような一切の苦悩から解放された楽園が実在したわけではない。

実際、この『アイヌ神謡集』の冒頭に収められている有名な神謡「銀の滴《しずく》降る降るまわりに」は、かつては有数の宝もちで、人間的な徳もありながら、いまは落ちぶれ、貧乏ゆえに村中から差別と迫害を受けている人物が、村の守護神であるフクロウの神から宝を与えられ、その宝をもとに首長になる話だ。つまりこの神謡のテーマは、一種の復讐劇の形で語られるアイヌ社会の「格差問題」だ。

貧乏人は悪人——アイヌは階層化をどう受け止めていたか

この話では、アイヌ社会の二つの現実が示されている。

ひとつは、神からのほどこしがなければ、貧乏人はついに貧乏人で終わるしかないという現実であり、もうひとつは、宝さえあれば首長になることもできるという現実だ。

前者は、強く固定化した階層化社会の現実、そして後者は、「成功」のチャンスは誰にでも開かれているという、競合の自由が平等の理念となっている、まるで現代のどこかの国のような現実といえるだろう。

アイヌ語では貧乏人のことを「ウェン・クル」という。「ウェン」は悪い、「クル」は人という意味だ。悪人と貧乏人は同義なのだ。富をもたない者は落伍者《らくごしゃ》の烙印《らくいん》を押され、疎外される社会。私たちが直面する格差社会と、北の狩猟採集民のそれとは、この点においてかわるところはない。

フクロウの神は、なぜ村人全員から宝を奪いとることで皆を平等にしなかったのか。あるいはなぜ皆が同じだけ所有するように宝を再分配しなかったのか。そうしなかったのは、格差社会が当然のものとして皆に受け入れられていたからだろう。

しかしそのなかで人びとは、私たちと同様、強い閉塞感を感じていた。だからこそ神謡という虚構のなかで格差の上下関係を逆転すること、つまり格差のフレームのなかで最底辺の貧乏人が首長になってみせることで、カタルシスをえようとしていたにちがいない。

富む者としての首長

では、アイヌ社会の首長とは、実際にはどのような存在だったのだろうか。

アイヌ研究に多くの業績を残した高倉新一郎《たかくらしんいちろう》によれば、乙名《おとな》あるいは大将などとよばれていた近世アイヌ社会の首長は、多くの妻妾やウタレを抱える世帯の長だった。ウタレとは、同居人・従者・家僕・奴隷などと訳される男女のことで、生活に窮した縁者が少なくなかったともいわれるが、そうとはかぎらなかったようだ。

この妾やウタレは、労働力として食料や交易品の生産に従事し、かれらを抱える者に富をもたらしていた。そして富をもつ者はニシパ（富む者）と敬われ、そのなかから首長が選ばれた。

首長の仕事は、紛争の解決、違法者の処分、戦争・交易・漁撈の指揮、共同財産の管理、村人の保護のほか、儀式の司会や共同の祖先神を祀ることだった。ただし、首長の強制力がおよぶのは村全体にかんする事項にかぎられ、世帯の問題はそれぞれの世帯の長の判断にまかされた。また、村全体の問題であっても、重大事項は全体の合議によって決められたため、そうした会議の席上、首長は一人の発言者にとどまった。

首長は世襲され（『渡島筆記《わたりしまひつき》』）、そのため血統が神格化されることもあった。たとえば、蝦夷第一の旧家とされ、九代以前にさかのぼる日高の沙流川《さるがわ》の首長バフラの場合、神と神女《しんにょ》を始祖とする家系を伝えていた（『戊午東西蝦夷山川地理取調日誌《ぼごとうざいえぞさんせんちりとりしらべにっし》』、以下『戊午』と略す）。また、オホーツク海側の湧別《ゆうべつ》には、実際にカムイ（神）とよばれて尊信された首長もいた（『松前志《まつまえし》』）。ただし、首長の相続者が適格でないと判断された場合、長老会議で首長の血統のなかからかわりの者が選ばれたともいう。

首長の神格化の一方で、下層民の固定化も進んでいた。たとえば隷属者ウタレについて、代々世襲されている家来（『蝦夷草紙《えぞそうし》』）といった記述がみられる。

首長は年に一度、カムイノミとよばれる饗宴《きょうえん》を催し、近隣の者まで招待して飲食をふるまった。そのため首長にとって経済力の維持・拡大は不可欠だった。

アイヌの首長
厚岸の総首長イコトイ。中国製の錦の上にロシア風の外套を羽織る。蠣崎波響「夷酋列像」。（函館青年会議所1990『松前波響』）

宝が宝を生む

高倉が示した以上のような首長像をもとに、その後、近世アイヌ社会の「階級分化」や「初現的国家の成立」が論じられてきた。しかし、このような重要な問題にもかかわらず、高倉以降、実際にアイヌの首長の性格を具体的に論じた研究は多くない。

このうち京都大学の岩崎奈緒子《いわさきなおこ》は、首長の富の拡大のプロセスを宝（イコル）の視点から整理し、首長と宝の不可分な関係を論じた。それによれば、アイヌ社会における宝とは、日本産の漆器や刀剣、中国製の錦の衣服や織物、ガラス玉など、アイヌ社会には産しない「異文化」の産物である。宝は、婚姻・契約・領域確定・紛争解決・贖罪など社会生活上の重要な局面で授受され、宝を多くもつ者が社会生活で有利な立場に立った。首長は宝を蓄積する者であり、その勢力は宝によって支えられていた。

宝の集積のプロセスは次のようなものだ。

首長はまず宝によって隷属者ウタレや妻妾を獲得する。次にウタレや妻妾は首長の世帯の労働力となって生産活動・交易活動を拡大する。そして首長は、それによってえた宝でさらにウタレや妻妾を獲得する。このサイクルによって宝が宝を生みだしていった。

アイヌの首長のなかには五〇～六〇人ほどのウタレを抱える者もいたが、このウタレは、過失や争論に負けたものの宝をさしだす要求に応じられず、かわりに自分や身内の身柄をさしだしてウタレになる場合もあったという。

ちなみに、首長が宝によって首長たりえていたのはアイヌ社会にかぎったことではない。マルセル・モースが北米先住民の首長と宝の関係についてのべた次の内容は、アイヌの首長にあてはまるだけではなく、各地で広くみられることなのである。

酋長は精霊や財産につきまとわれ、その庇護を受け、また、財産を所有し、財産によって所有されているという証しを立てるときだけ、かれはその部族、村落、さらには、その家族にたいして権威を保持しうるし、また、種族の内外をとわず、諸酋長間でかれの地位を維持しうるにすぎない（「贈与論」）。

格差の実態

首長がもつ宝とは、では、いったいどれほどのものだったのだろうか。

具体的な記録はほとんどないが、虻田《あぶた》の首長カムイサシの場合、その宝は銀箔鍔《ぎんぱくつば》五〇点・鞘《さや》を銀でおおい金銀をちりばめた太刀《たち》二七点・同短刀一七点・錫《すず》製銚子・銀製盃《さかずき》・銀製呑箸（アイヌの儀器イクパスイ）・蝦夷錦《えぞにしき》（中国製の絹織物）・唐銅製香炉・玉帯《ぎょくたい》であり、ほかにも行器《ほかい》（食物を入れて運ぶための木製の容器）・椀・天目台といった漆器類は数えきれないほどだった（『丁巳《ていし》東西蝦夷山川地理取調日誌』、以下『丁巳』と略す）。どのようなものか、よくわからないものもあるが、派手な装飾をほどこした「宝刀」と漆器類が大半を占めていたようだ。

さらに、上川では三名の宝が留守中に盗まれる事件があり、その盗難記録が残されている。それによれば、首長のシリコフツネの場合、宝は銀金物長太刀三点・銀覆輪鍔三点・銀金物矢筒一点・銀金物巻付ハチ巻一点・薙刀《なぎなた》二点・銀金物柄二点であり、これに対して一般のアイヌのイソテクは長太刀一点・銀覆輪鍔二点・銀金物柄一点、同じくハリキラは銀金物長太刀一点・銀覆輪鍔一点・銀金物柄一点だった（『戊午』）。

上川の場合、首長と一般の人びととの宝に格差はあるものの、その差は驚くようなものではない。むしろ虻田の首長の宝と比べてずいぶん見劣りする印象がある。上川では近世末期、ウタレを抱える世帯がほとんどなかったから、そうしたことも関係していたのかもしれない。

ただし、沿岸交易の要地を占め、富裕さで全道に知られたクナシリのサンシャ・留萌のコタンビル・余市《よいち》のキンキリウ・岩内《いわない》のワジマといった首長の宝は、虻田や上川の首長とは桁ちがいの内容・量だったにちがいない。たとえば、中国製の錦のたぐいを身にまとった日本海沿岸の首長たちの見事さは、言葉で表現できないほどといった記録もある（『津軽一統志《つがるいっとうし》』）。

一般に宝は住居内にディスプレイし、クマ送りなど祭儀の際には屋外の祭壇に飾りつけて衆目にさらしたが、なかには山中に隠し置き、家族にも場所を語らないまま死去して紛失する例も少なくなかったという（『丁巳』）。

最高の宝はなにか

さまざまなアイヌの宝のなかで、いったいどのような宝が最高のランクにあったのか、興味をそそられないだろうか。実は、それは「鍬形《くわがた》」とよばれる奇妙な代物だった。

鍬形は、直径二〇センチほどの円形の本体から長さ約三〇センチの二本の角が突きだした金属製品で、厚さ一～二ミリの鉄や真鍮《しんちゅう》の薄板でできている。その表面に革を張ったり漆を塗ったものもあり、全体が銀メッキなどの金具で飾られる。アイヌ語では「キラウ・ウシ・トミ・カムイ」（角の生えている宝神）、「ペラ・ウシ・トミ・カムイ」（箆《へら》のついている宝神）などとよばれた。

時代劇で、二本の角形の飾りをもつカブトをよく目にする。このカブトの角形の飾りを本来鍬形とよんでおり、アイヌの鍬形は、このカブトの鍬形そのものではないが、古代から中世の日本の古いカ

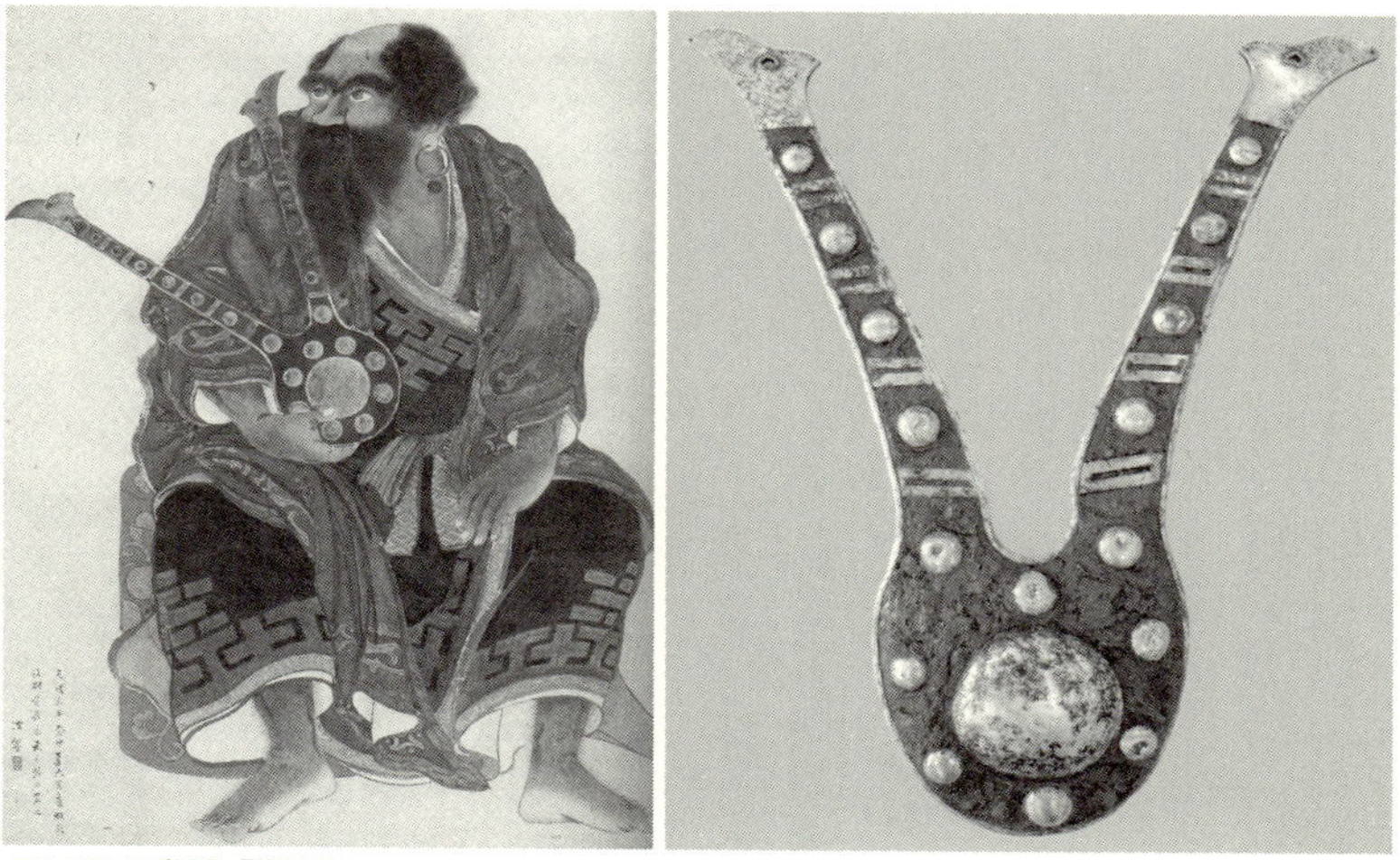

アイヌの宝器「鍬形」
左：蠣崎波響「東武画像」（北海道立近代美術館1992『蝦夷の風俗画』）
右：アイヌの鍬形。積丹町大字美国町小泊出土。（東北歴史博物館2001『杉山コレクションアイヌ関係資料図録』）

ブトの鍬形に形状が似ているため、これを模したものではないかといわれている。たしかに、地金のうえに革や漆を載せる手法も日本の甲冑《かっちゅう》との関連をうかがわせる。そのルーツに甲冑がかかわっているのはまちがいないだろう。

鍬形はアイヌの最高の宝であるため、江戸時代から多くの和人が注目してきた。『東遊記《とうゆうき》』によれば、鍬形はアイヌが古くから伝世してきた宝で、北海道でそれをもつのはせいぜい三〜五軒である。霊力があり、病や災難の際にお祈りをする。鍬形をもつ者は尊敬され、そのため首長となる。アイヌは論争や戦いなどに負けた際、宝を償いにもちいるが、霊力のある鍬形を償いにもちいることはない。

霊力についてはほかにも、病人の容態が危うくなると、祈禱者と称するアイヌがキツネの頭骨を投げて占いをし、鍬形を立てて繰り返し呪文を唱える（『東遊雑記《とうゆうざつき》』）、戦いの際には鍬形で祭りをおこなってから出発した（『松前志』）という。

鍬形に対する信仰については、鍬形を源《みなもと》義経《よしつね》のカブトの鍬形と信じ、神仏のように敬う（『松前《まつまえ》志摩守差出候書付《しまのかみさしだしそうろうかきつけ》』）、天照大神のように敬う（『愚得随筆《ぐとくずいひつ》』）などと伝えられ、その安置にかんしては、地下に埋蔵する（『蝦夷志《えぞし》』）、深山岩窟に安置する（『松前志』）、山中の清浄な地に倉を建てて安置する（『蝦夷島奇観《えぞしまきかん》』）という。アイヌの信仰に義経が登場するのは、義経が衣川《ころもがわ》で戦死せず、北海道に逃げ渡ったとする伝説がアイヌのなかにあって、英雄視されていたからだ。

なお『東遊記』では鍬形を償いにはもちいないとしているが、シャクシャインの戦い（一六六九年）の際には、償いとして鍬形が実際にもちいられている（『蝦夷談筆記《えぞだんひつき》』）。償いの内容が命にかかわるようなときには、例外的にもちいられた、ということだろうか。

北米先住民の「銅板」

このようなアイヌの至高の宝としての鍬形の性格をみるとき、おもいうかぶのが北米北西海岸先住民の至高の宝であった「銅板《どうばん》」だ。

銅板は盾の形をした銅製品であり、鍬形と同じような大きさだが、なかには高さ一メートル以上のものもある。表の中央から下にはT字形の隆起（骨）があり、上部には所有者の家系を表象する動物などの文様が描かれた。

マルセル・モースによれば、この銅板は富の表象であると同時に信仰の対象であり、崇拝の対象だった。生命をもち、宝をもたらすものであり、銅板をもつ首長は「無敵者」となった。

銅板と同様、貴重な財物で、呪術的・宗教的価値をもつ宝はほかにも、ワシの羽毛・杖・櫛《くし》・腕輪などがあった。そしてこれらは超自然的なものを意味する「ログワ」とよばれたが、このログワの観念は、メラネシアで「マナ」とよばれる観念と同一のものだ。

マナは霊力や呪力といったもので、儀礼や社会的な慣行の基礎をなすものだが、興味深いのは、それが階層やジェンダーと結びついていたことだ。首長や貴族層は一般の人びとより多くのマナを身につけていたし、男性は女性より多くのマナをもっていた。

つまり、この階層やジェンダーと深く結びついたマナを吹きこまれた宝が銅板であり、ワシの羽毛などであったわけだ。

銅板は盾の形をしているが、鍬形の起源も甲冑と関係が深いことを先にのべた。ともに男性のジェンダーをもっとも強く表象する武具とかかわっているのだ。この共通点も興味深い。

北米先住民の宝器「銅板」
カナダ太平洋岸クワキウトルの首長と銅版。（東京大学総合研究資料館1992『異民族へのまなざし』）

なお、銅板の価値はその大きさによっても異なり、トリンギット族では奴隷の数で勘定された。さらに銅板はそれぞれ名前をもっており、「レサクサラヨ」とよばれた銅板の場合、その価値は一枚四ドルの毛布九〇〇〇枚、カヌー五〇艘、ボタンのついた毛布六〇〇〇枚、銀の腕輪六〇個、金の耳輪七〇個、ミシン四〇台、蓄音機二五台、仮面五〇個に相当した。とてつもなく高価なものだったことがわかる。

拍子抜けする秘宝

鍬形の話にもどろう。

そもそも鍬形が最高ランクの宝とされ、霊力まで備えていたのはなぜなのだろうか。

その理由が知りたくて、九州国立博物館・東京国立博物館・東北歴史博物館など全国に分散している鍬形をすべてみてまわった。

とはいっても、現存するのは日本中でわずか八点にすぎない。他の宝とちがってもともと数が少なかったうえ、山中や土中に保管していたため、なかなか現代まで残らなかったのだろう。実際この八点も土中や岩陰で偶然発見されたものだ。そのため年代などを知る手がかりもほとんどない。

さて、はじめて対面する実物の鍬形に私の胸は高鳴った。なにせ霊力まで備えたアイヌ至高の秘宝だ。しかし、一目みて拍子抜けし、手にとってさらに力が抜けた。最高の宝にふさわしい緻密なつくりや重量感を想像していたのだが、実際の鍬形はおもったより「アバウト」な代物だった。華奢《きゃしゃ》で軽く、おそらく手にもって振ると「しなう」にちがいない。カブトの鍬形を模したものだとすれば、それが薄手のつくりであることはうなずける。しかし私の頭のなかには「ただの鉄板」という言葉が響きはじめる。一言でいえば、ありがたみに欠けるのであり、そこには至高の宝としての、どのような秘密も隠されていないようにおもわれた。

鉄製の鍬形は鉄板をたたきのばしたものだから、高度な特殊技能がなくても、つまりアイヌの鍛冶屋でも自製は可能だったろう（近世の北海道アイヌは鍛冶をおこなっていなかったと考えられてきたが、最近は発掘調査で鍛冶の跡が次々みつかってきている）。飾り金具も、形がいびつだったり、大きさが不揃いなものが目につき、アイヌの自製ではないとしても、専門の甲冑職人の手になるものとはいえないようだ。国立民族学博物館の佐々木利和《ささきとしかず》がいうように、アイヌに粗雑な飾り金具を売りあるく金工たちがいたのだろう。

宝の創造と「マナ」

つまり私がいいたいのは、鍬形が和人の職人の手になるものだったとしても、とくにむずかしい技術は必要ではなく、稀少《きしょう》な種類の金属が豊富に使用されているわけでもないから、モノ自体として驚くほど高価だったとは考えにくい、ということだ。

鍬形がアイヌのなかでも数人しかもつことのできないような最高の宝であった理由は、おそらく金属加工品としての実体的な価値ではなかった。それは北米先住民の銅板でもいえることだ。先にみた「レサクサラヨ」の交換価値が、金属製品としての実体的な価値をはるかに越えていたことは、だれの目にも明らかだろう。

鍬形が至高の宝であったのは、銅板と同様、それが「マナ」の表象だったからだろう。マナの実体化が鍬形なのであり、そこにこめられたマナが途方もないものだったからこそ、瀕死の病人を救ったり、戦争に勝利する力をもっていたのだ。そして、先にのべたように、このマナの多寡《たか》は階層性やジェンダーと深く結びついていた。多くのマナがこもった鍬形を所有すれば、その人物のマナは一気に上位の階層レベルに達するのであり、「男のなかの男」にもなれるわけだ。

問題は、実体としては一種のがらくたのような鍬形を、現実の社会のなかでどのようにして至高の宝としてゆくかという、宝の創造のテクニックだ。

それは『東遊記』が記すように、償いなどにもちいないこと、つまり「非交換物」とすることなのだろう。鍬形は一点一点個性が強く、オーダーメイドだったと考えられることも、「非交換物」の推定を裏づける。ほかの宝はいずれも商品として流通していたものであり、償いとして譲渡可能であったのは、それがもともと交換物だったからにちがいない。

北米先住民の銅板も、破壊されたり海に投げ入れられたりするものであり、基本的に「非交換物」だった。そういえば、鍬形もふだんは人目にふれないよう土中や岩陰に秘匿したが、これも破壊したり海に投げ入れたりすることとかわらないだろう。

鍬形は、譲渡可能性を拒否することによって至高の価値を創造するものだったのであり、その霊力やマナは、本質的には譲渡を心的に阻害するための仕掛けでもあった、というのが拍子抜けしたすえにたどりついた結論だ。

倉を満たす食料

首長は宝ばかりでなく多くの食料も蓄えていた。

日高はアイヌの農耕が活発におこなわれていた地域だが、同地方の鵡川《むかわ》の首長はアワ・ヒエなど雑穀類を三年分貯蔵していた（『毛夷東環記《えぞとうかんき》』）。同じく穂別《ほべつ》の首長も、行器三〇点や太刀二〇点のほか、毎年アワ・ヒエを三五俵ほど収穫し、三棟の倉に収めていた（『戊午』）。隣接する厚真《あつま》のアイヌは、戸ごとに一〇～二〇俵のアワ・ヒエを収穫していたとされるから（同前）、穂別の首長は一般世帯の一・五～三倍の量を貯蔵していたことになる。穀物は、首長の権威を維持するために不可欠な、祭りの酒づくり用だったのだろう。いずれにしてもこれらの記事をみていると、アイヌが単純に狩猟採集民とよべる存在ではなかったことがわかる。

この豊富な食糧は、首長が抱えていたウタレなど多くの労働力によって生みだされていたほか、首長が生産性の高い漁場を占めて資源を排他的に独占することによって生みだされる場合もあった。たとえば岩内の首長セベンケは、村から二〇キロほど離れた羊蹄《ようてい》山麓に個人用のサケの漁場をもっており、毎年一家で漁におもむいて、多い年には一万四〇〇〇尾ほどのサケを捕獲し、交易品として出荷していた。セベンケは四代前にさかのぼる首長の家系で、漁場はもともと同地を占有していた磯谷《いそや》のアイヌから宝で権利を買いとり、代々継承してきたものだった（『戊午』）。ちなみに、この出荷のため山道を開くにあたって、数人の和人を作業員として雇っていた事実は興味深い。

アイヌ社会は、貧富に応じて生業活動の内容も異なっていたとされる（「松前志摩守差出候書付」）。この意味は、首長や富裕層が交易のための漁猟場を独占していた、ということなのだろう。

宝がもたらす不安

チャシという名前を耳にされたことがあるだろうか。

丘の先端を濠で区切るなどした、本州の中世山城跡のような遺跡のことだ。沖縄の城であるグスクとよく対比されるが、チャシにはグスクの一部にみられるような石積みのものや、複雑な空間構成のものはない。その用途は砦や祭祀場などとされるが、一致した見解はない。堅固な濠をもち、明らかに砦をおもわせるものから、濠が側溝《そっこう》程度のものまであるから、実際チャシにはいくつかの用途があったのだろう。全道で五〇〇ヵ所以上確認されており、その時期は一六〜一八世紀と考えられている。

このチャシにかんする記録のなかには、周囲を崖で囲まれたチャシのなかに三棟の倉があり、さま

チャシ
浦幌町オタフンベチャシ。（藤本英夫他1980『日本城郭大系1』新人物往来社）

ざまな宝や干魚などの食料が蓄えられていた（『東遊記』）といった記事もみられる。そこで小樽《おたる》市若竹《わかたけ》小学校の平山《ひらやま》裕人《ひろと》は、アイヌの物語に登場するトパットミとよばれる夜盗の話などを考えあわせて、チャシがアイヌの富裕層の宝を守るための施設であり、アイヌ社会にチャシを生みだした原動力は、集落間・内の富を求める競争だったのではないか、とのべている。

　村人を皆殺しにするような夜盗の横行が、伝承ではなく事実であったのか明らかではないが、富裕層の個人施設としてのチャシをおもわせる考古学的な例はある。それは、平取町ポロモイチャシでみつかった一七世紀前半ころの住居だ。濠のなかに一軒だけ住居が建てられており、チャシ全体が首長の施設となっていた可能性が考えられる。

　元東京大学の宇田川《うたがわ》洋《ひろし》は、アイヌのチャシ伝承を集成し、チャシと宝の関係が深いことを指摘している。それによれば、チャシに貯蔵・隠匿した宝を夜盗が奪取するたぐいの伝承は全道に二〇例ほどある。さらに発掘調査がおこなわれた二四例のチャシの出土遺物を集成し、日常の生活用具にくわえて、太刀・カブト・小札《こざね》・脛当《すねあて》・鉄槍といった宝としての武具や、漆器・船載《はくさい》磁器などの宝を出土しているチャシが多いと指摘している。

　また元東京大学の渡辺《わたなべ》仁《ひとし》も、このような伝承に注目し、チャシと宝の関係を具体的に論じることができれば、チャシの社会的な意義を解明できるにちがいないという見通しをのべた。そして、宝とチャシはアイヌ社会という「戦争複合体」の構成要素であると指摘している。

アイヌ社会を「戦争複合体」と評価し、そこに宝とチャシがかかわっていたという渡辺の視点は、斬新で示唆に富む。ただしチャシと宝の具体的な関係は、宇田川などの仕事によっても、なお明らかになっているとはいいがたい。

しかし実態がどうであれ、「チャシ・宝・夜盗」の伝承が多く残されていることは、アイヌ社会の関心が宝に強く向けられており、チャシに表象される宝の秘匿・独占が、いつか夜盗のようにおもいもよらない形で自分たちになんらかの不幸をもたらすだろうという、潜在的な不安があったことを示している。

そしてその漠然とした不安は、オモチャのような宝によって成立している格差社会の空虚さや、豊かな漁猟場を富裕層に占められ、働いても働いても宝を手にできない下層民の搾取によって成立している格差社会への怖《おそ》れであった、とはいえないだろうか。

格差社会のはじまりは近世か

近世後半のアイヌ社会における格差について首長を通じてみてきたが、この格差は、近世後半の場所請負制のもとでアイヌの伝統的社会が大きく変容し、その結果生じたものというわけではなかった。

近世前半のアイヌ社会について記録した史料はかぎられているが、そのなかにも格差社会をうかがわせる記述はある。

たとえば先にのべたように、一六七〇年に津軽藩船がみた日本海沿岸のアイヌの首長たちは、中国製の錦などを身にまとい、その見事さは言葉では表現できないと感嘆させるほどだった（『津軽一統志』）。もちろん、かれらは衣服以外にも多くの宝を所有していただろう。

「快風丸記事《かいふうまるきじ》」（一六八八年）は、アイヌ社会では「上の位」の人物を「カモイレンガイ」、その次の位を「平侍の類」である「ニシツハ（ニシパ）」、地位の軽い者は「ウタレ」というと記す。ディオゴ・カルワーリュの書簡（一六二〇年）にも、「ニシパ」は二〇〇〇人の兵の長、「カモイ」は「オオトノ（大殿）」を意味するとある。

つまり、近世前半のアイヌ社会はすでに、カモイ（カモイレンガイ）・ニシパ・特定の呼称はない多数の一般民・下層民ウタレという複数の固定化した階層を生みだしていたようだ。最上位の人間をカムイ（神）とよんで神格化していたらしい事実もたいへん興味深い。カモイレンガイの意味はよくわからないが、ジョン・バチェラー『アイヌ・英・和辞典』にはKamui-irengaとして「神恩（God's help）」、また久保寺逸彦《くぼでらいつひこ》『アイヌ叙事詩神謡・聖伝の研究』にはkamui-renkaineとして「神意のままに」「神のおかげで」とある。一種の美称だろうか。イギリスのエリザベス二世の長々しい正式名称のなかに「神の恩寵《おんちょう》（the Grace of God）」とあったのをおもいだす。

さらに、ジロラモ・デ・アンジェリスの「第一蝦夷報告書」（一六一八年）によれば、アイヌは埋葬にあたって富裕なものは大きな木の棺に、貧乏人は袋に入れたという。

格差は確実に近世以前にさかのぼってゆくようだ。

2　格差社会をさかのぼる

では、北の狩猟採集民の格差社会は、いつ、どのようにはじまったのか。

縄文の平等・不平等

縄文時代の社会は、これまで平等な社会と考えられてきた。青森県の三内丸山《さんないまるやま》遺跡の調査成果などによって、貧困なその日暮らしの縄文人のイメージはもはや存在しない、というよりむしろ豊かな縄文人のイメージが定着したといえるが、それでも不平等や階層化については、全体としては問題とすべきレベルではなかったと認識されているようだ。

さまざまな階層化の研究はあるものの、実際のところ縄文社会の階層化を明白に示す資料はとぼしい。墓制《ぼせい》についても、墓のあいだに格差はほとんど認められず、弥生文化以降の墓制とは明らかな対比をみせている。たしかに縄文社会は不平等が大きな問題となっている社会ではなかったのかもしれない。

しかし北海道では、縄文後期後葉から続縄文時代にかけて、立地や副葬品の格差から首長の埋葬と推定できる墓がある。この首長墓は、縄文社会の階層化が全国のどの地域、どの資料よりも強くあらわれた例として注目すべきものであり、実際、日本中の研究者が注目している。

それがどのようなものだったのか、みてゆくことにしよう。

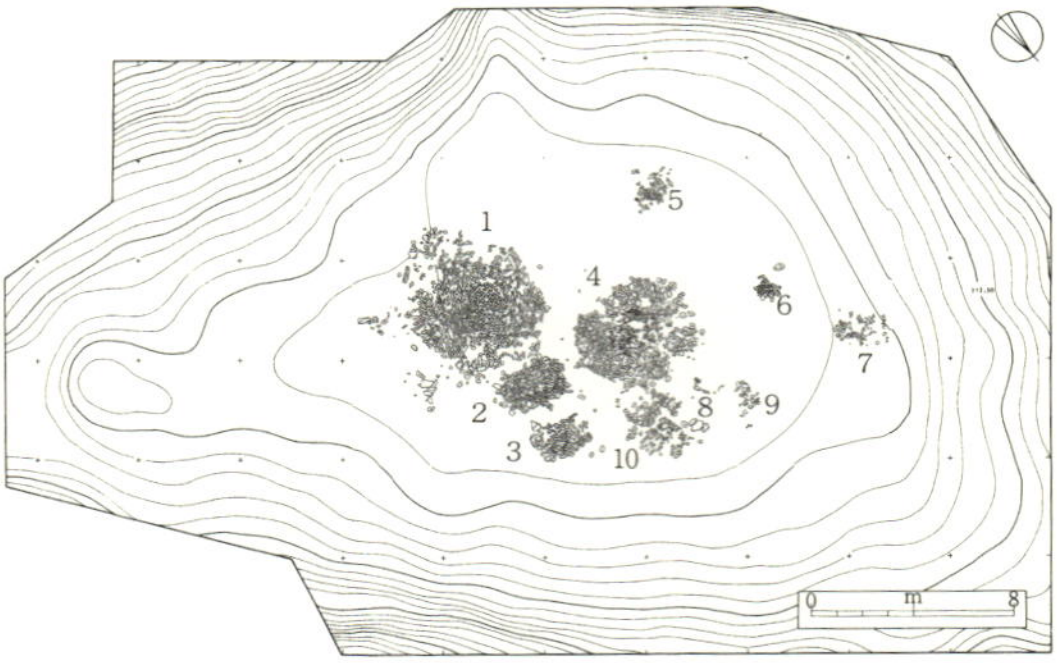

ストーンサークル
旭川市神居古潭５遺跡。縄文後期中葉。（旭川市教育委員会1990『神居古潭ストーンサークル遺跡調査報告書』）

階層化のプロローグ

三五〇〇年前の縄文後期中葉、北海道の墓制に画期がおとずれた。

それ以前の墓は村のなかに設けられ、死者と生者はへだてなく村のなかで暮らしていた。生と死のあいだに明確な境界はなかったようにみえる。墓は穴を掘りこんだだけのもので、墓標を立てたり、石を並べたり、副葬品を納めたりするのは一般的ではない。

しかし、後期中葉に出現した、墓の上に石を配した「環《かん》状列石《じょうれつせき》（ストーンサークル）墓《ぼ》」はこのような墓とはまったくちがっていた。

もっとも大きな変化は、環状列石墓が村から離れた小高い場所につくられたことだ。深川《ふかがわ》市音江《おとえ》や旭川《あさひかわ》市神居古潭《かむいこたん》の環状列石墓のように、平地から山道を二、三〇分登った高所に墓地を設けた例もある。死者は生者からへだてられ、遠くから生者の世界を見守る存在になったのだろう。墓は時代ごとにかわってゆくが、これ以降、村のなかに墓地がつくられることはなかった。環状列石墓の成立は他界観の転換をともなうものだったのだ。

私は、神居古潭の環状列石墓を測量するため、機材を背負って一ヵ月間山の上に通ったことがあるから、大量の石を運び上げた当時の苦労が少しは理解できるつもりだ。墓に投入された労力はそれ以前とは比較にならないほど大きい。墓づくりは村中総出の労働になったのであり、「厚葬化」という点でも環状列石墓の成立は画期的だった。

また、後期以前にはほとんどみられない副葬が一般化したこともその特徴といえる。新潟県糸魚川《いといがわ》産のヒスイ玉が特徴的な副葬品だ。しかし副葬されたのはわずかな量であり、特定の墓に集中することはない。

北海道の縄文文化では、第一章でのべたように、道西と道東に異なる土器文化が展開してきた。それぞれの土器文化圏は住居の形などもちがっており、強い自律性をもっていた。しかし、環状列石墓があらわれる後期中葉には、北海道全体が共通の土器文化でおおわれた。環状列石墓のありかたは、共通の葬儀の方法や、共通の葬送の思想があったことを示しているが、それはこのような広い地域をおおう文化の成立とかかわっていたのだろう。

縄文の「首長墓」

環状列石墓に続いて、後期後葉には巨大な竪穴住居をおもわせる共同墓地、すなわち「周堤墓《しゅうていぼ》」がつくられた。周堤墓は北海道だけにみられる特異な墓制だ。

これは直径一〇～二〇メートルの巨大な円形の竪穴を掘り、そのなかを共同墓地とするものだ。掘り上げた土を竪穴のまわりに積むことから「周堤墓」とよばれている。千歳市キウスには周堤の外径が八〇メートル近い周堤墓が現在でも残っている。縄文文化最大の土木遺産だ。

周堤墓は、墓地と村の隔離・厚葬化といった環状列石墓の特徴を受け継いでいた。しかし、埋葬の追加によって墓域が拡大してゆく環状列石墓とは異なり、周堤墓は竪穴によってあらかじめ墓域を限

周堤墓
上：千歳市キウス１号（北海道埋蔵文化財センター2004『遺跡が語る北海道の歴史』）
下：同美々４遺跡X３号（北海道埋蔵文化財センター1997『美々・美沢』）

定してしまう、つまりそこに葬られる人びとをあらかじめ限定してしまう点に大きな特徴がある。村の共同性を強く表象する墓制だったといえるだろう。

しかし、それ以上に注目されるのは、ほとんどの周堤墓に竪穴の中央を占める墓があることだ。この中央墓は、盛土などによってしばしばほかの墓と明らかに区別される。この中央墓の区別がもっとも明確に認められるのは、千歳市美々《びび》4遺跡BS3周堤墓だ。直径一二メートルの竪穴の中央に、直径五メートル、高さ五〇センチの円形の台が掘り残されており、そこに大きな墓がひとつ設けられている。

では、この中央墓に葬られたのはどのような人物だったのか。

余市町水産博物館の乾芳宏《いぬいよしひろ》や倶知《くっち》安《やん》風土館の矢吹俊男《やぶきとしお》は、首長であったと考えている。たしかに中央墓は、村の共同性を強く表象している周堤墓の中核の位置を占め、共同性を現実に体現する存在だから、村のなかでその立場にあるのは首長といってよいだろう。

周堤墓の墓にはヒスイ製品・石棒・サメ歯・漆製品などの副葬品がみられる。この品目は基本的に環状列石墓と同じだ。また副葬自体は一般的でなく、出土する量もかぎられている。副葬品が中央墓に集中することもない。

中央墓に葬られた人物は、周堤墓のなかで、あくまでもその位置と盛土などによって区別されているのだ。

周堤墓は古墳なのか

中央墓に葬られた人物を首長とすれば、一基の周堤墓に葬られた首長は一人だけということになる。つまり、次の首長が亡くなり、これを埋葬するには、新しい周堤墓が用意されなければならない。周堤墓をつくるきっかけは首長の死・交代にあったといえる。

とすれば、周堤墓のなかの墓は、中央の首長墓から埋葬がはじまった可能性が強いだろう。

実際、墓が一～二基しか残されていない中途で放棄されたらしい周堤墓をみると、墓が一基だけの周堤墓ではそれが竪穴の中央にある。墓が二基の周堤墓では、そのうち一基が中央にある。やはり基本的に中央墓から埋葬がはじまったと考えてよいようだ。中央墓を首長の墓とすれば、周堤墓をつくる契機は首長の死・交代だったことが、この事実からも確認できる。

このようにみてくると、周堤墓の首長が大きな権威をもっており、周堤墓がまるで古墳時代の古墳（首長墓）と同じようなものだったとおもわれるかもしれない。

周堤墓の首長が大きな権威（権力ではない）をもっていたのはたしかだろう。縄文文化のなかで、首長がこれほど大きな権威をもっていたことを示す例はほかにない。しかし周堤墓はあくまでも共同墓地であり、首長は共同墓地に組みこまれ、その枠組みを越えるものではなかった。拡大する首長の権威と集団の共同性が統合されてひとつの形をとったもの――それが周堤墓なのだ。ここに古墳とは質的に異なる性格があらわれている。

中央墓に葬られた人物の性や年齢が明らかになった例は二つある。美々4遺跡X2周堤墓の中央墓でみつかった人骨は壮年男性、苫小牧《とまこまい》市美沢《みさわ》1遺跡JX2周堤墓の中央墓は成年男性だった。また千歳市丸子山《まるこやま》遺跡1号周堤墓と美々4遺跡BS3周堤墓の中央墓には、長さ一・五メートル以上ある漆塗りの長弓が副葬されていた。人骨の出土はないが被葬者は男性だったようだ。

折り重なる死者――合葬墓の謎を考える

ところで、キウス4遺跡X10周堤墓の中央墓では、折り重なる四体の合葬《がっそう》(同時埋葬)が確認されている。それぞれの性や関係は不明だが、この中央墓は首長埋葬ではなかったのだろうか。

周堤墓やそれ以降の墓では、合葬がしばしばみられる。札幌大学の木村英明《きむらひであき》は、この合葬の理由について従来の説を四つに分け、その当否を検討している。

合葬の一つめの説は、口を開いたままの墓穴に埋葬を繰り返した結果とするものだが、これについて木村は、合葬墓の多くは時間をあけずに埋め戻しているので、当たっていないとする。

二つめの説は、冬場の死者を春に一括して埋葬したとするものだが、合葬墓には大量の漆塗り製品を身につけた被葬者だけ集中する例があり、冬場にそのような特定の死者が集中した理由をうまく説明できないとする。

三つめの説は、同時に死亡した事故死・病死者を一括埋葬したとするものだが、合葬墓が一つの周堤墓のなかに複数存在する例があり、比較的短期間のなかで同じ状況が繰り返されている理由をうまく説明できないとする。

四つめの説は、一度埋葬したものを再葬・改葬したとするものだが、アクセサリーなどが身につけたままの状況を保っているので、説得力がないとする。

そのうえで木村は、合葬墓は特定の階層の近親者が同時に死亡し、それを同時に埋葬したのではないかというのだが、しかしこの説明では、特定の階層の近親者が同時に死亡を繰り返した理由がやはり不明なまま残されることになる。合葬の理由は時代や地域によってさまざまであり、一律に解釈できないとおもわれるが、周堤墓の合葬については次のように説明できるだろう。

北海道では冬になると地面が凍りつき、スコップでも歯がたたない。重機でも地面を掘るのは難渋するほどだ。そのため冬場に亡くなった遺体は春先まで埋葬するのがむずかしい。遺体は仮屋などに収容したり、地面に安置したりしただろう。また冬場でなくても、周堤墓は首長の死から新たな周堤墓の竣工まで一定の期間を要するから、そのあいだに死亡した村人は正式の埋葬まで仮の処置がおこなわれたはずだ。

周堤墓の合葬墓は、冬場の遺体あるいは首長の死から周堤墓の竣工までに集まった遺体を、近親者や特定の地位などに応じて合葬したものだったのではないか。

四体を合葬した中央墓については、首長の死後、新たな周堤墓竣工までのあいだに亡くなったすべて、あるいは一部の村人を、首長の遺体と一緒に埋葬したと理解したい。このように考えれば、特定の特徴をもつ死者が集中する合葬墓があるのは、不自然なことではない。

多くもつ墓の出現

周堤墓は後期末にはつくられなくなってしまい、その後は一時期を除いて、後期中葉以前と同じような配石《はいせき》や竪穴をもたない墓にもどってしまう。周堤墓がつくられなくなった理由は、個々の家の自律・自立性が高まり、村の共同性の表象である周堤墓の枠を打ち破っていったから、といったいくつかの説が唱えられているが、まだよくわかっていない。

こうしたなか晩期中葉に、墓地のなかに大量の副葬品をもつ墓、つまり私が「多副葬墓《たふくそうぼ》」とよぶ墓が出現する。

この多副葬墓は、石鏃《せきぞく》とスクレイパー（刃器《じんき》）のうち、一方あるいは両方を大量に副葬する。本州の縄文文化の墓では副葬品が大量に出土することはまれだから、本州の研究者がこの多副葬墓をみると一様にびっくりする。縄文文化ではそれほど特異な墓だ。

石鏃は一つの墓に三〇〇個以上副葬した例がある。どれほどの量かイメージしにくいかもしれないが、ギラギラ輝く黒曜石《こくようせき》の鏃《やじり》が墓の底一面を埋め尽くし、おもわず息をのむほどだ。

富良野《ふらの》市無頭川《ずなしがわ》遺跡では、すべての墓から出土した石鏃があわせて約二〇〇〇点にのぼり、調査者が指摘するように、遺跡全体が「射手《しゃしゅ》」の墓地をほうふつさせる。多副葬墓の被葬者は「射手」である狩猟者、すなわち男性を代表する人物だったようだ。

環状列石墓や周堤墓では、副葬品はあっても一つの墓にせいぜい数点程度だったから、この副葬品量の増大は劇的だ。だが、重要なのは量だけではない。副葬された大量の石器は、使用の痕跡がない規格品がそろっており、その数からいっても副葬用につくられたものとみられる。それ以前の副葬品は生前の所持品とみられるから、この変化も画期的だ。

晩期後葉になると、札幌市や千歳市など石狩低地帯より東の地域で、サハリン産とみられるコハク玉を大量に副葬した多副葬墓が出現する。これまでのところ、芦別《あしべつ》市滝里《たきさと》4遺跡の五号墓から出土した三〇九三点が最多だ。道南ではコハクではなく本州産の管玉《くだたま》が副葬されていた。

北海道教育庁の長沼孝《ながぬまたかし》は、この大量のコハク玉について、石器と同様、多副葬墓に葬られていた人物がもともと所有していたものではなく、副葬用に村人から集めたものと考えている。

多副葬墓の「縄文型」「続縄文型」

多副葬墓は続縄文期になってもみられる。しかし続縄文期の多副葬墓は、右のような晩期の多副葬

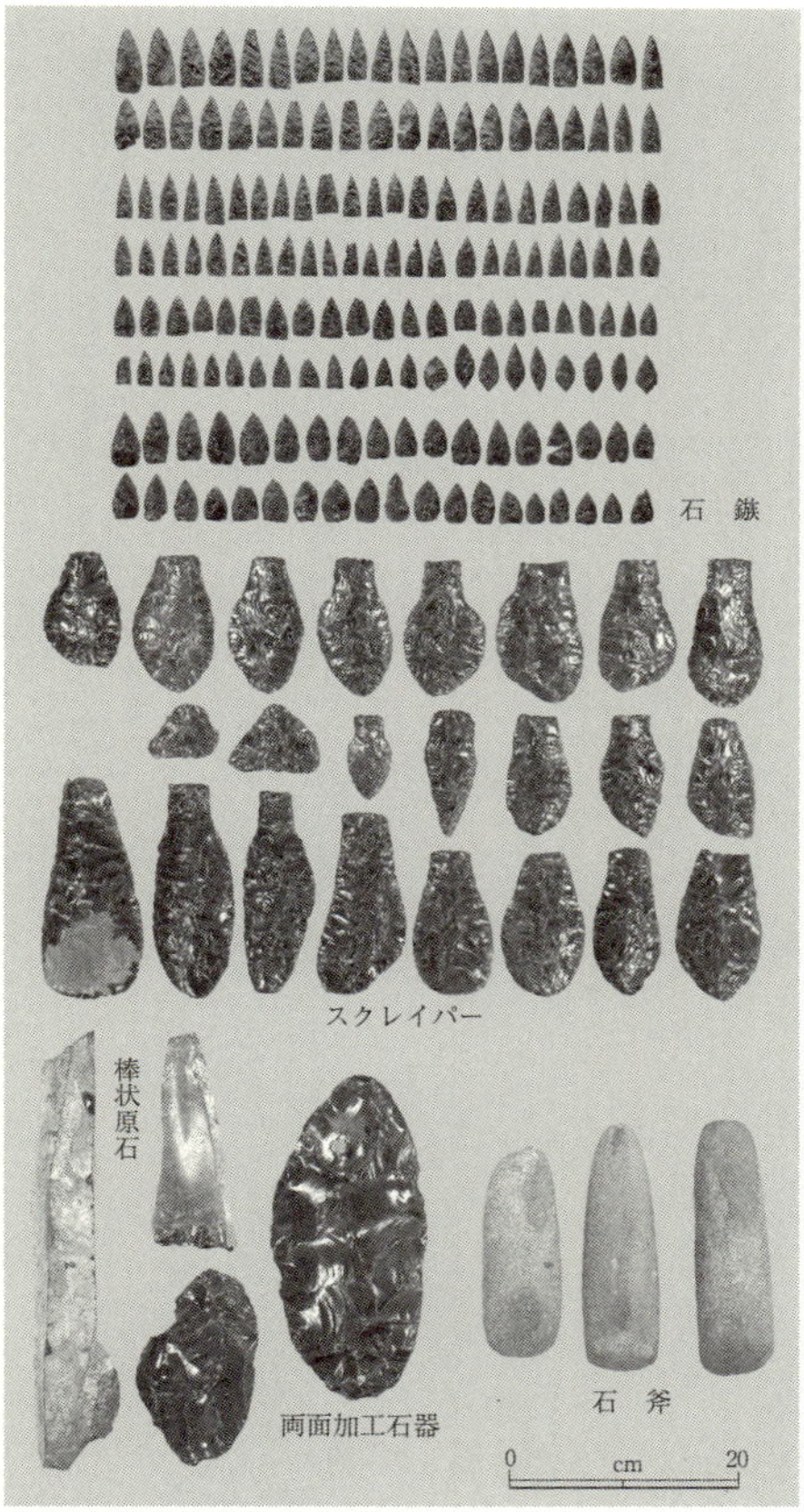

「縄文型」多副葬墓の副葬品
旭川市錦町1遺跡出土。続縄文時代初頭。(旭川市博物館蔵)

墓とは決定的に異なる性格をもっていた。

続縄文期の多副葬墓は、石器や骨角器のほかに本州産の碧玉《へきぎょく》製管玉・ガラス玉・鉄製品・南海産貝製品（イモガイ・タカラガイなど）、あるいは大陸産と推定される鉄製品・銀製品、サハリン産と推定されるコハク玉など、多様な副葬品がみられるようになる。

これについて元札幌市教育委員会の加藤邦雄《かとうくにお》や、伊達市噴火湾文化研究所の青野友哉《あおのともや》は、個人的な所有（占有）観念の発展を示していると理解する。たしかに、続縄文期の多副葬墓の副葬品は、石器では石鏃・スクレイパー・ナイフ・ドリル・石斧《せきふ》・砥石《といし》・石器の原材など、実際の生活でもちいられていた石器の種類がすべてそろっている。晩期の多副葬墓から出土する石器が、石鏃か定形的なスクレイパーにかぎられるのとは大きく異なっている。またその量についても、一種だけが飛び抜けた数を示すのではなく、いずれも生前の所持品の範疇で理解できる量に変化している。

さらに重要なのは、晩期では多副葬墓以外まとまった副葬品をもつ墓はなかったが、続縄文期になると多副葬墓以外にも副葬品をもつ墓が多くあらわれることだ。つまり副葬自体が社会的に一般化したのだ。

生前のもちものを副葬する行為は、続縄文期にはじめて一般的になったのであり、みかけのうえでは同じように大量の副葬品をもちながら、それを単純に個人のもちものとは考えにくい晩期の多副葬墓と、生前のもちものを副葬する続縄文期の多副葬墓では、大きなちがいがあったことになる。多副葬墓は「縄文型」と「続縄文型」に分けられそうだ。

多副葬墓の出現率は、晩期から続縄文期を通じて全体の数パーセント程度だから、首長埋葬の可能性が大きいといえるだろう。

クマを身につける首長

多副葬墓は、先にのべたようにコハクのネックレスをしばしば出土するが、そうした被葬者をただちに女性とは考えられない。

たとえば続縄文期の芦別市滝里安井遺跡の多副葬墓Ｐ45は、一〇〇〇点以上のコハク玉を出土し、石器は一点も副葬していない。ただし、蛇紋岩《じゃもんがん》製のクマの頭部彫刻が出土しており、それは推定される装着方法をふくめて、近世のアイヌ男性が儀式で着用したサパウンペ（冠）のクマ彫刻に酷似している。つまりこの被葬者は男性であり、さらに祭司でもあったとみられる。

冠にとりつけるための孔をもつクマの頭部彫刻は、ほかにも同じ続縄文期の江別市旧豊平川畔《きゅうとよひらかはん》・江

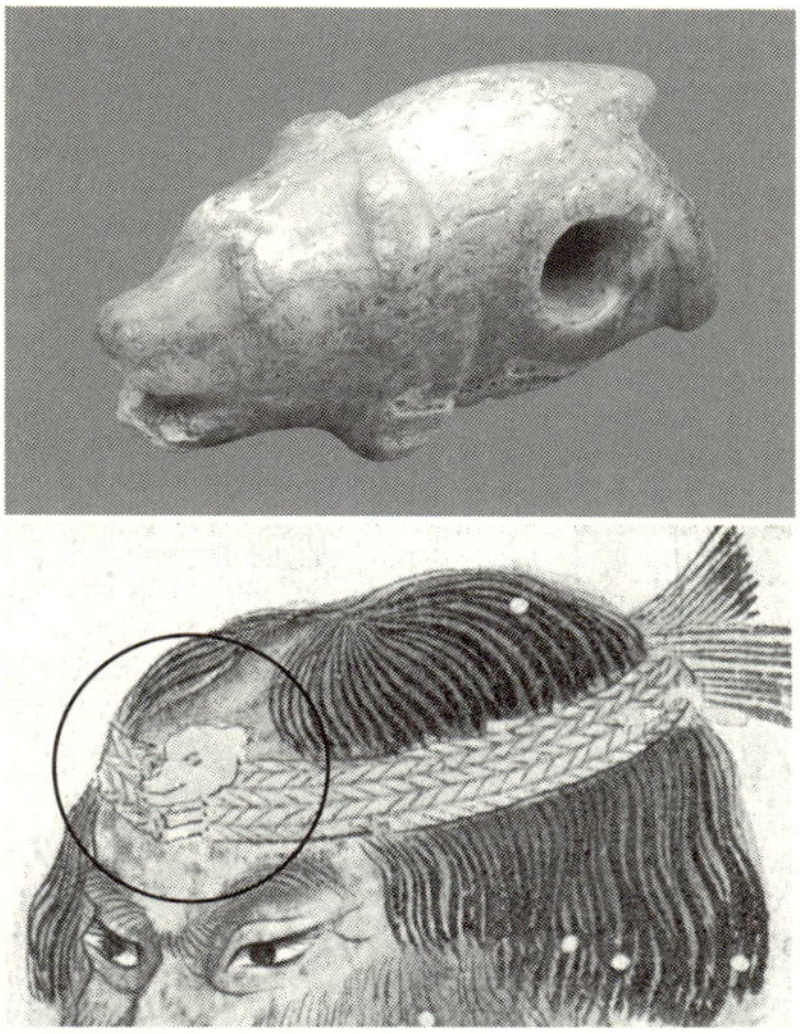

多副葬墓出土のクマ彫刻
上：芦別市滝里安井遺跡の続縄文時代の多副葬墓Ｐ45から出土した蛇紋岩製のクマ彫刻。（北海道埋蔵文化財センター2004『遺跡が語る北海道の歴史』）
下：アイヌの男性が儀式の際に戴くサパウンペと呼ばれる冠。（河野本道・谷澤尚一解説1990『蝦夷生計図説』北海道出版企画センター）

別市高砂・余市町大川《おおかわ》・伊達市有珠モシリ・北見市常呂《ところ》川河口の各遺跡の墓でみつかっている。大川や常呂川河口の墓は多副葬墓といえるものであり、とくに常呂川《がわ》河口遺跡P470墓は、クマ彫刻とともに大量の石器と約二五〇〇点のコハク玉が出土している。

これらの事実は、全道の続縄文期の首長がクマによって表象される存在になっていた可能性を示している。中沢新一《なかざわしんいち》は、クマを神とする思考と首長の関係をさまざまな視点から論じているが、そうした議論のなかで、クマの頭部彫刻をみなおしてみる必要がありそうだ。

ところで、アイヌのサパウンペにかんするもっとも古い記録(『蝦夷日記《えぞにっき》』一七九九年)によれば、クマ祭りの際にアイヌの首長がクマ彫刻の冠を着けているとある。アイヌ社会でも、それは本来首長の着装品だった可能性がある。

もしそうであれば、続縄文と近世のあいだに位置する擦文文化や中世の首長も、同じようなクマの冠を身につけていたと考えたいところだ。いや、その可能性は大きいだろう。だが、残念ながら擦文文化や中世の墓はほとんどみつかっていない。また墓がみつかったとしても、クマ彫刻が石製ではなく、近世と同じように木製だったとすれば、腐食してしまい、発見される確率はたいへん小さい。しかし、いつか擦文文化や中世の墓から石製か木製のクマの頭部彫刻がみつかるはずだ、と私は期待している。

もたざる首長・もてる首長

墓と階層化の問題について、そろそろ結論へむかうことにしよう。

縄文後期の周堤墓の中央墓と、縄文晩期以降の多副葬墓に埋葬された人物をいずれも首長とすれば、副葬品からみたこの首長の埋葬の変化は、「もたざる首長」から「もてる首長」への変化といえるだろう。つまり縄文から続縄文への墓制の変化は、一面では宝や日常の生活道具（まとめて「財」とよぶ）の個人的な占有の拡大によって説明できる。

ただし、多副葬墓でも「縄文型」多副葬墓の被葬者は、「続縄文型」のそれとちがって大量の石器を副葬品として集団から献じられた「供献《きょうけん》される首長」だった。つまり、周堤墓の「もたざる首長」から続縄文期の「もてる首長」への変化は、そのあいだに、生前は「もたざる首長」であり、死後に「もてる首長」となる、縄文晩期の中間的な「供献される首長」を介して段階的に進行したわけだ。

墓からみるかぎり、北の狩猟採集民における首長の権威の強化は、縄文後期の周堤墓であらわれた。周堤墓は、首長の死・交代を築造の契機としており、村の共同性の中核としての首長を強く表象していた。しかし、首長と他の人びとのあいだに副装品の格差はない。

そこからは、宝の蓄積を条件としていたアイヌ社会の首長とは、まったく異なる首長の姿が浮かびあがってくる。周堤墓の首長が、近世アイヌ社会の首長のように財を生みだす隷属者を抱え、世襲・神格化されていた状況は考えにくい。

これに対して続縄文では、首長墓にかぎらず副葬が一般化する。そこには、財の格差に表象される社会全体の階層化を読みとることができる。多副葬墓の首長は、周堤墓の首長とは対照的に、墓の位置や盛土などではなく、副葬品の量と内容によって区別されている。つまり続縄文の首長は、集団の共同性を代表する存在から、財のピラミッドの頂点を占める階層性の代表としての存在に変化し、アイヌ社会と同様、財の獲得が首長の前提条件になりつつあったとみられる。

しかし、財がすべて墓に副葬されていたとすれば、続縄文の財の蓄積はまだ微弱なものにすぎなかったたろう。屋内にうずたかく積みあげられ、倉庫まで満たしていたアイヌ社会の財の蓄積とは、くらべようもない。さらに財が伝世されていなかったとすれば、アイヌ社会のような首長の世襲や隷属者の存在は、やはりこの段階においても考えにくい。

階層化の画期はいつか

では、続縄文の首長はその後、近世アイヌ社会の首長へどのような変遷をたどったのだろうか。擦文文化や中世の墓がなかなかみつからないため、具体的にのべることはできないが、続縄文の首長と近世アイヌ社会の首長がどれほど近い、あるいは遠い存在なのか、他の視点から考えてみることはできる。

国家成立に向かう社会が「バンド」「部族」「首長制社会」「未開国家」の順に変化したとするエルマン・サーヴィスの有名な説がある。これにしたがえば、近世アイヌ社会の首長は、マーシャル・サーリンズなどが示す、財としてのブタを元手に多くの妻を獲得し、彼女らの労働によってサツマイモの生産性を向上させ、ブタの飼育を拡大していく、パプア・ニューギニアなど首長制直前の部族社会の首長、すなわち「ビッグ・マン」と共通するようにみえる。

アイヌ社会における首長の宝の蓄積は、個人の野心と才覚によるものであり、制度化された財の集中は確認できない。首長は多くの宝と隷属者を抱え、隔絶した存在だったが、たとえばトンガ社会のような首長制社会の首長、つまりピラミッド状の権力構造の頂点に君臨し、その構造が経済的な財の集積と再分配によって支えられている首長とは明らかに異なる存在だ。王を、制度化された財と権力の集中の頂点にある人物とすれば、アイヌ社会に王はいなかったということになるだろう。

これに対して、縄文後期の周堤墓の首長は、パプア・ニューギニアのバルヤ族などにみられるような、財の蓄積ではなく、狩猟やシャーマンとしての技能によって社会的に評価される部族社会の首長、すなわちモーリス・ゴドリエがいう「グレート・マン」に相当する。

続縄文の多副葬墓の首長は、アイヌ社会の首長との格差は大きいが、微弱とはいえ財の蓄積がはじまっていた点で、アイヌ社会の首長と同様、首長制直前の首長である「ビッグ・マン」に相当する。また、縄文晩期の供献される多副葬墓の首長は、狩猟者としての技能を代表する存在であり、個人的な財の蓄積がない点で、周堤墓の首長と同じく「グレート・マン」に相当する。

近世をふくめた北の狩猟採集民の首長は、サーヴィスの図式でいえば、いずれも部族社会のなかの首長だったことになる。ただしそのなかで、縄文後期―晩期のグレート・マンから、続縄文―近世のビッグ・マンへの変化があった、ということになるだろう。そこに階層化のひとつの画期をみいだすことができそうだ。

縄文社会をつなぐ宝

続縄文社会では、首長は財の蓄積と深く結びついていたが、縄文社会ではそれが認められず、社会全体としても問題とすべき財の偏在はみられなかった。つまり、続縄文社会からはじまった財の蓄積は、縄文社会の財の非蓄積・非集中の伝統を否定するものだったことになる。

もちろん副葬品からみた続縄文段階の財の蓄積は、ごく弱いものだ。だが、近世アイヌ社会における財の大量の蓄積とのあいだに存在するのは、量的な差であり、質的な差ではない。

では、続縄文社会における財の蓄積は、なぜはじまったのだろうか。私はそこに弥生・古墳文化と

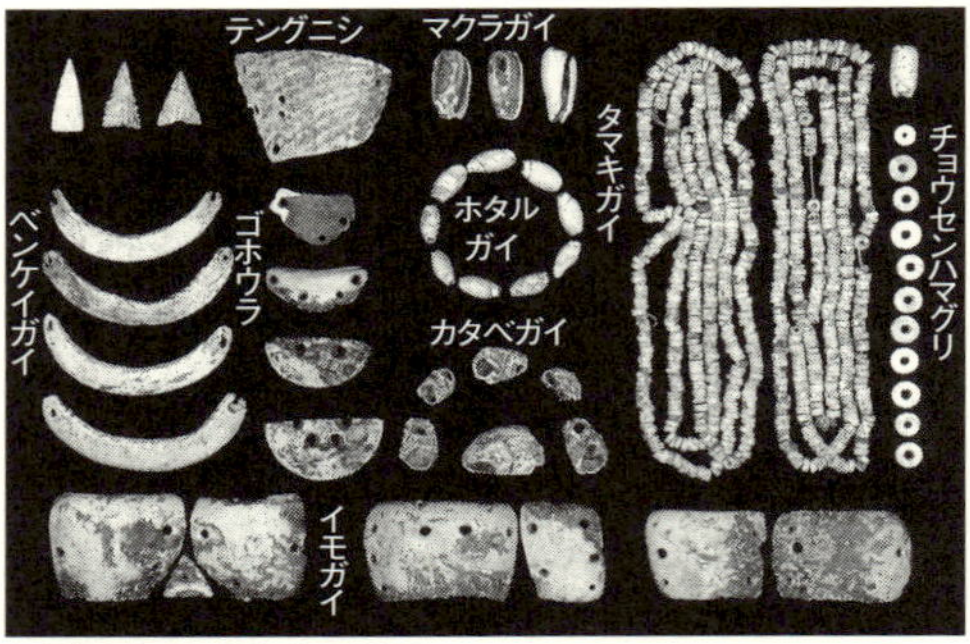

副葬された南島産貝製品
伊達市有珠モシリ遺跡出土。続縄文前期。（国立歴史民俗博物館2000『北の島の縄文人』）

の交易がかかわっていたと考えている。

新潟県糸魚川産ヒスイの流通に代表されるように、交易は縄文時代から存在していたが、縄文社会には二種類の交易があったようだ。

ひとつは斧や鏃の素材となる黒曜石や片岩《へんがん》などの石材や、鏃を矢柄《やがら》に接着するためのアスファルトといった、日常生活に使われる生活財の交易だ。たとえば北海道では、道東の白《しら》滝《たき》産黒曜石が良質で資源量も豊富であるため、道内はもちろん青森県の三内丸山遺跡など東北北部にも多く流通していた。また、石斧の材料として日高の額平川《ぬかびらがわ》の緑色片岩と、空《そら》知《ち》平野北端の神居古潭の青色片岩が道内で流通しており、これもまた三内丸山遺跡など東北北部で多く出土している。

東北北部へ北海道産の石材が流通していた背景には、海峡を越えてつねに一体の関係を築いていた両地域の同族的関係があったのだろう。逆にいえば、生活財が同族的社会を越えてその外側に流通することは基本的にはなかったことになる。石材同様、全国各地に産地があるアスファルトも、やはり同族的社会の内部で流通していた。

もう一種類の交易は、このような同族的社会を越えて流通する「宝」、つまり象徴財の交易だ。糸魚川産ヒスイの玉と南島産タカラガイ製の装飾品があげられる。ヒスイ製の玉は沖縄を含む全国で出土しており、北海道では前期から晩期にかけて七〇〇点以上出土している。タカラガイ製装飾品も、早期以降、沖縄から北海道まで全国で出土している。このヒスイとタカラガイは、縄文文化圏の全体で流通していたものであり、したがって全国の縄文社会で価値観が共有されていた「縄文の宝」といってよいだろう。

以上の縄文社会の交易のありかたについてまとめると次のようになる。

縄文時代の列島社会は、いくつかの同族的社会に分れ、生活財は基本的にその内部を中心に流通していた。しかし、閉鎖的にみえるそれら同族的社会は、同時に縄文文化という共通の文化でつながっていた。亜熱帯から亜寒帯の広大な地域にまたがる縄文文化という共通のアイデンティティは、「縄文の宝」の流通と、その宝にともなうイデオロギーによって生みだされ維持されていたにちがいない。「縄文の宝」とは、縄文社会という「拡大された同族的社会」の絆だったとおもわれる。

変容する「縄文の宝」

一方、続縄文社会にもたらされていた交易品としては、先にみたように碧玉製管玉・貝類・鉄製品・コハクなどがある。

佐渡島産の碧玉製管玉は北海道で一七〇点以上みつかっている。続縄文後期にはガラス玉も流通する。

南海産の貝類も縄文時代より種類が増え、イモガイ・マクラガイ・ホタルガイ・テングニシ・ツノガイ・ウラシマガイ・カタベガイ・ゴホウラが出土している。イモガイ製の腕輪は、長崎県佐世保《させぼ》市宮《みや》の本《もと》遺跡出土品と形態が同じであるため、琉球列島で採集されたイモガイが北九州で加工され、北海道にもたらされたと考えられている。

鉄製品は続縄文前期の遺跡から一五点出土しているが、続縄文後期には倍増する。ただし道東の羅臼町植別川《うえべつがわ》遺跡の墓から出土した二点の鉄製刀子《とうす》は、鞘に銀製の装飾がほどこされており、このような特徴をもつ刀子は後漢時代を中心とした中国北部の匈奴《きょうど》・鮮卑《せんび》の墓でみられることから、北回りでもたらされた大陸製品だったようだ。

コハクの産地は、北海道では日本海に面した道央の石狩市厚田《あつた》区沿岸と雨竜川《うりゅうがわ》上流が知られているが、有望視されているのはサハリン南部東海岸のスタラドゥプスコエであり、これも北回りと考えられている。

さて、続縄文後期になると、石器の種類の多くが消えてゆくことから、前期には宝として流通していたらしい鉄器が、後期には明らかに生活財化していたことがわかる。このことは、縄文時代には同族的社会の内部で流通していた生活財が、異文化からもたらされるものに変化したことを示している。さらに、縄文時代には縄文アイデンティティを共有するものとして外部社会からもたらされていた宝が、異なる価値観をもつ弥生・古墳の農耕社会からやってくるものになった。縄文社会と続縄文社会の交易品は、鉄器をのぞけば大きくかわらないものにみえるが、そこには質的な転換があったことになる。

異文化の宝と階層化の論理

弥生・古墳社会がもたらす宝は、鉄器やガラス玉のようにテクノロジーの「差異」も大きい。そのため北の狩猟採集民の社会では、これを所持する者に大きな「差異」をもたらし、したがって他者とのあいだに簡単には埋められない差異をもつという点で、威信と名誉の基盤をなすものとなった。この威信と名誉をもたらす宝への渇望が、続縄文社会の宝の蓄積（差異の蓄積）をうながしていった、といえないだろうか。

同族的社会のイデオロギーから切り離された異文化の宝は、第六章でものべるように、未開社会では所有や分配にかかわる自分たちの社会規範からはずれたものとみなされていた。続縄文社会においても、異文化の宝それ自体が、縄文社会の非蓄積の伝統を次第に失わせ、宝の蓄積を許す社会をつくりあげていったとおもわれる。

もちろん、いくら社会規範からはずれたものではあっても、そのこと自体が、社会の平等性を打ち破り、人びとの妬みや嫉みをまねく富の集中という行為を正当化できるわけではないだろう。

重要なのは、それらの宝には程度の差こそあれ、アイヌの宝と同様、霊力がこもっていたはずだ、ということだ。宝を多く蓄積する者は、たんに富を蓄積する者ではなく、霊力を多く身につける者にほかならない。そして、霊力を多く身につける者は、至高の宝であった鍬形の霊力がそうであったように、死に瀕した病人を救い、集団の戦いを勝利に導くような力を発揮することもできただろう。富の集中が許されたのはおそらく、富む者が祭りを催して食べ物や酒をふるまい、集団に物質的な還元をしただけではなく、いわば霊的な還元もおこなって集団を守護する存在だったからだ、と考えられる。

富を蓄積すればするほど、霊的な守護はそれだけ強大なものになるのであり、近世のアイヌ社会でどこまでも歯止めのない富の偏在と格差社会を人びとが受け入れていた背景には、このような富と霊力の一体化がかかわっていたにちがいない。

常識のウソ

続縄文社会が農耕社会に移行せず、狩猟採集の伝統を維持した背景にも、この異文化の宝がかかわっていた、と私は考えている。

続縄文社会が農耕社会に移行しなかったのは、一般に寒冷地のためコメづくりができなかったからだといわれている。ただし、この説には農耕文化に取り残された辺境の民という負のイメージがある。そこで、豊富な資源に恵まれて農耕社会に移行する必要がなかった、あるいは畑作を導入しながら縄文文化からの脱却がはかられていた、といった考えも示されてきた。

しかし、そもそも定説化しているこの「冷涼な気候」や「豊富な資源」は、ほんとうに続縄文社会が狩猟採集を続けた直接の理由だったのだろうか。

私はそれが「常識のウソ」のようにおもえてならない。

たとえば、津軽海峡は農耕への移行を閉ざした生態的境界のようにイメージされている。しかし、古代の擦文文化では、各種雑穀など一七種の栽培植物がみつかっており、それは農耕社会であった東北北部の栽培植物からコメを欠くにすぎない。

つまり、津軽海峡は農耕に立ちはだかる壁ではありえなかった。コメの導入が困難だったとしても、その意志があれば穀類に依存する農耕社会への転換は北海道でも可能だったはずだ。実際、先にみたとおり近世には雑穀栽培に大きな比重をおく日高アイヌのような集団もいた。

また、北海道はたしかに北方圏の生態的特徴をもち、群生する大型哺乳動物やニシン・サケ・マスなど莫大な水産資源に恵まれた食料の宝庫だ。しかし、だからといって、北海道と本州の縄文遺跡の内容・規模・数にきわだった差があるわけではないのだ。

おそらくそこには、マーシャル・サーリンズが「過少生産構造」という言葉でのべたような、つつましく生産する社会、豊富な資源があるからといって過剰な生産にむかわない縄文社会の特性がかかわっていたと考えられる。

一例をあげよう。第三章でのべるように、石狩川水系では、本州との交易が活発化する一〇世紀以降、交易品生産のためサケ漁をおこなう「漁村」がサケの産卵場に成立していった。しかし、それ以前の集落は、サケ産卵場に立地するものもあればサケの遡上しない河川流域にも多くあり、地域社会が一律サケ漁に特化することはなかった。国立歴史民俗博物館の西本豊弘《にしもととよひろ》が指摘するように、縄文・続縄文では莫大なサケ資源は食料選択肢のひとつにすぎなかったのだ。

狩猟採集という選択

このような過少生産の社会では、社会が維持できるだけの食料が確保できればよい。つまり社会の再生産のレベルを越える過剰な資源は、存在しても、しなくても同じことだ。縄文人の自然観は、おそらく現代の私たちとは相当ちがっていただろう。

この過剰な資源という意味では、北海道と本州のあいだに資源をめぐる格差、正確には当面問題となるような格差は存在しなかったことになる。資源の「量」それ自体が、狩猟採集社会と農耕社会の進路を分けたとみるのは短絡的にすぎる。

おそらく、続縄文社会が弥生文化のもたらす宝を手に入れるため、その対価の生産という問題に直面したとき、社会の再生産を受け入れてなお余りある過剰な資源、本州とは生態的な差異をもつ北海道の資源が、はじめて大きな意味をもつものとして認識されたのではないか。

そのうえで続縄文社会は、コメを欠く二流の農耕社会への移行ではなく、資源の量と差異を背景にもつポテンシャルの大きな狩猟採集社会として、農耕社会に向きあうことを選択したのではないだろうか。

続縄文社会は、狩猟採集という選択によって農耕社会の宝を手にいれ、階層化を拡大してゆく道をあゆみだした。そしてそこでは、階層化が宝の流通に拍車をかけ、「多くもつ」ため過少生産からの乖離《かいり》が生じていったのだろう。縄文社会の階層化の研究では、階層化の原因は社会的分業の発達による生産力の増大と剰余の蓄積によって説明されてきた。だが、少なくとも北海道の場合それは階層化の原因というより、階層化の結果だったのではないか。

「宝が宝を生む」社会は、ここにはじまったのだ。

第三章
「サケの民」の成立
——交易品を推理する 1

ニシン場雑景

擦文人は農耕民か

札幌市K39遺跡は、北海道大学の構内を横切る道路の下からみつかった一一世紀の擦文人の集落だ。この遺跡では、ふつうは腐食してしまう木製品がよく残っていたが、そこからみえてきた村人の姿は、私たちがイメージする擦文人とはずいぶんちがっていた。かれらは本州の農民とかわらないカマドつきの住居に住み、草履を履き、臼と杵（竪杵《たてぎね》）でアワなどの脱穀をおこない、曲物に水を汲み、箸で食事をしていたのだ。

実は、擦文人が農耕をさかんにおこなっていた証拠はいくらでもある。九世紀後葉の札幌市サクシュコトニ川遺跡では、キビやアワが万の単位で出土している。一〇～一一世紀の厚真町上幌内《かみほろない》モイ遺跡では、祭祀場跡からダンゴ状に加工されたキビがみつかっている。一二世紀の浦幌《うらほろ》町十勝太若月《とかちぶとわかつき》遺跡では、海風にあおられて一気に燃え上がった火災住居のなかから、土器にびっしりと詰まった脱穀済みのオオムギ、盤《さら》に盛られたシソの種子、袋詰めにして吊されていたキビがみつかっている。アワやキビなどを千粒以上出土した遺跡は全道にあるから、全道の擦文人が雑穀類を栽培していたとみてよいだろう。

ほかにも、ヒエ・コムギ・モロコシ・ソバ・アズキ・アサ・ベニバナ・ヒョウタン・アブラナ科・ウリ科の作物種子が擦文文化の遺跡からみつかっている。ちなみにコメも出土するが、稲作の痕跡は確認されていないので、これは本州から移入していたようだ。

私たちは擦文人を狩猟採集民とよんでいるが、ほんとうは農耕民だったのではないか。それも、ひょっとすると本州から移住した農耕民そのものだったのではないだろうか。

「複合生業民」の実像

そもそも擦文文化は、七世紀以降、東北北部から道南や道央へ移住した農耕民の文化を在地の人びとが受容し、また移住者と同化して成立したものだ。この農耕民の文化とは、穀物調理用のカマドをもつ住居・脱穀用具としての臼杵・高床の穀倉・鋤鍬や鎌などの鉄製農具であり、したがって擦文文化はいっけん農耕民のそれとかわるところがない。

ちなみにこの古代農耕民の文化は、多くがそのままの形で近世アイヌに受け継がれていた。元札幌大学の石附《いしづき》喜《き》三《さ》男《お》が指摘したように、アイヌの機織りは脚のない「地機《じばた》」であり、これは紡錘車《ぼうすいしゃ》と一

アイヌの高床倉庫（上）と奄美大島の高床倉庫（下）
（上：東京大学総合研究資料館1992『異民族へのまなざし』）
（下：筆者撮影）

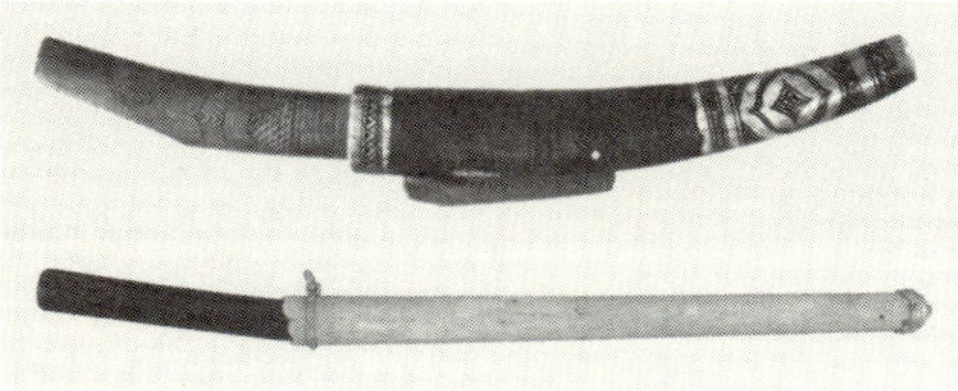

アイヌの小刀（上）と古代日本の小刀（下）
（上：東京国立博物館1992『図版目録アイヌ民族資料篇』）
（下：奈良国立博物館1994『正倉院展』図録）

体で本州から七、八世紀に伝わったものとみられる。またアイヌの刀子（マキリ）は柄元が鞘にのみこまれる形式で、柄が強く反る特徴をもつが、これも奈良時代の日本の刀子の特徴と一致する。奄美大島で鹿児島県の指定文化財になっている高倉をみたとき、アイヌのそれをおもいだしたが、こうした高倉は八丈島にもある。石附がいうように、周縁に古い文化が残存すると説いた柳田国男《やなぎたくにお》の「蝸牛考《かぎゅうこう》」をおもわせる例だ。

千葉大学の中川裕は、アイヌ語のポネ（骨）・カムイ（神）・タマ（魂・玉）・ヌサ（幣）が本州中央からアイヌ語に入ったものだとすれば、その時期は室町末期以前だろうとしているが、これも古代本州からの移住者がもたらした文化複合だった可能性が強いとおもわれる。移住者の影響は、生業の技術的な体系だけにとどまらず、言語や儀礼など生活様式全体におよぶ、きわめて大きなものだったのだろう。

さて、擦文人は表面的な文化だけが農耕民化していたのではなく、実際、活発に農耕をおこなっていたのだから、ある意味では農耕民といってまちがいではないが、そういいきってしまえるほど状況は単純ではない。たとえばK39遺跡もサクシュコトニ川遺跡も、遺跡のなかを流れる小川のサケ漁場を中心に成立した集落だった。

私は、狩猟漁撈と農耕が複合したこの生業のありかたこそ、擦文文化の個性であり、農耕民が影響をおよぼし、また同化しながら成立した擦文文化のなりたちをよく示すものだと考えている。つまり擦文人は「狩猟農耕民」や「複合生業民」などとよばれるべき人びとなのだ。しかし、結局のところ農耕と狩猟採集のどちらが擦文人の社会を根底で規定していたのかと聞かれれば、狩猟漁撈と答える。それも特定の種にかなり偏った狩猟漁撈だ。そしてそこには本州との交易がかかわっていた。

擦文人の活発な農耕は、交易のため特定種の狩猟漁撈に特化してゆく社会のなかで、生業を補完する意味もあったのではないだろうか。さらに、近世アイヌがそうであったように農耕は女性の仕事だったとおもわれるが、これも男性が狩猟漁撈に強く特化してゆくなかで生じた性的分業の深化とみることもできる。

この特定種の狩猟漁撈に特化していった擦文人のすがたを、サケ漁をとおして復元してみることにしよう。

1 さまざまな交易品

文化の日本化は「従属」だったか

擦文人は、東北北部を中継して本州からさまざまな品物を移入し、生活を彩っていた。それは生活必需品である鉄の道具のほか、本州では貴族しか使わないような青銅製の鋺・絹布《けんぷ》・漆塗椀・コメなどだ。K39遺跡の曲物と箸は、樹種が北海道では自生しないヒノキとスギであり、これらも本州産と考えられている。日用品まで移入していたことになる。

擦文文化の終焉とは、本州から鉄鍋と漆塗椀を移入し、土器をつくらなくなったことを意味しているが、これは擦文人の物質文化的な日本化の当然の結果だったといえるだろう。

箸といえば、近世はじめのジロラモ・デ・アンジェリス「第一蝦夷報告書」(一六一八年)や、メルテン・フリースの航海日誌(一六四三年)には、アイヌが日本人のように箸で食事するとある。箸は

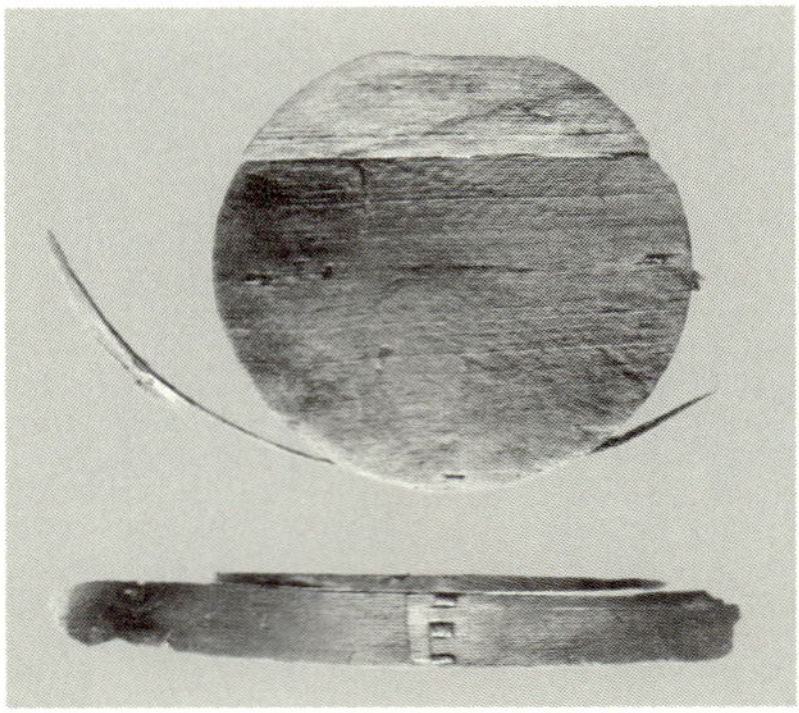

曲物
千歳市ユカンボシＣ15遺跡出土。擦文時代。アスナロ製。（北海道埋蔵文化財センター 2001『千歳市ユカンボシＣ15遺跡（４）』）

アイヌ社会の一般的な食事具となっていた。さらに箸は、このＫ39遺跡以外にも、千歳市ユカンボシＣ15遺跡や千歳市美々８遺跡など、擦文の低湿地遺跡から例外なく出土する。つまり、この日本的な食習俗の導入と定着も、まちがいなく古代の擦文文化にさかのぼるわけだ。七、八世紀の本州からの移住者がもたらした文化複合の一部だった可能性が強い。

ところで、このような物質文化の日本化は、北の狩猟採集民の文化的な固有性を失わせることになった、というのが考古学関係者の一致した見方だが、はたしてそうだろうか。

たしかに文化の表層では、そういえるかもしれない。しかしこの日本化は、逆にかれらの深層における文化的・社会的な固有性を深め、拡大していった、と私はおもう。たとえば刀や青銅製の鋺などは、武器や食器としての本来の用途をはなれ、宝として社会的な地位を表象し、擦文社会の階層化を支えていただろう。それは第二章でみたとおりだ。

また、擦文文化の遺跡から出土する本州産とみられるコメだが、近世では酒が祭事に欠かせず、酒づくりのためにコメや麹が移入されていた。アイヌの器材はすべて酒宴の道具であるとまでいわれ（『渡島筆記』）、国立民族学博物館の佐々木利和も、アイヌがさまざまな漆器を大量に移入していたのは、すべて酒づくりとそれにともなう儀礼のためだった、と指摘しているほどだ。Ｋ39遺跡などで出土している曲物をアイヌは「カモカモ」とよび、これも祝宴時の酒の容器などにもちいていた。酒は神のためにつくるのであり、酒づくりイコール祭り・儀礼にほかならなかった。擦文文化のコメも、そのまま食したと考えるより、祭りや儀礼の酒づくりのために移入した麴と考えるのが妥当だろう。

これと関連して興味深いのは、アイヌ語で麴のことを「カムタチ（カミタチ）」とよぶことだ。日本語でも奈良・平安時代には麴のことを「かむだち（かんだち・かみたち）」とよんでいた。このことは、麴の移入が擦文文化の段階ではじまり、当時定着した日本語の呼称がそのまま近世まで残存した可能性を強く示している。

一〇世紀代の擦文文化の遺跡からは、青森の五所川原地域で生産された須恵器（陶器）の甕や壺がみつかる。一般に須恵器それ自体が交易品だったと考えられているが、日常雑器として移入していたとすれば、その出土数はあまりに少なすぎる。数軒からなる集落にせいぜい一、二個体程度がもちこまれたものなのだ。擦文人が宝として移入していたと考える本州の研究者もいるが、無釉《むゆう》の須恵器は見栄えがする代物ではない。近世アイヌの趣味から類推すると、宝とはなりにくいものだろう。おそらく内容物こそが交易品であり、須恵器自体は輸送用の容器だったにちがいない。

その内容物は、須恵器の出土数からみて、めったに消費されるものではなく、また容易に入手できない高価なものだったのであり、これに該当するのは酒だろう。そしてこの酒が祭りで消費されたとすれば、須恵器の出土数からみて、その祭事は毎年開催されたものではなく、集落の存続期間中、不定期にせいぜい一、二回程度催されたものだったはずだ。クマ祭りのようなポトラッチ的・競覇的な祭事だったのだろう。

さらに、擦文文化の遺跡からは一〇世紀代の青森の土師器（土器）の坏がかなりの量出土するが、この土師坏は擦文土器の坏とかんたんに区別できないほどよく似たものだ。したがって土師坏それ自体が交易品だったわけではなく、やはり交易品の容器として流通したとみてまちがいない。その内容物は、坏容量からみて少量でも価値をもち、また出土数からみて、各戸において日常的とはいえないまでも相応に消費された物資だったといえる。これが麹だった可能性はあるだろう。そもそも擦文人がアワなどの雑穀を栽培していた理由も、このような麹をもちいて自家製の酒づくりをすることに目的があったとおもわれる。

移入された「日本」製品は、擦文社会の文脈に読みかえられ、祭祀や階層性といった北の狩猟採集民の文化的・社会的な固有性と結びついて、その再生産に組みこまれていたのだろう。物質文化の「日本」化を、周縁社会の「日本」への従属や同化と評価しておしまいにするのは実に簡単なことだ。しかし、それでは擦文社会を外から眺めただけにすぎない。

本州製品の対価を考える

では、このような本州製品を手にいれるための対価はいったいなんだったのか。

本州の古代遺跡から、北海道の移出品とみられるものが出土した例はない。つまり考古学的な手がかりはいまのところ皆無だ。また、古代の北海道について直接記した文献史料も皆無に等しい。そこで、史料に記された当時の東北北部の移出品のなかから、間接的に北海道の移出品を推定しているのが現状だ。それはヒグマ・アシカ・アザラシ・クロテンの毛皮とワシ羽であり、中世以降これにコンブやサケといった消費物資が加わっていったのではないかと考えられている。

しかし、擦文社会が実際に移出していたのは、これらにとどまらないようだ。

たとえば一一世紀の奥尻島青苗貝塚では、アシカの骨がほ乳類個体数の九五％を占め、貝類ではアワビが主体を占める。つまりここでは、アシカ猟とアワビの採捕が専業的におこなわれていた。アワビが大量に出土する貝塚は、縄文・続縄文ではあまり知られていないが、これを移出していた中近世日本海沿岸のアイヌの貝塚からは多く出土する。元早稲田大学の金子浩昌《かねこひろまさ》が指摘するように、古代の青苗貝塚ではアシカの毛皮とともにアワビも本州へ移出されていたらしいのだ。

さて、擦文社会におけるサケの移出の可能性を考古学的に考えるまえに、近世アイヌがそれぞれの地域のなかでなにを移出していたのかをみておこう。擦文にくらべて流通が拡大した近世では、当然移出品の種類は増えていたはずだが、擦文段階の移出品は、おそらく近世でも多くがそのまま移出品となっていただろう。つまり擦文の移出品は、近世の移出品を消去法でつぶしていくことでも、おおよそイメージできるはずだ。さらに近世の移出品を知ることは、それぞれの移出品の生態やバイオマスを推測するうえでも有益なのだ。

近世アイヌの移出品

とはいえ、近世の北海道全島の移出品について記した文献史料もほとんどない。そのなかで一八世紀前半の『蝦夷商賈聞書《えぞしょうこききがき》』は、全島各地の産物を知ることができる数少ない、また最古の史料だ。そこに記された産物のうち、おもなものについてみてみよう。

日本海沿岸の移出品はアワビ・ナマコ・ニシンとなっている。

このうちアワビは、前述のとおり擦文文化でも日本海沿岸から移出されていた可能性がある。

ニシンは北海道全域に回遊し、縄文～中近世のほぼ全島各地の貝塚から出土するが、近世では日本海北部沿岸と太平洋の噴火湾沿岸が移出地となっていた。擦文文化ではニシンの骨が日本海側内陸の札幌市や深川市の遺跡でみつかっているから、本州へ移出されていたかどうかは不明だとしても、当時、日本海沿岸の人びとがニシン漁とその流通にかかわっていたのはまちがいない。

ナマコは古代から「煎海鼠《いりこ》」として高級食材であり、現代でも日本海沿岸や噴火湾の室蘭《むろらん》付近のナマコが高値で取引されている。しかし擦文文化でも移出品となっていたかどうか、考古学的な手がかりはない。

太平洋沿岸西部の移出品はコンブ・オットセイとなっている。

このうちコンブは函館から噴火湾が移出地となっているが、これはコンブ属のなかでも品質が優れたマコンブの分布と重なっている。しかし、この地域の擦文文化の遺跡は、伊達《だて》市周辺を除いて分布が薄く、当時から活発に移出されていたとは考えにくい。

オットセイの移出地も噴火湾沿岸だ。北海道のオットセイはサハリンのロベン島で繁殖し、全島に南下・回遊しており、縄文時代以降、全島の貝塚で出土する。なかでも噴火湾は暖流が入り込み、幼若獣の冬期の越冬地であったため、沿岸の縄文~中近世の貝塚から幼若獣の骨が多く出土する。しかし、この地域の擦文文化の遺跡は分布が薄いため、当時すでに移出が活発におこなわれていたとは考えにくい。

太平洋沿岸東部の移出品はワシ羽・ラッコとなっている。

矢羽《やばね》用のワシ羽は十勝から釧路が移出地となっている。ワシ・タカ類の骨は縄文~続縄文時代の遺跡では比較的よくみられる。中近世でも、せたな町瀬田内《せたない》チャシ・斜里《しゃり》町オショコマナイ河口東遺跡・標茶《しべちゃ》町シュワン送り場・小清水《こしみず》町アオシマナイ遺跡など全道各地で少量ながら出土している。しかし道東太平洋沿岸のバイオマスが卓越していたようだ。このワシ羽が擦文文化でも重要な移出品となっていた可能性については第四章でのべる。

ラッコは道東太平洋沿岸の奥地・千島から移出されていた。北海道オホーツク海沿岸からサハリン東海岸南半にも生息していたとされるが、現在北海道には生息しない。しかし、縄文文化の北見市トコロ貝塚・釧路市幣舞《ぬさまい》遺跡・豊浦《とようら》町小幌《こぼろ》洞窟で骨がみつかっており、とくに幣舞遺跡ではラッコの骨がエゾシカとならんで多く出土している。食用にしていたようだ。ラッコ皮が史料にはじめて登場するのは『後鑑《のちかがみ》』一四二三年の記事であり、安藤陸奥守が将軍足利義量《あしかがよしかず》に贈ったなかに「海虎皮」がみえる。中世には道東のラッコが確実に移出されていた。ラッコの移出が擦文時代にさかのぼる可能性はありそうだが、そうだとしても移出が活発化したのは、擦文人がこの地方のトビニタイ人を同化していった一二世紀以降のことだろう。

そのほか、内陸の各地からクマ・キツネ・ウサギ・シカの毛皮とサケが移出されていた。

2　上川盆地の擦文人とサケ漁

氾濫する漁村

道北の旭川市は「動物園のまち」ですっかり有名になったが、もともとは「川のまち」で知られてきた。盆地床面積四四〇平方キロの上川《かみかわ》盆地のなかを、石狩川と三大支流の忠別川《ちゅうべつがわ》・美瑛川《びえいがわ》・牛朱別川《うしゅべつがわ》が流れくだる。そして石狩川と支流が次々合流するあたりに旭川の市街が広がり、そのなかに錦町《にしき》

上空からみた上川盆地
西から東を望む。奥にみえるのは大雪山系。（旭川市1990『目で見る旭川の歩み』）

5遺跡という九世紀末から一〇世紀にかけての小さな擦文文化の集落跡がある。もう二〇年以上前に私が発掘調査を担当した遺跡だ。

この錦町5遺跡では、竪穴住居跡七軒、鍛冶工房跡三軒のほか、埋もれた当時の小川跡と、そこに設けられた遡上止め漁場の跡がみつかった。同時に存在していた住居は一、二軒で、断続的に百年ほど続いた集落だったようだ。集落が最終的に放棄されたのは、集落の横を流れる小川が石狩川の氾濫で埋まり、流路がかわったためと考えられる。住居のカマドからは焼けたサケの骨が大量にみつかった。サケは小川に設けた遡上止めで捕獲されたのだろう。

調査していて気になったのは、やや低い場所に設けられた鍛冶工房などの遺構が、石狩川の氾濫による砂利で埋まっていた点だ。わずかに高い場所にもうけられた住居についても、廃絶後に幾度か冠水した状況がみられた。遺跡は石狩川と支流が合流する付近にあったといったが、この地域は河川改修以前、洪水の常襲地帯だった。擦文人は、なぜそうした危険を覚悟でここに住みつかなければならなかったのか、たいへん不思議におもわれた。

集落は漁場と一体になっており、集落の立地を規定していたのはサケ漁と考えられる。つまりこの集落は「漁村」というべきものだ。したがって危険を覚悟で住みついた理由は、このサケ漁にあるといってよいだろう。だが、なぜ「そこ」を選んだのか。サケ漁は「そこ」でしかできなかったのか。

上川盆地の擦文遺跡は一〇ヵ所ほどあるが、調査した遺跡はどれも錦町5遺跡と同じような規模・内容の漁村だった。どの遺跡も一、二軒の小規模な集落だったのは、小川で漁をおこなうことのできる人数がかぎられていたためだろう。興味深いのは、広大な上川盆地の擦文遺跡が、錦町5遺跡を中心とするごく狭い地域に密集していることだ。これ以外の地域で擦文遺跡は確認されていない。つまりこの地域には、ここでしか漁村を営むことができない、なんらかの理由が存在したようなのだ。

上川盆地の縄文文化の遺跡は、盆地内のいたるところでみつかっているが、それらを調査するなかで、縄文人は擦文遺跡があるこのような川縁の土地をシカの落とし穴猟場として利用しているだけで、集落自体は高いところに設けていたこともわかってきた。このような縄文人と擦文人の土地利用のちがいは、いったいなにを意味しているのだろうか。

これらの疑問を解き明かすためには、上川盆地のサケの生態を理解する必要がありそうだ。しかし、上川盆地のサケは下流に設けられた頭首工《とうしゅこう》(用水路へ農業用水を取り入れる施設)のため、一九六〇年代には遡上が絶えていた。またサケの研究は、その目的が孵《ふ》化・増殖にあるため、過去の生態に注目した研究は多くない。ローカルな生態復元研究となればなおさらだ。上川のサケの生態はまったく不明の状態だった。

過剰生産の社会

上川盆地は、かつて飢饉のおりに、天塩(日本海側)、十勝(太平洋側)、湧別・渚滑《しょこつ》(オホーツク海側）など各地のアイヌが山越えをし、上川のサケで飢えをしのいだといわれるほど、サケが豊富な土地だった。

幕末の探検家である松浦武四郎は、上川のサケが豊富なことは筆舌に尽くしがたいとし、錦町5遺跡の近くにあったアイヌの集落では、一人暮らしの老婆でもシーズン中に六〇〇〜八〇〇尾のサケを捕り、一軒の家で飼う七匹ほどの犬が川に入って捕るサケだけでも二〇〇〇尾ほどになったと書いている（『戊午《ぼご》石狩日誌《いしかりにっし》』）。

実は、この数は食用とすれば尋常な量ではない。たとえば北海道立北方民族博物館の渡部裕《わたなべゆたか》によれば、アムール川下流の先住民ニブフが家族九人、犬七匹の食用として捕獲していたサケ類は、サケが九四〇尾、カラフトマスが二八八〇尾、計三八二〇尾だった。またカムチャツカ半島の先住民のうち海岸コリヤークは、一日に必要な食事量として、干したサケのみであれば一人あたり一・五尾とみなしていた。そして、一八家族一〇〇人の集落全体で三万四〇〇〇尾、一人あたり三四〇尾を備蓄していた。上川アイヌの老婆と犬が捕ってくるサケだけでも、大家族を一冬養うのに十分な量だったことになる。それもサケのみを食料とみなしたうえでの話だ。

北海道東海大学の岡田淳子《おかだあつこ》は、さまざまな民族例から推して、アイヌが食べていたサケは一人あたり年間七〇〜八〇尾ではないかと考えている。とすれば、上川アイヌの一軒の犬が捕ってくるだけでも二五人分以上の食料に相当したことになる。アイヌのサケの年間消費量を一軒あたり一〇〇尾程度と記した史料もある。

上川アイヌがこれほど大量のサケを捕っていたのは、サケが食料であると同時に貴重な交易品となっていたからだが、この点については第七章で詳しくみてゆくことにしよう。いずれにしても、武四郎が指摘したこのような事実は、上川盆地がかつてサケの一大産卵場だったことを示している。

サケの生態を復元する――遡上河川

では、サケはいったいどの川の、どこで産卵したのだろうか。

そこでまず、上川盆地のサケの遡上河川をさまざまな資料や聞き取りで調べてみた。その結果、上

上川盆地のサケ遡上河川・産卵場・遺跡の分布

河岸段丘1面および山地・丘陵

河岸段丘2面と3面の境界（段丘崖）

おもな河川の丸木舟の遡航限界

サケの遡上河川

サケの産卵場

● 擦文時代の集落遺跡　○ 縄文時代の遺跡

川盆地のおもな川でサケが遡上していたのは石狩川本流と忠別川だったことがわかった。「川のまち」であるにもかかわらず、遡上河川はわずか二本にすぎなかったようだ。第七章でのべるように、近世の上川アイヌの集落も基本的にこの石狩川と忠別川筋にしか分布していない。

三大支流のうち美瑛川は、近世以降のどの資料もサケはまったくみられないとする。

旭川では、人心を北海道に向け、開拓の気運を高めるため天皇の離宮を建設する計画が早くからあり、和人入植以前から原生林のなかに広大な御料地が設定され、詳細な環境調査もおこなわれた。結局離宮の建設計画は実現せず、幻のサマー・パレスとして旭川市民のあいだで語り継がれているが、その明治二三年の環境調査報告書にも美瑛川はサケが遡上しないとある。原因は上流の十勝岳に由来する強酸性水にあったようだ。美瑛川の上流は、いまでも川の水が入浴剤を溶かしたような青い色をしている。

ただし、ある講座の講師をつとめたとき、美瑛川にサケが遡上しなかったという話をしたら、年配の男性がもう時効だからと前置きして、戦後の食糧難の時代、美瑛川でサケを密漁したことがある、と教えてくれた。非遡上河川とされる川でも、一尾も遡上しないわけではなく、群れをなすような遡上はなかった、ということなのだろう。

牛朱別川は、サクラマスは捕れたがサケの記録はない。サクラマスとサケは同じサケの仲間でも生態がかなりちがっており、サケが遡上しないとされる川でも、サクラマスはその大半に遡上していた。武四郎は牛朱別川を「水わろし」と書いている。水質や河床の状況がサケの遡上・産卵に適していなかったのかもしれない。

サケの生態を復元する――産卵場

遡上河川が石狩川本流と忠別川に絞られたということは、上川盆地のサケの産卵場は、その二つの川のどこかに存在したことになる。

そこで次に、アイヌ語地名を手がかりに産卵場のあった場所を調べていった。

アイヌ語でサケ・マスの産卵場を意味する地名として「イチャン」がある。言語学者・知里真志保《ちりましほ》の「上川郡《かみかわぐん》アイヌ語地名解《ごちめいかい》」をみると、イチャンの名がつく川は上川盆地で三本確認できたが、そのうち二本はサケが遡上しない美瑛川の支流で、もう一本は大雪山《だいせつざん》のふもとにある上川町《かみかわ》の川だった。上川町まで石狩川本流をサケが遡上した記録はあるものの、この川は山中の小川であり、サクラマスならともかくサケが遡上するような環境ではない。さらに、牛朱別川の支流にも「地名解」には載っていないイチャンがつく川をみつけたが、牛朱別川もサケが遡上しない川だ。いずれもサクラマスの産卵場と関連するのだろう。

サケの産卵場とかかわるもうひとつの地名は、清水が湧いてできている池または沼で、魚が多く入るところを意味する「メム」だ。武四郎は、上川アイヌの集落はメムという清水がわき出る場所のそばにあり、このメムから流れだす小川には、サケが背中をみせて大量に遡上すると書いている(『戊午石狩日誌』)。メムはサケの産卵場と同義になっていたようだ。

上川盆地で確認できたメム地名は一〇ヵ所ほどあったが、その地点を地図に落としていて標高一〇〇~一一〇メートルの狭い地域に集中していることに気がついた。

上川盆地は、石狩川と忠別川がつくりだした二つの扇状地面からなっている。メムが集中しているのはこの二つの扇状地の扇端だ。一般の扇状地は扇形をしているが、石狩川扇状地と忠別川扇状地は山地によって強制的に縮小され、扇端が狭まっている。この狭い扇端にメムが集中しているのだ。

この二つの扇状地にはそれぞれ三つの河岸段丘面がある。川に面している最下の面が「段丘三面」、これより一段高いのが「段丘二面」だ。都市化によってほとんど残っていないが、二つの段丘面はもともと高さ二メートルほどの崖で区切られていた。この段丘二面より五〇メートルほど高い丘が「段丘一面」だ。

メムが集中した扇状地の扇端は、一般に「扇端湧水帯」とよばれている。扇状地は砂礫からなっており、その隙間に豊富な地下水を抱えこんでいる。そして、その地下水は扇端の河川や泉池に湧きだす。上川の場合、段丘三面にメムがあって地下水が湧き出していた。

サケの産卵は、水温変化のほとんどない地下水が湧出する砂礫床でおこなわれる。つまり大規模なサケの産卵場が成立するには、大規模な湧水帯が必要ということになるわけだが、上川盆地では石狩川扇状地と忠別川扇状地の扇端がまさにその条件を満たすものだったのだ。上川盆地のサケの産卵場は石狩川扇状地と忠別川扇状地の扇端湧水帯にあったと考えてよさそうだ。第七章でのべるように、サケを大量に捕獲していた上川アイヌの集落の分布は、この産卵場と重なっている。

だが、石狩川の産卵場はこの一ヵ所だけではなかった。扇端からかなり上流の、旭川市と比布《ぴっぷ》町の境界に横たわる突哨山《とっしょうざん》近くの石狩川には、第二次大戦後の一時期、食糧増産のためサケ増殖事業用の採卵場がいくつか設置されていた。この付近がサケの遡上限界であったという証言もあり、ここまでは相応のサケが遡上・産卵していたようだ。実際、現地を調査してみると、一帯には豊富な湧水があり、かつてはその湧水を利用して大規模な養鯉《ようり》場が営まれていたこともわかった。ここも産卵場と考えてよいようだ。

上川盆地のサケ産卵場は、私が「石狩川産卵場」「突哨山産卵場」「忠別川産卵場」とよぶ三つがあり、湧水の規模から推定されるサケの産卵場の規模は、おおむね右の順番のとおりだったと考えられる。

野生サケがあふれる日

ところで、話は脇道にそれるが、旭川では遡上が絶えたサケをよみがえらせようと、さまざまな団体が長年にわたってサケの稚魚を放流してきた。遡上を妨げていた頭首工の魚道も整備され、近年ではわずかずつだがサケの回帰が確認されている。

「大雪と石狩の自然を守る会」は、すでに三〇年近く地道な放流活動をおこなってきたが、最近では湧水に受精卵を埋めてサケの孵化をめざす試みに着手している。孵化したサケがもどってきて自然産卵をおこなうことで、人の手が加わらない生命循環を実現しようとするものだ。

ただし、産卵場として適当な湧水はなかなかみつからなかった。市街化や農地開発、あるいは地下水位の低下によって、自然の湧水地はほとんどみられなくなっているからだ。最終的に産卵場として選ばれたのは、「突哨山産卵場」の一帯でいまも湧出している湧水だ。水温は冬期でも六〜八度でサケの孵化には最適と判断され、実際、現地での孵化にも成功した。かつてここが一大産卵場だった可能性はやはり大きいようだ。

関係者の熱意が実を結び、上川に「野生サケ」があふれる日を期待したい。

漁場跡から出土したサケの全身骨格
札幌市Ｋ39遺跡。擦文時代。（札幌市教育委員会2001『Ｋ39遺跡第6次調査（4）』）

集落はなぜそこにあるのか

さて、産卵場が明らかになったことで、上川盆地の擦文遺跡がなぜ「そこ」にあったのか、ようやく解き明かすことができた。

擦文遺跡の分布は、三つある上川の産卵場のなかで、もっとも規模が大きくサケの遡上量も多かった石狩川産卵場とぴったりと重なっている。ここにはメムから流れ出した流程一～二キロの清冽な小川が何本も石狩川に注いでいた。擦文の集落を発掘調査するとかならず発見される、埋もれた小川の正体はこれだったのだ。擦文遺跡が「そこ」にあった理由は、この石狩川産卵場と結びついていたわけだ。

しかし、それでもまだ疑問は残る。なぜ氾濫のおそれがある場所に定住的な集落をつくらなければならなかったのか。季節的な漁小屋を構えれば、それですむことだったのではないか。

上川アイヌは、初秋から晩秋にかけて捕獲した一戸あたり数千単位の莫大な量のサケを、家族総出で処理加工し、大量に備蓄していた。このサケは、冬のあいだの保存食でもあったが、翌年の春に交易品として出荷されていた。この「大量捕獲―大量加工―大量備蓄―大量輸送」を効率的におこなうためには、漁場に集落を構え、通年居住するしかなかったのだろう。そこは石狩川本流からも近く、丸木舟による河川交通の便もよかった。そして、上川盆地の縄文人と擦文人の集落立地のちがいは、このような「大量捕獲―大量加工―大量備蓄―大量輸送」の有無にかかわっていたと考えられる。

上川盆地の縄文遺跡は、擦文やアイヌの集落がつくられた段丘三面にはほとんどない。いくつかある段丘三面の縄文遺跡を調査したところ、先述のとおりシカの落とし穴猟場がみつかった。氾濫のおそれがある段丘三面は、縄文人にとって集落を構えるべき場所とは認識されておらず、猟場になっていたのだ。

縄文遺跡は、段丘二面と一面、山地に立地し、その分布は盆地一円におよんでいる。サケの遡上河川である石狩川と忠別川の流域に分布するものもあるが、川に近接することはない。また、産卵場をはるかに越えた上流にも遺跡はあり、さらには美瑛川や牛朱別川などサケが遡上しない川筋にも分布する。そこにはサケに対する固執を読みとることができない。

縄文遺跡の立地をさらに詳しくみると、その多くは丘の縁に湧きだす小規模な湧水を取り囲むように成立している。つまり縄文人は、飲み水となる湧水と、氾濫のおそれがない小高い立地の二つを条件として集落を構えていた。そして、こうした条件を満たす場所は盆地のなかにいくらでもある。だからこそ、縄文遺跡は盆地のいたるところに残されているのだ。

縄文人がサケを捕獲していたとしても、それは季節的な漁小屋を構えておこなっていたのだろう。実際、冬のあいだサケのみを食料とするのではなく、またサケを交易品としないのであれば、一〇〇〇尾単位のサケなど捕る必要はまったくない。搬送の手間も知れたものだったはずだ。

3　サケ漁に特化してゆく人びと

遺跡があつまる四つの地域

では、擦文の集落がサケ漁に特化し、「漁村」となっていたのは上川盆地だけだったのだろうか。石狩川水系全体に目を向けてみよう。

石狩川は流域面積一万四三三〇平方キロで、北海道の面積全体の約二〇%を占める。全国の都道府県で面積がこれを上回るのは岩手県一県のみだ。この石狩川水系には、その広大さに比例するように多くの縄文・続縄文の遺跡が流域全体に分布している。しかし擦文遺跡は、これとは対照的にかぎられた四つの地域、札幌市・千歳川上流域・空知平野北端・上川盆地にしか分布していない。

なぜこの四つの地域なのか。上川盆地の場合、擦文の集落はサケの大量捕獲とかかわって成立していたが、やはりそこにもサケが関係していたのだろうか。

石狩川水系のサケのおもな産卵場地帯は、札幌・千歳川上流域・上川盆地の三つの地域にあったといわれている。つまり、四つの遺跡集中地のうち三つがサケの産卵場と重なっているのだ。石狩川を遡上するサケは、九〜一〇月を盛期とする前期遡上群と、一二〜一月を盛期とする後期遡上群の二群があり、前期群は札幌と上川盆地、後期群は千歳川上流域をおもな産卵場としていたとされる。石狩川を遡上する莫大な量のサケは、この三つの地域に群集していたわけだ。

では、なぜこの三つの地域に産卵場が集中していたのか。上川ではサケの産卵場が扇状地とかかわっていることをみたが、札幌と千歳川上流域でも同じだったのだろうか。

斉藤享治《さいとうきょうじ》によって抽出された扇状地（扇面面積二平方キロ以上・平均勾配二‰以上・半円錐状地形・火山麓扇状地を除く）全国四九〇ヵ所をみると、石狩川水系には三〇ヵ所以上の扇状地が存在している。しかしその大半は扇面面積が一〇平方キロ未満の小規模なものであり、それ以上の比較的大きい扇状地は六ヵ所を数えるだけだ。そして、この六ヵ所の扇状地のうち五ヵ所が、擦文遺跡の集中域であり、サケの産卵場でもあった三つの地域に対応している。上川盆地には石狩川扇状地と忠別川扇状

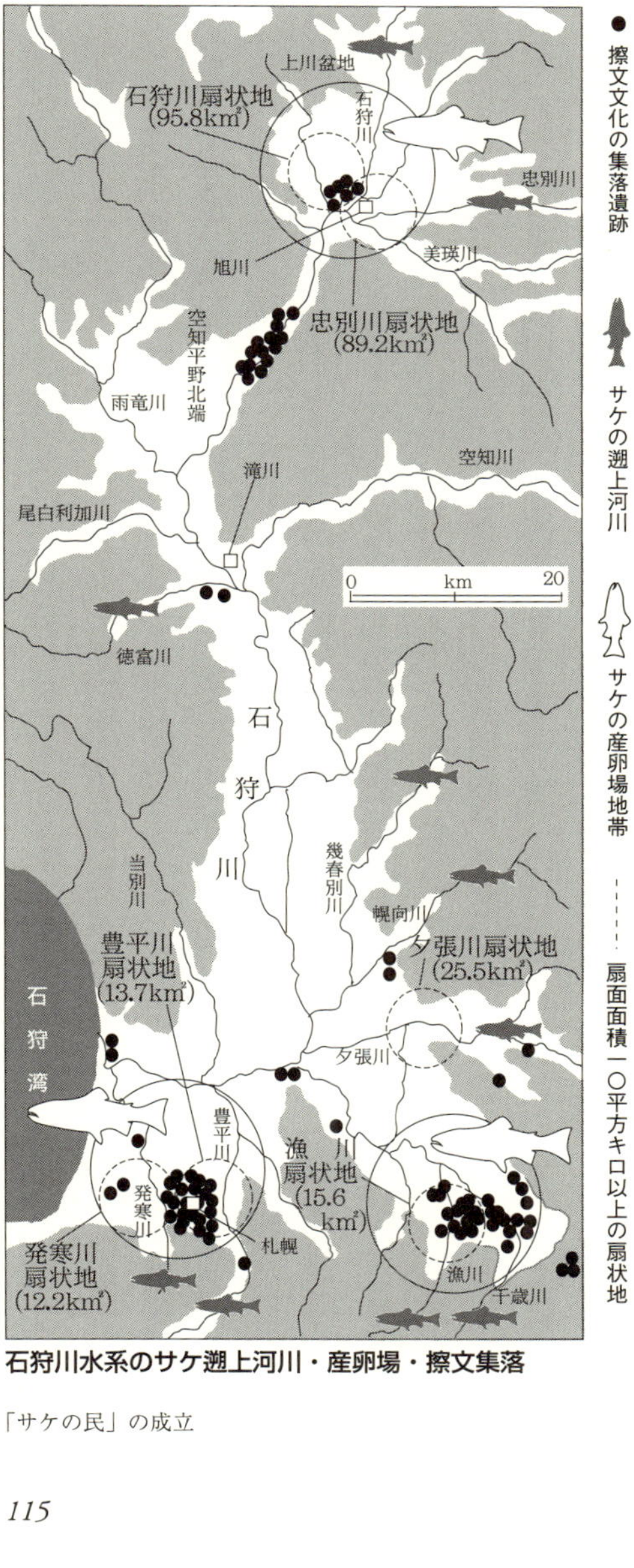

石狩川水系のサケ遡上河川・産卵場・擦文集落

地の二つ、札幌には豊平川（札幌）扇状地と発寒川《はっさむがわ》扇状地の二つ、千歳川上流域には漁川《いざりがわ》扇状地がある。大規模な扇状地の存在が石狩川水系の三つのサケ産卵場の成立にかかわっていた、と考えてよさそうだ。

では、いずれの産卵場地帯の集落も「漁村」化していたのだろうか。

札幌市では、縄文・続縄文の遺跡は野幌《のっぽろ》丘陵、月寒《つきさむ》丘陵、石狩湾に近い紅葉山《もみじやま》砂丘など市内のほぼ全域に分布しているが、擦文遺跡はこれとは対照的に、分布が豊平川扇状地の琴似川《ことにがわ》流域に強く集中している。

現在では都市化が進み、かつてのおもかげはないが、札幌中心部の北海道庁・北海道大学構内・北海道大学植物園・北海道知事公館・サッポロビール工場裏などにはメムがあった。知事公館の泉池はアイヌ語でキムクシュ・メム、植物園の泉池はピシク・メム、北大構内の泉池はヌプサム・メムとよばれていた。これらのメムは標高二〇メートルのライン上に一列にならんでいるが、このラインは豊平川扇状地の扇端湧水帯にあたっている。琴似川はこのメムの湧水をあつめる川だったのだ。

明治二〇年代につくられた琴似川流域の竪穴住居跡の分布図をみると、かつてはこの小川の流域に七二〇軒もの擦文文化の竪穴住居跡がくぼ地をみせていた。先にのべたK39遺跡やサクシュコトニ川遺跡も、この琴似川流域の集落だ。発掘された竪穴住居のカマドや炉からはサケの骨が例外なく出土する。そして集落の脇を流れていた琴似川支流の小川からは、サケの遡上止め漁場の跡もみつかる。琴似川には大量のサケが遡上しており、擦文人の集落は、そのサケに立脚した「漁村」だったわけだ。

札幌の擦文遺跡が、上川盆地とまったく同じ状況であることが理解できるだろう。千歳川上流域も同じ状況だったようだ。

産卵場の漁村・本流の漁村

では、四つの遺跡集中地域のうち、産卵場と重なっておらず、大規模な扇状地も存在しない空知平野北端の集落は「漁村」ではなかったのだろうか。

空知平野北端では擦文遺跡が一九ヵ所みつかっている。そしてこの遺跡は、上川盆地と空知平野をへだてる神居古潭峡谷から、直線で約一〇キロ下流の深川市広里《ひろさと》まで、石狩川の両岸に分布している。そのほとんどが大集落であり、うち三ヵ所では二〇〇軒以上の竪穴住居跡が確認されている。

ところで、空知平野北端以外の三つの遺跡集中地域の場合、集落を構えるための条件は、上川と同様、大量捕獲から大量輸送までを効率的におこなえることだったと考えられる。とすれば、産卵場に立地しない空知平野北端でも、大量捕獲をおこなうことができ、集落と漁場（石狩川本流）が隣接できる場所であれば、他の地域と同じように「漁村」の成立は可能だったことになる。

実は、石狩川本流で集落と漁場の隣接が可能であったのは、上流から河口までのなかで空知平野北端が唯一の地域だった。

空知平野北端は、峡谷の出口に位置するにもかかわらず、石狩川が上流の上川盆地で土砂を落としてくるため扇状地が形成されていない。そのため石狩川は平野面を深く削りこみ、深川市広里まで一〇キロ間の両岸に高い崖を形成している。空知平野北端は、この地形によって現在でも堤防が設けられていない石狩川では唯一の地域なのだ。石狩川は、広里より下流では大きく蛇行し、融雪期や集中豪雨の際には洪水・氾濫を繰り返して、空知平野全体を一大湿地帯としていた。石狩川本流に面して集落をつくることができたのは、空知平野北端と、それより下流ではわずかな自然堤防上以外にはなかった。

ちなみに、この仮説を検証するため、自分自身で河川地形を確かめようと、ゴムボートに乗って石狩川を下ったことがある。峡谷の出口からボートに乗り、川の両岸を地形図と対照して写真に収めながら、深川市広里まで約四時間の短い船旅だった。美しい原始の景観のなか、擦文人の気分にひたった楽しい調査だったが、同時に、汚泥で悪臭を放つ石狩川の現実を目の当たりにしてショックも受けた。胴長に染みついた汚泥の匂いは、洗っても洗っても落ちなかった。

では次に、石狩川本流におけるサケの大量捕獲は可能だったのか考えてみよう。メムでは犬でもサケを捕ることができたが、本流ではそうはいかない。

明治時代の公文書のなかに、空知平野北端はもともとアイヌの漁場だが、和人が多く入ってきて漁をするためアイヌの漁獲が少なくなり、迷惑だから、立ち入りを禁じたい旨の文書がある。理由はよくわからないが、空知平野北端はサケの好漁場だったようだ。

空知平野北端の石狩川本流でおこなわれていた漁は、札幌や上川盆地のような産卵場地帯の遡上止め漁ではなく、流し網漁だったろう。アイヌの流し網漁は、口の両端に長さ三メートルほどの棒を取り付けた袋網《ふくろあみ》を二艘の丸木舟のあいだに沈め、川を流れ下り、魚が入ればたがいの舟を寄せて口を閉じるものだ。この流し網漁は、効率性からいえば産卵場の遡上止め漁には劣る。しかし、漁を繰り返しさえすれば大量に捕獲することはもちろんできたはずだ。

ただしそこでは、遡上止め漁とはちがって集約的な労働と協業が必要となる。しかし川幅一〇〇メートル以上もある石狩川本流は、産卵場地帯の小川とはちがって、漁に参加できる人数の許容量は比較にならないほど大きく、サケの遡上量もまた莫大だ。空知平野北端では、こうした条件のもとで大規模な集団による集約的なサケ漁がおこなわれていたのではないか。またそうした生業のありかたを想定してはじめて、大規模な集落がせまい地域に群集した事実を説明することができるだろう。

空知平野北端の集落は、サケ漁に偏向してゆく石狩川水系の擦文人の、「産卵場型」の漁村とならぶ「本流型」の漁村だったのであり、好適なサケ漁場をすべて開発し尽くそうとした、かれらの強い意志を物語っている。

ひろがってゆく無住の地

上川盆地のとなりにある富良野盆地は、縄文・続縄文の遺跡が一二〇ヵ所以上みつかっており、内陸では活発な居住がおこなわれた地域だ。しかしこの富良野盆地は、擦文文化以降、上川盆地とは対照的な道をあゆむことになった。無住の地となってしまったのだ。

富良野盆地の川を一本に集めて空知平野に流れ下り、石狩川に合流する空知川は、サケが遡上しない川だった。空知川は途中の芦別に空知大滝がある。松浦武四郎によれば、この大滝は大小七つの瀑布からなり、滝壺からはイトウやサクラマスが遡上を試みていたが、イトウは上るもののサクラマスは上ることができなかったという。サケが越えられる落差は一メートル強だが、大滝は高さ三メートルもある。滝をのぼっていたイトウは、おそらく体長が一メートルを越えるビッグ・サイズだったにちがいない。

さて、そうすると、富良野盆地に暮らしていた縄文・続縄文の人びとにとって、サケは捕れなくてもいっこうに支障のない資源だったことになる。しかし、この富良野盆地では擦文遺跡は一ヵ所もみつかっておらず、近世アイヌの在地社会も存在していない。上川アイヌと十勝アイヌが狩猟に入りこむ広大な無住の地になっていたのだ。

また、この空知川と同様サケの遡上が確認できない雨竜川も、流域に縄文遺跡はあるものの、擦文遺跡はみつかっていない。さらに近世においても雨竜川流域は無住の地であり、上川アイヌの狩猟採集場となっていた。

これらの事実は、石狩川水系の擦文人にとって、サケ漁が生業に大きな比重を占めたというだけでなく、サケ漁が欠くことのできない、必須の生業となっていたことを示している。かれらは、それまで居住適地とみなされていた広大な地域を切りすて、サケ漁の適地を条件として狭隘《きょうあい》な地域に集住していったのだ。

石狩川水系の縄文・続縄文の人びとがサケ漁をおこなっていなかったわけではない。最近では石狩市紅葉山49号遺跡で縄文中期のサケ漁場跡がみつかって話題になった。縄文・続縄文の遺跡は、擦文遺跡と同じ立地のものもあれば、まったく異なる立地のものもあるという多様性に特徴がある。この多様性は、国立歴史民俗博物館の西本豊弘が指摘するように、縄文以降、基本的に北海道ではサケは数多い食料のひとつにすぎなかったことを示している。

擦文遺跡の立地からみて、サケ漁に偏向し、サケ漁を必須の生業としたのは、全道でも石狩川水系と遅れて天塩川水系の二つの川筋であり、日本海側の地域にかぎられていたようだ。サケが遡上する大河川は日本海側以外にもあるが、それらの川筋で擦文遺跡のサケ漁への特化をうかがうことはできない。石狩川と天塩川水系以外の地域においてサケ漁への特化が生じていったのは、中世以降のことだったようだ。

「サケ・マス論」を考える

ところで、考古学の関係者ならだれでも知っている有名な学説に「サケ・マス論」がある。縄文文化研究の基礎を築いた山内清男《やまのうちすがお》が唱えた説だ。

サケ・マス論は、東日本の縄文遺跡の数が西日本に比べて圧倒的に多い事実を、東日本ではサケ・マスが主食になっていたという仮説によって説明しようとしたものだ。この発想には北米先住民やアイヌの事例が参考になっていたとされる。サケ・マス論は、現在では仮説というより、もはや疑いようのない「常識」となっており、したがってこれを前提とした論文も多い。川のそばに遺跡があるだけで、サケ漁をおこなった集落と解釈されることもめずらしくない。とくに北海道の場合には、ほぼ一〇〇パーセントそのようにみなされるといってよいだろう。

しかし実際には、東日本の縄文遺跡でサケ・マスの骨はほとんどみつからない。また数少ない出土例をみても、その骨の量が他の魚種より多いわけではない。そのため、東日本でサケが主食となっていたのか疑問視する声も当然上がってきたが、これに対して山内は、民族例をもとに、骨は粉にして食べたから残らないのだ、としたため批判はその糸口を失った感がある。

最近、南山大学の大塚達朗《おおつかたつろう》が、山内の言説にたちかえってサケ・マス論を検討し、考古学的に証明されないままドグマ化している現状について注意をうながしている。また、旧石器時代の遺跡立地についてもサケ・マスとのかかわりで説明されることが多いが、京都文化博物館の鈴木《すずき》忠司《ちゆうじ》は、具体的な事例をあげてこれを批判している。サケ・マス論見直しの機運は、一気に高まってきたようにみえる。

日本最大のサケ遡上河川であった石狩川水系においても、縄文・続縄文の人びとがサケに固執していたわけでないのは、これまでみてきたとおりだ。産卵場に集落を構えてサケを捕っていた縄文人がいた一方で、富良野盆地や雨竜川流域のように、サケの遡上がまったくない地域でも縄文人は暮らしていた。地域社会が一律サケに特化してゆく状況は、縄文・続縄文時代ではみられないのであり、山内がサケ・マス論を構想するにあたって参考とした近世アイヌ社会とサケの強い結びつきは、歴史的な変容の結果といえるものだったのだ。

縄文・続縄文の社会は、サケが大量に遡上すれば、できるかぎりこれを捕獲しようとする現代の私たちとはかけ離れた価値観をもち、さらにその大量のサケを捕獲できなくても、いっこうにさしつかえのない生業のありかたが存在していたようだ。擦文文化におけるサケ漁への偏向は、このような価値観もふくめた転換であったという点で、サケ利用の量的な拡大にとどまらない質的な転換だったといえるだろう。

4　サケは交易品だったか

内陸の特産としてのサケ

石狩川水系の擦文人が大量に捕獲したサケは、近世アイヌの保存食であり、交易品でもあった「干《から》鮭《さけ》」と同様な方法で加工されていたにちがいない。アイヌの干鮭とは、内臓を取り去っただけのサケを屋外で干し、そのあと屋内の火棚で燻したものだ。無塩の製品だが、これはアイヌが製塩をおこなっていなかったことと、それが主食であったことによるのだろう。
アイヌがこの干鮭を生産するにあたって、沿岸域や河口付近で捕獲されるサケをもちいることはほとんどなかった。それらのサケは脂肪が多くて酸化（脂焼け）しやすく、塩蔵《えんぞう》（塩引《しおびき》）以外には劣化を防いで長期保存することが困難だったからだ。
干鮭は産卵場付近まで遡上し、脂肪分のすっかり抜けきったサケをもちいてつくられていた。このようなサケは天日で乾燥しただけでも良好な保存食とすることができ、変質せずに翌年の春に交易品

干鮭
佐々木乗知作『乾鮭猫鼠図小柄』（部分）。江戸時代初期。
（東北歴史博物館2003『鮭—秋味を待つ人々』展図録）

として出荷することが可能だった。『松前蝦夷記《まつまええぞき》』には、海辺で捕ったサケは塩引にし、川上へ上ったサケは干鮭にするとある。それはこのような理由にもとづくものだったのだ。干鮭の生産はもっぱら内陸の産卵場付近のアイヌがこれをおこなっていた。

擦文文化では沿岸部に大集落がつくられたが、その理由をサケ漁によって説明する考えもあった。しかし第六章でのべるように、沿岸部の集落で実際にサケ漁に特化していた形跡はみとめられない。つまり近世と同様、擦文文化においても干鮭は内陸の産卵場で生産されていたことになる。

ところで、サケ漁が石狩川水系の擦文人にとって必須の生業となっていた事実は、サケ漁をたんに食べていくための生業ととらえるかぎり、その理由を説明するのはむずかしい。実際、近世の石狩川水系のアイヌは交易のためサケ漁に特化していた。擦文文化が多くの本州製品によってなりたっていたことをのべたが、石狩川水系の干鮭は、その対価のひとつだった可能性が考えられそうだ。

石狩川水系の擦文人がサケ漁に特化してゆくのは一〇世紀前後のことだが、これは東北北部と北海道の交易が拡大してゆく時期でもあった。石狩川水系の干鮭は、東北北部への交易品として生産されていたのではないか。

サケ産地へサケの移出は可能だったか

しかし、東北北部自体がサケの産地なのだから、私の「擦文サケ」東北移出説は成立しないという批判もある。東北北部はたしかにサケの産地だった。だが、サケは同地への移出品になりえないといえるだろうか。

たとえば、近世の北海道産の塩引がどこに移出されていたかをみると、一八五四～六〇年のおもな移出先は武蔵と越後だった(『開拓使事業報告第三編』)。また、一八七九～八八年の移出先は東京・新潟・宮城(年間二万～六万余石)、茨城・兵庫・長野・青森・山形・秋田・岐阜(一四〇〇～六三〇〇石)、大阪・愛知・三重・岩手・富山・滋賀・奈良(一〇〇～六〇〇石)だった(『北海道漁業志稿』)。人口集中地の武蔵(東京)を別とすれば、本州のサケ産地である新潟と東北地方こそが北海道産サケのおもな消費地となっていたのだ。

そもそも北海道のサケのバイオマスは、川の流域面積の大きさから考えても、東北地方とは比較にならないほど多かっただろう。信濃川は流域面積では石狩川におよばないが、長さでは石狩川を抜く大河川だ。しかしその信濃川を擁する新潟自体が、北海道産サケの一番の消費地になっていたのだ。二〇〇四年の北海道のサケ漁獲量は約二〇万トンで、全国の漁獲量の八〇％弱を占めるが、現在本州最大のサケ産地である岩手県の同年の漁獲量は三万四〇〇〇トンにすぎない。

さらに、かつては東北地方で仮に十分な量のサケが遡上していたとしても、北海道のようにそれが在地住民の享受可能な資源になっていたか考える必要があるだろう。

たとえば信濃川では、新潟市的場《まとば》遺跡や緒立《おだて》遺跡などサケの捕獲・加工・輸送を担った古代の役所関連の遺跡がみつかっている。全国でも調庸《ちょうよう》にサケが規定されていたのは越後だけで、サケは越後が中央に貢進する重要な産物だった。文化庁の坂井《さかい》秀弥《ひでや》は、的場遺跡や緒立遺跡がサケを中央に貢進し、あるいは国の出先機関などに供給する目的で越後国が設置した施設だったとみている。捕獲されたサケは、的場遺跡で製塩跡がみつかっているので、自家製あるいは佐渡産の塩などで塩蔵され、流通していたようだ。とすれば、そのようななかで在地の人びとは信濃川産のサケをどれほど口にできていたのだろうか。

ちなみにこの塩蔵サケの製法は、現在でも新潟の三面川《みおもてがわ》などでおこなわれているような、いったん塩をまぶして塩蔵したのち、水洗いして塩抜きし、寒風で干しあげた「塩引」と同じものだろう。北海道で江戸時代に「干塩引《ほししおびき》・寒塩引《かんしおびき》」とよばれていた製品や、最近「山漬け」として流通している製品もこれと同じ製法だ。北海道で「塩引」とよんでいたものは、これとはちがって大量の塩に漬けこみ風干を省いた製品だ。新潟の塩引は、少ない塩でも保存性を高め、また食味を高めるため風干の過程を加えているが、北海道ではその手間を省くため、大量の塩をもちいることで保存性を確保していた。そのため北海道の塩引は、強烈な塩辛さで江戸時代から猫またぎともよばれていた（本来「山漬け」もこの製法）。

さて、国家の管理下になかったといわれる古代の東北北部においても、サケ遡上量が大きい河川の場合、その資源には在地の有力層が当然なんらかのかたちで関与していたと考えるべきだろう。かりにそうした関与がなかったとしても、川筋の漁業権は確立していたはずだから、稲作や馬産などに従事する東北地方の一般階層の人びとが、地元産のサケをどれほど食卓に上らせることができていたのか、疑問だ。

古代の石狩川水系から移出された干鮭は、高価な塩を使わない無塩の製品であり、安価なものだったはずだ。たとえば近世では、一七世紀の交換レートでコメ一〇キロが干鮭一〇〇本に、また一九世紀では鉄鍋一個が干鮭八八〇本、漆塗りの行器一個が四八〇〇本に相当した。そして、このような安価な干鮭は、東北地方の一般階層の人びとの食材として流通していたのではないだろうか。それは、現代のマグロ産地の住民が、マグロの食習慣・食文化はあっても、地元で揚がったマグロを口にできず、スーパーで安価な外国産冷凍マグロの切り身を買ってくるのと、ある意味おなじだろう。

もし干鮭が、「辺境」の地である東北北部において、それも一般階層に流通していた安価な食材だったとすれば、中央の社会が珍重し、注目した獣皮などとはちがって、文字史料に記録されることがなかったのは、むしろ当然のことといえる。

「サケ交易のはじまりは中世」説の問題点

ところで、室町初期の成立とされる『庭訓往来《ていきんおうらい》』には、諸国名産としてあげられたなかに、北海道の産物として「夷鮭《えぞのさけ》」と「宇賀昆布」がみえる。北星学園大学の小林真人《こばやしまさと》は、「宇賀」が渡島半島南部の地名であることから、「夷鮭」についても中世に和人が住んでいた同地域の出産であるとして、渡島半島より北のサケは中世の段階ではまだ交易品にはなっていなかったと考えている。

北海道の産物の移出は、和人の進出と直接的な関与なしには成立しなかったとの立場にみえるが、こうした発想では古代擦文社会の交易は理解できなくなる。

サケの遡上河川は九州をふくむ本州のほぼ全域に存在した。一〇世紀の『延喜式《えんぎしき》』をみると、越後以外にも北陸道・山陰道の諸国と信濃からサケが中央に貢進されていた。また一七世紀末の『本朝食鑑《ほんちょうしょっかん》』には、サケの産地として日本海側以外にも現在の群馬・栃木・茨城・千葉があげられている。しかし『庭訓往来』にあげられているサケ加工品は、北海道の「夷鮭」と越後の「塩引」の二つだけだ。それはなぜか。

石のようにかたい無塩の素干しにちがいない北海道産の「夷鮭」が、塩蔵―塩抜き―風干の手間をかけた伝統のブランド「越後塩引」と肩をならべるほどに有名だったのは、とりわけ美味であるとか、商品としての品質が抜きんでていたからではもちろんなく、その流通量の多さのゆえだろう。

しかし、渡島半島は脊梁《せきりょう》山脈までの距離が短く、そのため川の流域面積は小さい。扇状地の形成も微弱で、大規模な産卵場が成立する条件を欠いている。サケのバイオマスは、道内のほかの地域に比べて、あるいは東北北部に比べても、かなりかぎられたものだったはずだ。

近世では、渡島半島でサケを移出していたのは、せたな町より北の日本海側の川であり、渡島半島でも北の地域だ。そこでは和人商人のもと、河口で捕獲したサケで塩引が生産されていたが、干鮭は出荷していなかった。干鮭を生産したのは内陸のアイヌ社会だが、渡島半島は背後に脊梁山脈がせまり、そのためアイヌの内陸社会は存在しなかった。内陸社会が存在したのは石狩川・天塩川・常呂川・網走川《あばしりがわ》・釧路川・十勝川・沙流川といった渡島半島以外の大河川流域にかぎられる。とすれば、近世後半になって本州から塩を大量移入するより以前、つまりサケの移出品の大半が干鮭であった時代には、渡島半島にはサケの産地らしい産地は存在しえなかったことになる。

その渡島半島で、さらに南端に産地を限定してしまえば、一定の流通量を相応の期間まかなうに足るサケが確保できたとは、とうてい考えられない。つまり、「夷鮭」というブランドが中央で定着するには至らなかったはずだ。

私たちは、サケがのぼってさえいれば、どこでもサケの「産地」になるとおもいこんでいる。しかし「産地」が成立するには、サケのバイオマスのほかにも、捕獲場所（河口か産卵場か）・捕獲方法（建網か遡上止めか）・加工方法（塩蔵か乾燥加工か）・加工主体（和人かアイヌか）といった複合的な条件がからみあっており、そのため時代や地域によってサケの産地は変化していったのだ。

中世北海道におけるサケ移出品の産地を渡島半島に限定する説はなりたたない、と私にはおもわれる。

『徒然草』にうかがう古代のサケ交易

鎌倉時代末期の随筆集である『徒然草《つれづれぐさ》』の一八二段は、料理の家として知られる四条家《しじょう》の隆親《たかちか》が、後深草《ごふかくさ》天皇の食事に干鮭を供したところ、そのような「あやしき物」を天皇にさしあげるべきではない、と批判された話だ。隆親は、サケはよいのに干したサケではなぜいけないのか、と反論する。つまり、故実家《こじつか》が賤視していたのはサケそのものではなく干鮭だったようだ。

しかし、干鮭は貴族の食事や贈答にもちいられ、干鮭を供した隆親自身、大納言で天皇の乳父というかぎりなく高貴な身分だった。干鮭は、あくまでもひとり天皇にとって「あやしき物」だったのだろう。

この干鮭がどこの産であったのか記載はない。しかし、支配者である王と対置されることで、はじめて賤視の構造が浮かびあがるこの干鮭こそ、王の支配に染まらない民の製するもの、つまりのちの『庭訓往来』にいう「夷鮭」だったとは考えられないだろうか。

これは擦文文化の終焉からまもない一三世紀中ごろの話だ。したがって、もしこの推測が正しければ、干鮭の移出はまちがいなく擦文時代にさかのぼる。さらに、その流通がすでに古代の段階から本州中央までおよんでいた可能性も浮上してくるのだ。

アイヌはサケを主食とし、サケによって命をつないできた「サケの民」とイメージされている。そしてそれは、北海道の豊かなサケ資源を背景として、縄文時代から当然かわることのない北の狩猟採集民の姿であったと考えられている。しかし、このような無批判の「常識」にもたれかかっているかぎり、自然のなかに埋没した狩猟採集民というアイヌの「常識」を覆し、その真実の姿を明らかにしてゆくことはできないだろう。

第四章
ワシ羽をもとめる人びと
――交易品を推理する 2

談笑

ワシ羽からみる北方世界

擦文社会がサケ漁に特化し、サケを本州へ移出していた可能性をみてきた。サケの移出は、石狩川水系の人びとの自然利用や社会を大きくかえることになった。しかし日本からみれば、サケはおそらくただの安価な食材にすぎなかっただろう。では、古代・中世の北海道から移出されていたもののなかに、日本の中央で珍重され、その入手に人びとが奔走するような「宝」はあったのだろうか。

これまでそれは陸獣や海獣の毛皮と考えられてきた。事実、道南の奥尻島ではアシカ猟に特化してゆく擦文人の姿が考古学的に確認できた。しかし私は、最高の宝はオオワシの羽であり、そのためこの羽が北の狩猟採集民を表象する一種の記号になっていたと考えている。

サケや獣皮と同様、有機質で残りにくいものだけに、北の狩猟採集民とオオワシのかかわりを示す具体的な手がかりはかぎられている。しかし、オオワシあるいは羽をキーワードにすると、断片的な事実や、これまで見過ごされてきた事実がひとつの像を結びはじめる。

宮城学院女子大学の菊池勇夫は、近世北海道のワシ羽移出を論じて、ワシ羽の交易が東アジア・北東アジア世界のなかで論じられるべき課題と指摘しているが、ワシ羽交易が北方世界に広く影響をおよぼしていたのは、近世にかぎったことではなかったようだ。

それを物語るのはなにか。さっそくみてゆくことにしよう。

1　エゾの表象としてのワシ羽

聖徳太子絵伝の蝦夷像

聖徳太子は死後間もないころから神話化され、さまざまな伝説や俗説が生みだされた。それらは伝記（伝暦）としてまとめられ、またその絵解き（絵伝）も多く制作された。絵伝の制作はすでに奈良時代からはじまり、鎌倉時代に盛行して江戸時代まで続いた。ちなみに室町時代ころまでに制作された絵伝は約四〇点現存する。

なぜ唐突に聖徳太子の話なのかというと、聖徳太子はわずか一〇歳のとき、辺境を侵す蝦夷を退治したことになっているからだ。そのため絵伝には、この退治される蝦夷の姿が描かれており、アイヌ文化の研究者は、古代から中世の古い絵伝に描かれたこの蝦夷が、当時の北の狩猟採集民の姿をリアルにあらわしているのではないか、という点に注目してきたのだ。実はそこに羽がかかわっている。話を続けよう。

第一章でのべたように、北の中世はミッシング・リンクといわれてきたが、現在でもその状況はほとんどかわっていない。そしてこの歴史的空白のなかに、アイヌがアイヌとなった「秘密」が隠されているかのように考えられてきた。古代から中世の北の狩猟採集民をビジュアルに記録したかもしれない太子絵伝が、研究者の大きな関心を集めてきた理由はこうした点にある。

この絵伝に早く注目したのは人類学者の鳥居龍蔵《とりいりゅうぞう》だ。かれは一九一七年の論文で、描かれた蝦夷の容姿や衣服の特徴が近世アイヌに共通していると指摘した。また国立民族学博物館の佐々木利和も、中世の絵伝には剃り上げた額・短い弓といった近世アイヌに共通する習俗がよく描かれている、つまり蝦夷像が写実的だと考えている。

佐々木はさらに、この写実性を前提に、現存最古の平安後期の太子絵伝にはアイヌ的な習俗がみられず、鎌倉時代以降の絵伝ではそれが明確になるとして、アイヌ文化の成立が平安時代末期にあったと指摘している。

これに対して元北海道大学の児玉作左衛門《こだまさくざえもん》は、絵伝の蝦夷の習俗には厳密にアイヌの習俗と特定できる要素はひとつもないと異を唱えた。昭和女子大学の児島恭子《こじまきようこ》も写実性については懐疑的だ。

絵伝の制作にあたって、絵師が蝦夷に直接取材したとは考えにくい以上、写実性を全面的に信頼することはできないにちがいない。しかし、絵伝になんらかの実態や情報がもりこまれている可能性まで否定できるのだろうか。蝦夷像をめぐる写実性の議論は、決め手を欠いたまま、いきづまりをみせているようにもおもわれる。

羽をまとう蝦夷

そんなことを考えながら絵伝を眺めていると、奇妙なものが目についた。蝦夷が身につけている羽だ。この羽は多くの絵伝に共通して描かれているにもかかわらず、あまり議論の対象とはなってこなかった。

それがいったいどのようなものか、古代から中世の絵伝をみてみよう。

現存最古の絵伝は、一〇六九年の秦致貞《はたのちてい》による法隆寺障子絵（東京国立博物館蔵）だ。蝦夷の像は絵の具が剥《は》げて細部がわかりにくいが、三人の蝦夷が描かれ、うち一人が腰蓑《こしみの》状の羽を身につけている。

一三〇五年の上野《うえの》法橋但馬房《ほっきょうたじまぼう》による法隆寺献納宝物絵伝（東京国立博物館蔵）では、五人の蝦夷が描かれ、うち二人が肩掛け状の羽を身につけている。なお三人がトラとアザラシかとおもわれる毛皮の腰蓑を着用している。

一三二一年の茨城県那珂《なか》市上宮寺《じょうぐうじ》蔵の絵伝は、描かれた六人の蝦夷のうち二人が肩掛け状の羽を身につけている。なお一人がアザラシ皮とみられる腰蓑と脚絆《きゃはん》を着用している。

『聖徳太子絵伝』に描かれた蝦夷
太子10歳の場面。鎌倉後期。愛知県安城市本證寺蔵。
（安城市歴史博物館提供）

鎌倉末期の作と推定される愛知県安城《あんじょう》市本《ほん》證寺《しょうじ》蔵の絵伝は、一〇人の蝦夷が描かれ、うち六人が肩衣・腰蓑状の羽を着用している。

絵伝の蝦夷図は、現存最古の一一世紀の資料からすでに羽が描かれており、古代から中世の日本社会では、肩掛けや腰蓑状の羽が蝦夷の特徴として広く認知されていたことが読みとれる。

では、この羽は蝦夷の衣服だったのだろうか。

鳥居は、この肩掛けや腰蓑をアイヌの鳥羽《ちょうう》衣《ぎ》である「ラプリ」を描いたものとみて、写実性のひとつの根拠とした。しかし児玉がそれに反論したように、アイヌの鳥羽衣とは、羽がついた鳥の皮をパッチワーク状に綴《つづ》りあわせたものだ。絵伝にみえる肩掛けと腰蓑は、一枚一枚の羽軸を連ねたものであり、とうてい実用的な衣服とはみなしがたい。

羽の肩掛けと腰蓑が、蝦夷の衣服を写実的に描いたものでなかったとすれば、それはいったいなんだったのか。羽をまとった異形として描くことで、王化に従わない蝦夷の野蛮を示そうとしたのだろうか。

命ト等シキ財

この疑問を解く手がかりは、本證寺の絵伝に描かれた、蝦夷の前に置かれた箱にあった。

絵伝のなかの蝦夷は、羽が入った箱を太子のまえにさしだし、手をあわせてなにかを乞うている。箱のなかにならべられた羽は、蝦夷が身にまとっている羽とおなじものにみえる。

箱のなかの羽はいったいなにか。

箱の正確な意味は、絵伝自体からは理解できないが、聖徳太子の伝記（伝暦）を読んでみてわかった。蝦夷退治の文章のなかに、降伏した蝦夷の将軍たちが、命乞いのために太子に羽をさしだしたという記述があったのだ。

伝暦については児島恭子の研究に詳しいが、そのなかから関連部分をいくつかみてみよう。

醍醐寺《だいごじ》蔵本（一四六〇年書写）では、蝦夷が太子の前にひざまずき、手を合わせて助命を乞い、秘蔵する「切符《きりふ》・中黒《なかぐろ》・妻黒《つまぐろ》・天面《あまのおもて》・遠霞《とおがすみ》・村雲《むらくも》」などというワシの名羽を太子の前に備え置いたとある。

万徳寺蔵本《まんとくじ》（一四六二年書写）では、蝦夷が自分の命と同じように惜しんでいる「季立《きりふ》・中黒・妻黒・天面・遠霞・村雲」などという名羽で、（ネックレスのように）連ねて首にかけているものを、太子の前に備え置き、「命ト等シキ財」をさしあげるといって助命を乞うたとある。

覚什本《かくじゆう》（一四八七年以前に書写）では、蝦夷は自分の命と同様に惜しむワシの名羽で、「切斑《きりふ》・中黒・褄黒《つまぐろ》・天面・遠霞・村雲」などという羽を集めて首にかけた「宝」を太子の前に置き、助命を乞うたとある。

これらの記述から、箱に並べられた羽は、助命のため償いとしてさしだしたワシ羽を描いたものであり、この羽が蝦夷にとって「命ト等シキ財」「宝」であったことが理解できた。肩掛けや腰蓑とみえた羽は、実は衣服ではなく、羽軸を連ねてネックレス状にした、いわば宝のディスプレイだったのだ。

ただし、絵伝のなかにはワシ羽ではなくタカ羽とみられる羽を描いたものもある。厳密にワシ羽を描写することが目的だったわけではなく、絵伝を目にする人びとに名羽一般のイメージを喚起できればよかったのだろう。

斑文の美

では、名羽としてあげられている「切符・中黒……」などというのは、いったいなにか。

これは矢羽にもちいるオオワシの尾羽の、斑文《はんもん》の種類を指す名称だ（『貞丈雑記《ていじょうざつき》』）。つまり蝦夷の宝としてのワシ羽は、矢羽用のオオワシの尾羽を意味していたのだ。

鳥の羽は、鳥の種類や年齢、手羽・尾羽やその部位によっても性質が大きく異なる。矢羽にする場

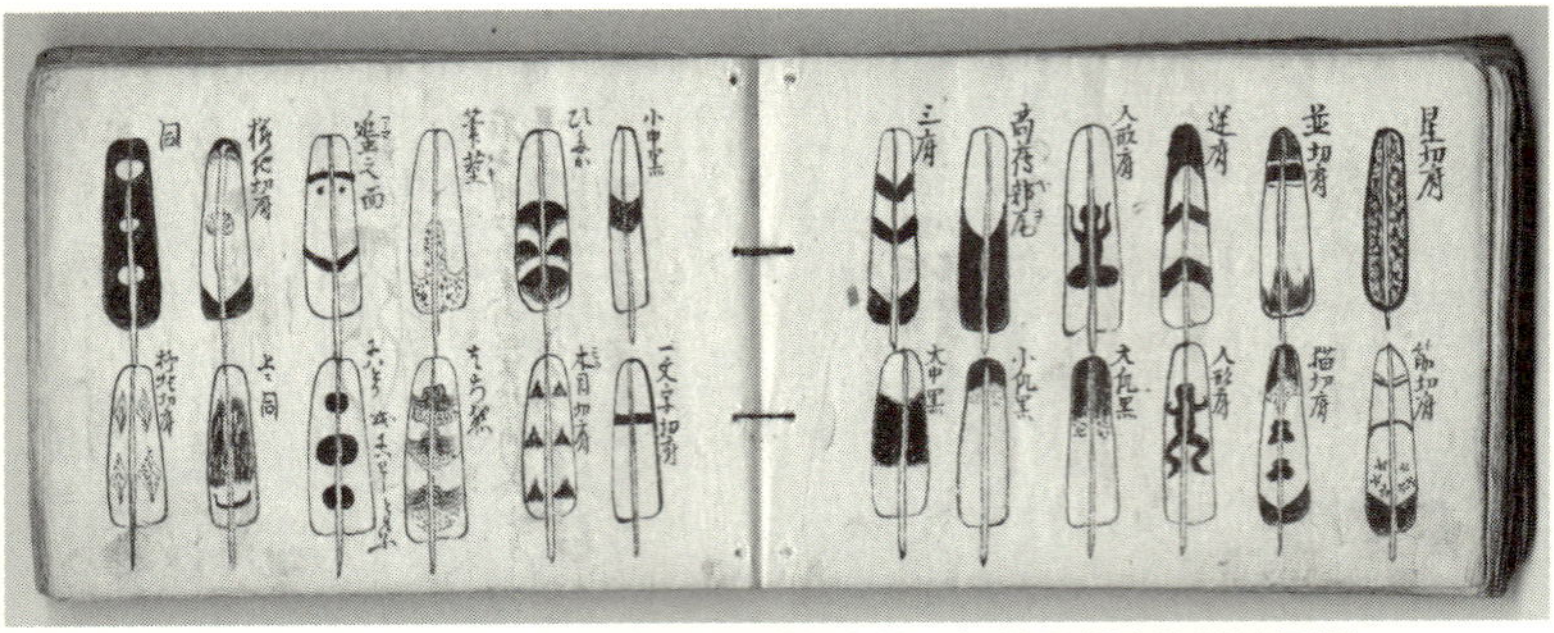

ワシ羽の分類　『加賀家文書（大宝恵）』。18世紀中葉。（別海町郷土資料館提供）

合、これが命中度や耐久性といった矢の機能に大きくかかわる。さらにこれに羽の美的な価値が加わって、矢羽には複雑なランクが存在している。

そのなかでワシ・タカ羽は、強靱《きょうじん》かつしなやかで矢羽として最高の価値をもつが、本州の貴族などのあいだでは、そうした実用的な価値以上に、バリエーションに富む文様の美しさや稀少性が尊ばれていた。ワシ羽はたんなる矢の部品ではなく、鑑賞の対象であり、一種の美術品・ステータスシンボルになっていた。それは茶道具の世界と似たもの、といえるかもしれない。

ワシ・タカのなかでもオオワシとオジロワシは真鳥《まとり》とよばれ、その尾羽は真鳥羽《まとりば》、略して真羽《まば》と称されていた。なかでもオオワシの尾羽がランクの頂点に位置し、さらに一四枚あるオオワシの尾羽は、外側から何番目の羽かといった部位や、その斑文によっても価値が異なっていた。

オオワシの尾羽の斑文は、幼鳥・亜成鳥にみられる白地に黒褐色の文様のことで、六年目を迎えた成鳥ではほぼ純白になってしまう。個体差が大きく、さらに換羽《かんう》によっても変化してゆくため、斑文は羽ごとにすべて異なっている。無限大ともいえるこの斑文の多様性が、人びとを虜にしていたわけだ。

蝦夷の二大ブランド

では、古代・中世の日本でワシ羽はいったいどれほど貴重な宝だったのか。

一一世紀の『新猿楽記《しんさるがくき》』のなかに、その答えがあった。そこには、交易のため北は蝦夷の地から南は鬼《き》界島《かいじま》まで往来する商人、八郎真人《はちろうのまひと》が登場する。かれの取扱品目は、金・銀・銅・錫・真珠・水晶・ガラス器・ヤコウガイ・サイの角・ジャコウといった、日本をはじめ大陸や南島の稀少な産物であり、現代においても垂《すい》涎《ぜん》の宝ばかりだ。そしてそのなかにワシ羽がみえる。ワシ羽は、これらの宝と肩を並べる最高級の宝のひとつだったのだ。

オオワシ亜成鳥(右)の尾羽とそれを用いた矢(左)
(斜里町立知床博物館1990『オオワシとオジロワシ』)

つまり、オオワシの尾羽を「命ト等シキ財」と認識し、助命に値する最上の「宝」とみていたのは、蝦夷というより、むしろ本州の貴族層であり、またその交易にかかわる商人の方だったようだ。

ワシ羽の記載は、一〇世紀の『西宮記《さいきゅうき》』や『宇治拾遺物語《うじしゅういものがたり》』などにみえはじめ、一一世紀にはこの『新猿楽記』など頻出するようになる。一一世紀以降の絵伝にワシ羽が描かれてきた理由は、おそらく一〇世紀代にさかのぼって、多くの人びとが蝦夷といえばワシ羽をイメージする状況が存在していたことにあるのだろう。

このようなイメージの存在を具体的に裏付ける資料もある。一三世紀の『夫木和歌抄《ふぼくわかしょう》』に収められた次の歌だ。

みちのくのえぞか千島の鷲の羽にたへなる法《のり》の文字もありけり

蝦夷のワシ羽には美しい「法の文字」があるという内容だが、仏典の美しい梵字にも似た、という意味のこの「法の文字」は斑文をさしているのだろう。つまりこの歌は、蝦夷の代表的な産物がワシ羽であることに加えて、その価値がさまざまに見立てされる美しい斑文にあったことを示している。

絵伝や伝暦のなかには、アザラシやトドなど海獣皮の描写や記述もみえる。これは、ワシ羽とならんで海獣皮が蝦夷を代表する産物と認識されていたことを物語っている。この二つが、古代・中世蝦夷の二大ブランドだったといえそうだ。ただし、どちらがより価値の高い宝と認識されていたかといえば、それは「命ト等シキ財」「宝」と形容されるワシ羽だったにちがいない。

宝の支配と東北北部の防御性集落

このオオワシ羽と海獣皮の二つを移出していたのは、どの地域だったのか。

両者の回遊・飛来は、北海道から東北地方までおよんでいる。しかし、産地として相応の量を移出することが可能であったのは、あとでのべるように主たる回遊・飛来地だった北海道だろう。

つまり絵伝に描かれた古代から中世の蝦夷は、北海道の産物を表象する人びとだったのであり、その意味で、そこにはまさしく北の狩猟採集民が描かれていたことになる。とはいえ、それはあくまでも「宝」によって表象される蝦夷であり、蝦夷自身の写実性はまったく別の問題ということになる。

ところでワシ羽と海獣皮は、北海道から本州中央に直送されていたわけではなく、東北北部のなかで複雑な中継を経て流通していたようだ。

『小右記《しょうゆうき》』一〇一四年二月七日条には、陸奥国の鎮守府将軍である平維良《たいらのこれよし》が左大臣藤原道長《ふじわらのみちなが》に莫大な付け届けをした記事のなかに、馬・砂金などとともにワシ羽がみえる。同書の一〇二九年九月五日条にも、同様な献上品として砂金とワシ羽がみえる。『御堂関白記《みどうかんぱくき》』一〇一二年一〇月二一日条でも、鎮守府将軍である藤原兼光《ふじわらのかねみつ》から藤原道長への献上品にワシ羽と馬があげられており、『吾妻鏡《あずまかがみ》』一一八九年九月一七日条では、藤原基衡《ふじわらのもとひら》が平泉の毛越寺《もうつうじ》本尊の制作を有名な運慶《うんけい》に依頼し、その代金として送ったなかに、金一〇〇両・アザラシ皮六十余枚などとともにワシ羽一〇〇尻がみえる。この「尻」は一羽分の尾羽のセットのことだ。

元東北学院大学の大石直正《おおいしなおまさ》によれば、奥州藤原氏の管理下にあった荘園はいずれも一一世紀にさかのぼる古い由緒をもつが、そもそもそこではワシ羽とアザラシ皮が地元で産する金・馬・漆・布とともに年貢とされていた。北海道のワシ羽と海獣皮は、まず東北地方の富裕層や官庁の要人にもたらされ、そこから「宝」として本州中央に流通していたのだ。この流通には『新猿楽記』の八郎真人のような商人もかかわっていた。

ただし一〇世紀以降、擦文社会に流通していた本州製品には須恵器など青森産のものが目につき、したがって青森以外の製品も同地を中継して流通していたとみられることからすれば、北海道の産物はまず青森で一元的に集約され、そこから東北各地に流通していたのだろう。青森は、北の世界がもたらす宝の本州側の結節点であり、その「支配」に強くかかわっていたことになる。当然そこには北の宝が生みだす富をめぐって巨大な欲望が渦巻いていたにちがいない。

一〇世紀から一一世紀にかけて、青森を中心とする地域には環濠をもついわゆる防御性集落が出現した。環濠集落の機能を「防御性」に限定して考えてよいのか批判もあったが、八戸《はちのへ》市林《はやし》ノ前《まえ》遺跡の環濠集落で、首をはねられたり後ろ手に縛られたりした人骨一〇体が発見され、戦争の存在がにわかにクローズアップされてきている。青森を中心とする地域にこのような暗雲をもたらしていたのは、北の宝だったのかもしれない。

2 ワシ羽交易と北方世界

近世のワシ羽交易

古代・中世の北方世界とワシ羽の関係に踏みこんでゆくまえに、近世におけるワシ羽交易がどのようなものだったのか、みておくことにしよう。

近世の蝦夷地を領有していた松前藩は、ワシ羽・クマ皮・クマ胆・ラッコ皮を「軽物《かるもの》」とよび、他の産物と扱いを別にして、将軍への献上や大名間の贈答にもちいていた。幕府へはワシ羽三〇尻・ラッコ皮三枚・昆布五箱の三種を献上するのがならいとなっており(『松前蝦夷記』)、大名への贈答の例としては、仙台市博物館の伊達家資料の矢羽のなかに、松前藩からの献上と記されたオオワシの尾羽が残っている。伊達家旧蔵の矢羽は、ていねいに梱包された数枚から数十枚のセットが約九〇あるが、このほとんどがオオワシの尾羽だ。オオワシが羽のなかでも最高級品だったことがわかる。

ちなみに、シマフクロウの羽も矢羽として重要な交易品になっており、そのためシマフクロウがアイヌの高位神になっていたという説がある。しかし、職場の博物館に収蔵されている剝製のシマフクロウをみてみると、尾羽の文様はたしかに美しいが、さわるとコシがなくフワフワした感触で、張りのあるワシ羽とはずいぶんちがったものだ。まったくの素人だが、矢羽として本当に高価に取引されていたのか疑問におもわれた。

調べてみると、その理由はわからないが、室町時代以来、有職故実《ゆうそくこじつ》ではフクロウの羽はトンビ・ニワトリ・アオサギとともに「忌羽《いみば》」になっていたし、近世ではシマフクロウの羽はもっぱら遊技用の楊弓の矢羽として利用されていたようだ（『本朝食鑑』）。和人がはたしてシマフクロウの羽をワシ羽と同様に「宝」とみなしていたのかどうかは疑わしい。

ワシ羽は、これを移出していたアイヌにとっても当然重要な産物だった。

> 「ケシイラツフウイテクル」というワシの羽は、アイヌの宝といわれています。オオワシ羽の産地である厚岸《あつけし》・根室・クナシリ島の三つの地域の首長でさえその羽をもつものはなく、ひとり厚岸の総首長であるイコトイだけがこれを所有しています（近藤重蔵《こんどうじゅうぞう》「書状《しょじょう》　草案《そうあん》松平《まつだいら》　忠明《ただあき》信濃守《しなののかみ》宛《あて》」）。

このワシ羽（おそらく特定の斑文をもつ名羽）は、アイヌの宝のなかでも飛び抜けたランクにあったようだ。

しかし、アイヌ自身が矢羽にもちいる鳥の種類や文様に強くこだわっていた様子はない。マガモやワシなどさまざまな羽をもちいたというが、ワシ羽は日本で珍重された尾羽ではなく、斑文のない翼の風切羽《かざきりばね》を珍重した。羽は、あくまでも交易品として非常に高価に取引される点で、アイヌの宝となっていたにちがいない。

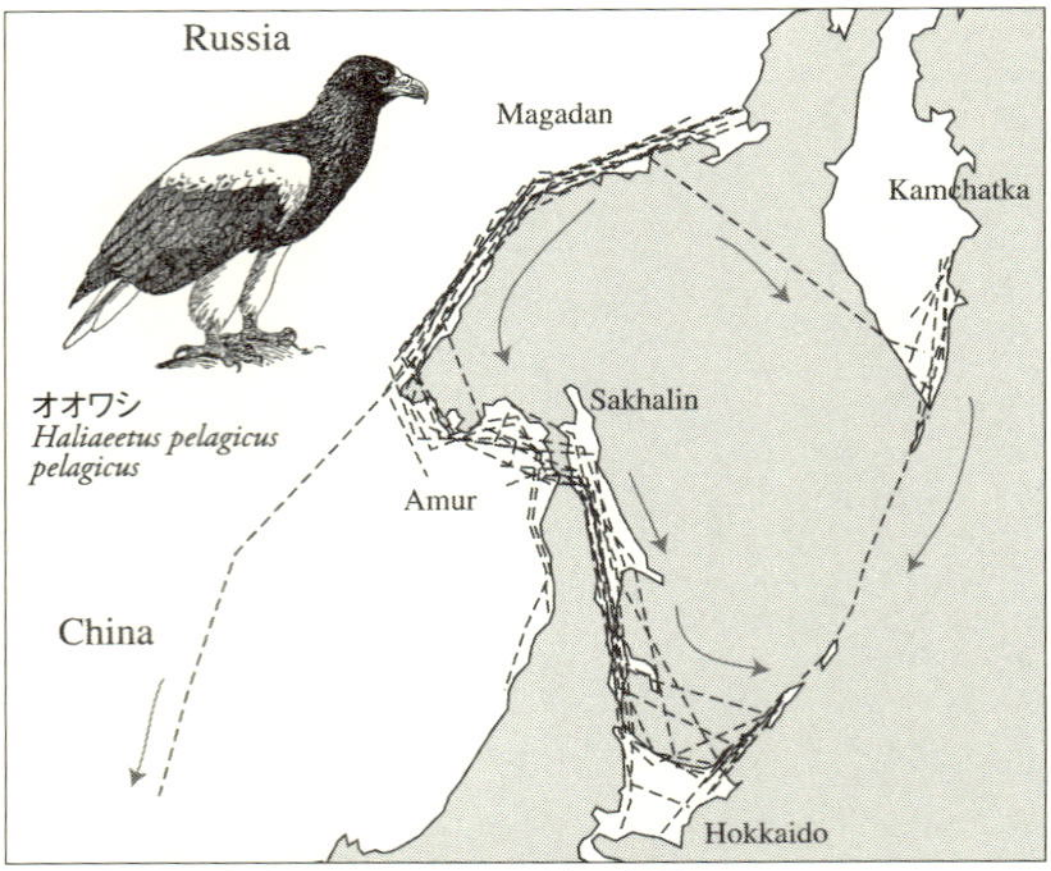

人工衛星で追跡したオオワシの渡り経路
（Mcgrady et al. 2000。ただしオオワシ図は岡田要 1988『新日本動物図鑑（下）』北隆館）

オオワシの渡りルートと環オホーツク海

近世の北海道でワシ羽を移出していたのは、日高以東、とくに釧路より東の、前出の厚岸・根室・クナシリ島を中心とした地域のアイヌだ。しかし、オオワシ尾羽は、ラッコ島とよばれていた中部千島のウルップ島や、カムチャツカに近い北千島のパラムシル島でも産するとされ（『松前志』）、サハリンやカムチャツカからも、もたらされていた（『蝦夷拾遺《えぞしゅうい》』）。

この道東・サハリン・千島・カムチャツカは、いわゆる環オホーツク海を構成する地域だが、それはオオワシの生息域、さらにその渡りのルートと深くかかわっていた。

オオワシの生息域はロシア極東地方沿岸であり、冬期にはサハリン南部・千島列島・北海道のオホーツク海沿岸地域に飛来する。ＮＰＯ法人バードリサーチの植田《うえた》睦之《むつゆき》らが、オオワシに発信器をとりつけて人工衛星で追跡した渡りの経路をみると、それはまさに環オホーツク海地域そのものだ。南下ルートは、サハリンから北海道・千島に向かうルートと、カムチャツカから千島に向かうルートの二つがある。

千島とサハリンの羽交易

この二つのルートが交差する千島列島では、近世にはオオワシ羽がラッコ皮とならぶ主要な交易品となっており、北千島から南千島を経由するアイヌ同士の中継交易を通じて北海道本島に移入されていた。

元北海道大学の菊池《きくち》俊彦《としひこ》によれば、一七世紀末から一八世紀初頭には、絹織物・綿織物・鉄鍋・刀・漆器などの日本製品が、北海道アイヌからまずクナシリ島のアイヌへ、次いでクナシリ島からエトロフ島、さらに中部千島のウルップ島に渡り、そこから北千島のシャスコタン島を経由してオンネコタン島・パラムシル島、さらにカムチャツカ半島対面のシュムシュ島のアイヌへもたらされていた。そしてこの対価として、ワシ羽・生きたワシ・ラッコ皮・キツネ皮が、逆のルートをたどって北海道本島へもたらされた。シュムシュ島のアイヌは、カムチャツカ半島の先住民イテリメンと通婚しつつ、ラッコ皮やキツネ皮を入手していたという。

一方、近世のサハリンとアムール川下流域の先住民は、中国やアイヌ・日本を相手にしたいわゆる「サンタン交易」を繰り広げていた。高倉新一郎によれば、サハリンのニブフからサハリン・アイヌ、そして北海道の宗谷アイヌへの中継によって、ワシ羽・蝦夷錦・ガラス玉・段通《だんつう》・煙管《キセル》などの産物が北海道にもたらされていた。その大半は中国製品だが、ワシ羽は先住民が捕獲したものだろう。

なかでもワシ羽の取引が多く、一八五三年の時点では四〇〇尻を数えた。小平町教育委員会の長澤《ながさわ》政之《まさゆき》によれば、ワシ羽産地であった根室場所でも、その移出量は毎年一〇〇尻ほどだったというから、サハリンのオオワシ資源がきわめて豊かで、またそれに対する日本側の需要も大きかったことがわかる。

中世のサハリン進出と羽交易

ワシ羽は、古代・中世の北の狩猟採集民を表象する交易品になっていたようだが、当時すでに近世と同様、千島やサハリンのワシ羽が中継交易によって北海道から本州へ流通していた可能性がある。

第五章でのべるように、北海道のアイヌは一三世紀にサハリンへ侵入し、在地の先住民ニブフおよびかれらを服属させていた中国の元と対立を生じた結果、サハリンに派遣された万を数える中国の軍隊と戦争をおこなっていた。実はこの北方世界の激動にも羽がかかわっていた。

函館高専の中村和之が『元史《げんし》』など中国史料から説くところでは、戦争の原因になったアイヌとニブフの対立は、アイヌが海を渡ってニブフの「打鷹人《だようじん》」を虜《とりこ》にしようとしたことにある。元のモンゴル帝室には、私的な隷属民としてタカの捕獲・飼育をおこなう打鷹人がいたが、元に服属していたサハリンのニブフのなかにも、この打鷹人になっている者がいたのだ。アイヌがこのニブフの打鷹人を虜にすることは、元の利害と正面からぶつかることを意味した。

では、アイヌはなぜ北海道から海を渡ってまで、打鷹人を虜にしようとしたのか。それは当然、打鷹人を管理下に置くことでタカ羽あるいは生きたタカの流通をみずからのものにしようとしたからだろう。つまり中世アイヌのサハリン渡海の目的は、ひとつには羽の入手とかかわっていたことになる。

中世アイヌとサハリンの羽のかかわりを示す資料はほかにもある。若狭国《わかさのくに》（現在の福井県）内浦《うちうら》字山中《やまなか》では、室町時代中期～末期のものとされる「商踊り《あきないおど》」が伝えられていた。その一節に、

夷《えぞ》が島では夷殿《えぞどの》と商元では何々と、唐の衣や唐糸《からいと》や、じんやじゃこうや、たかの羽や、商踊りを一踊り

とある。「唐の衣」「唐糸」はもちろん大陸産の錦衣や絹糸だろう。「じん」は熱帯アジア産の香木である沈香《じんこう》、「じゃこう」はヒマラヤ山系周辺に生息するジャコウジカなどからえる香料の麝香《じゃこう》であり、『新猿楽記』の八郎真人の取扱品目のなかにもみえたものだ。つまりこの歌には、夷が島（北海道）から日本海交易で本州へ流通していたもののうち、大陸産の宝の数々がよみこまれているわけだ。とすれば、ここにいう「たかの羽」も北海道産ではなく、大陸産と解すべきだろう。さらに、この大陸産の宝は北海道を経由しているのだから、サハリンを中継したはずであり、したがってこの「たかの羽」はサハリン産だった可能性もある。

いずれにせよ中世のアイヌは、日本にとって宝となっていた大陸やサハリンのタカ羽の流通にまちがいなくかかわっていたのであり、そのためサハリンへ進出し、北方世界に激動をもたらすことになったのだろう。

なお、サハリンや大陸沿海州はオオワシの産地でもあるから、タカ羽だけではなく、近世同様それら地域のオオワシの羽も一緒に流通させていたと考えてよいだろう。

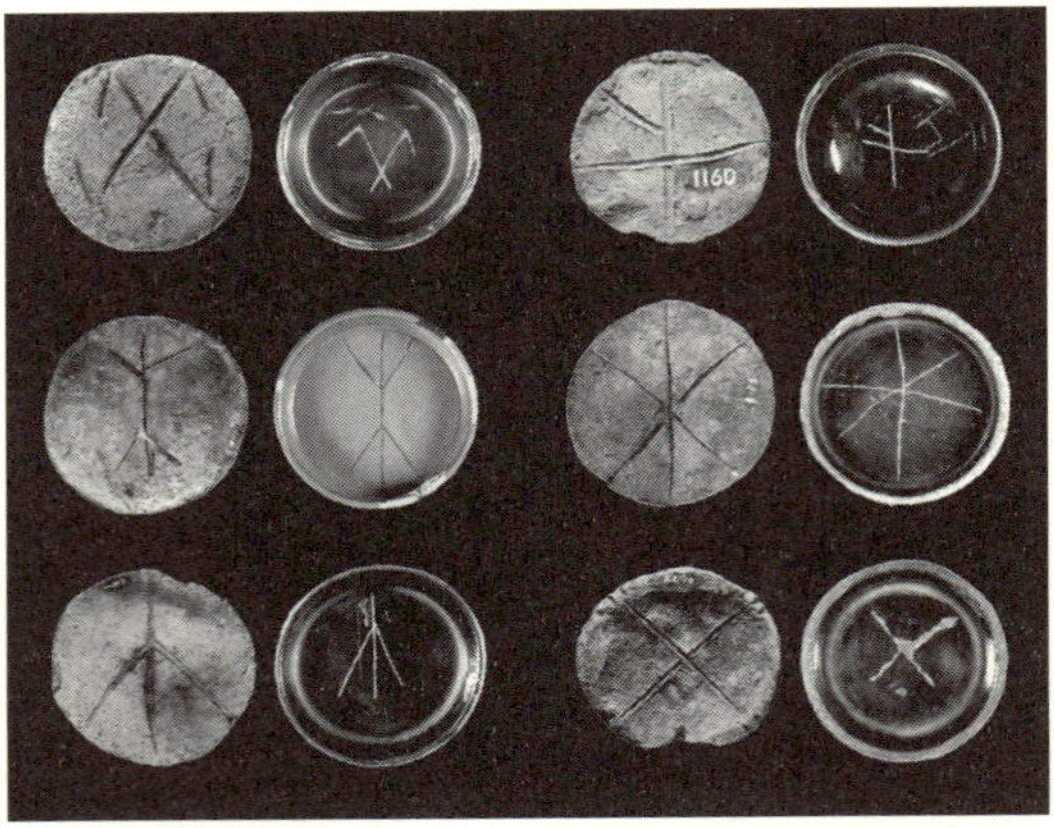

底面刻印とイトクパ
擦文土器の刻印（坏の底）と、同じモティーフのアイヌのイトクパ（漆塗椀の底）を対にして並べた。左列が擦文土器、右列が漆塗椀。

擦文人の植民と地域開発

考古学的にみれば、北海道の人びとのサハリン進出は一三世紀にはじまったのではない。第五章でのべるところだが、すでに擦文時代の一一世紀前半には、北海道北部の日本海沿岸の人びとが中心になってサハリンへ進出を開始していた。

この北の狩猟採集民の動きは、本州で蝦夷が羽によって表象されるようになるのとほぼ同時期のことだ。そこに羽の入手がかかわっていたとすれば、その一連の動きが一三世紀にはサハリンで打鷹人を虜にし、中国の元と対立を生じるまでに拡大していた、ということになる。

これと関連して興味深い事実がある。

第六章でのべるように、道南の松前から道北の天塩川にかけての日本海沿岸の遺跡からは、一〇世紀中葉以降、底に刻印をもつ土器の坏が出土するようになる。この刻印は、近世アイヌが血統・家系を示すため椀の底に刻んだ「祖印」（イトクパ）の原型とみられる。つまりこの刻印土器は、日本海沿岸の人びとが同祖関係によって結ばれたことを意味している。

この事態と並行して、北海道と東北北部の交易が一気に拡大したことから、日本海沿岸の人びとは日本海交易の発達によって強く結ばれ、おそらくそのあかしとして祖先を同じくする関係を結んだのだろう。

底面に刻印をもつ坏は、日本海に面した遺跡以外では札幌市・千歳市・旭川市など日本海に近い内陸で数点みつかっているだけだ。しかし釧路市埋蔵文化財調査センターの石川朗《いしかわあきら》さんが、この分布圏を大きくはずれた釧路市で、これまで三遺跡から一〇点近くも出土していることを教えてくれた。

釧路など道東の太平洋沿岸は長らく擦文人が住まない地域だった。そこはオホーツク人の後裔であるトビニタイ人の領域だったからだ。トビニタイ人を追いたてながら擦文人による釧路の開発がはじまったのは一一世紀後半のことだが、底面刻印はこの擦文人の初期入植者の土器に刻まれていた。つまり「敵中突破」して釧路にはじめて入植したのは、日本海沿岸の人びとだったということになる。

コンキスタドールの目

石川さんは、底面刻印の坏といっしょに出土した初期入植者の甕《かめ》をみせてくれた。これまで釧路で出土している擦文土器とは少し雰囲気がちがっている、という。

よくみると、どの土器にも細密なハケメ調整と脂ぎった内黒の加工がみられる。日本海北部の土器の特徴だ。全体の印象も、日本海北部の土器を見慣れた私の目にはなじみ深い。日本海沿岸のなかでも、道北の留萌から天塩にかけての人びとがこの釧路に入植した。考古学的な事実はそう語っている。

釧路に入植がはじまったこの一一世紀後半当時、道東のオホーツク海沿岸にはすでに擦文人が暮らしていた。かれらも、一〇世紀の早い時期に日本海北部からトビニタイ人を追いたてながら入植し、住みついた人びとの子孫だ。だが、この地域で底面刻印土器はみつかっていない。日本海北部の人びとは、オホーツク海沿岸を頭越しにして、まっすぐ釧路に進出したわけだ。

では、なぜ釧路に進出しなければならなかったのか。

繰り返しのべてきたように、釧路は北海道のワシ羽産地のひとつだった。日本海北部の交易集団が入植した理由はそこにあるのだろう。一一世紀前半に羽を求めてサハリンへ進出した擦文人も、やはり日本海北部の集団が中心だった。これは偶然ではないはずだ。

もちろんワシ羽の産地は釧路だけでなく、厚岸や根室、千島列島にひろがっている。日本海北部から入植した人びとも、釧路だけでなく、それら産地のすべてを視野におさめていたにちがいない。だが、そこはトビニタイ人の最後の砦ともいえる地域だ。日本海北部の人びとは、トビニタイ人を避けてオホーツク海側の斜里から陸路を進み、かれらの分布が薄い背後の釧路に入植したのではないか。

その後、釧路の擦文人はトビニタイ人を追いたて、同化しながら東に向かい、入植からおよそ一世紀を経た一二世紀後半、ついに根室に到達した。

根室半島の突端に立ったコンキスタドール（征服者）たちの目は、海霧にかすむ千島をみつめていたにちがいない。

オホーツク文化の南下とワシ羽

ところで、オホーツク文化はなぜサハリンから北海道に南下したのだろうか。

それは第一章でのべたように、古墳文化がもたらす鉄製品が目当てだったにちがいない。しかしオホーツク文化は、擦文文化が成立する七世紀以降、北海道のオホーツク海沿岸から千島列島へ進出していった。その理由について説得力のある説明はまだなされていない。

オホーツク文化は、北海道に南下しながらも、刀や装飾品などさまざまな大陸製品を手にいれていた。サハリンを遠く離れながら、大陸との直接・間接の連絡が途絶したわけではなく、物流のラインはつねに確保されていたのだ。したがってオホーツク文化南下の動きは、大陸製品を手にいれるための交易品の生産と無関係ではなかった、と考えた方がよいだろう。

このオホーツク文化の動向をワシ羽の移出という視点からみなおしてみると、興味深い事実が浮かびあがってくる。

そもそもオホーツク文化が展開した地域は、オオワシの渡りルート、さらには近世のワシ羽の産地と一致している。さらに先にのべたように、中国の元朝はオホーツク人の子孫であるニブフのなかに打鷹人を置き、これを保護していたが、このことは、もともとサハリンのニブフのなかに、タカなど猛禽類《もうきん》を捕獲・飼育する伝統があったことを示している。とすれば、この打鷹人が史料に登場する一三世紀より前にさかのぼって、オホーツク人が大陸にタカなどの移出をおこなっていた可能性は大きい。いや、むしろそう考えるのが自然だろう。

オホーツク文化の鳥猟

そんな話を東京大学の熊木《くまき》俊朗《としあき》さんにしていたところ、「そういえば……」と次のようなことを教えてくれた。

オホーツク文化の遺跡からは、これまであまり注意されてこなかったが、直径数センチの石弾《せきだん》（石球）がしばしば出土する。それが鳥を捕るためのボーラ（玉つき投げ縄）の可能性もあるのではないか、というのだ。

さっそく調べてみると、石弾は二個セットでみつかる例が多く、三個あるいは五個がまとまって出土した例もあり、複数を組み合わせてもちいるものだったようだ。したがってその用途は、個々の石弾を投石縄などによって投げつけるものではなく、複数の石弾を縄に繋げ、これを回し投げて獲物にからみつかせるボーラと解するのが、やはり妥当とおもわれる。石弾の大半は直径五センチ以下と小型であり、ボーラとすればたしかに鳥猟用だ。

ワシ・タカの骨は、縄文時代から近世にかけて全道の遺跡で出土する。しかし道東の中近世の遺跡にもっとも多い。擦文文化の貝塚はほとんどみつかっておらず、よくわからないが、オホーツク文化の遺跡では、この中近世の遺跡とならんでワシ・タカの骨が高率で出土する。これもオホーツク文化とワシ猟の関係を考えるうえで興味深い事実だ。

このワシ猟は、近世アイヌの場合、生け捕りにするため、鉤針《かぎばり》によるひっかけ猟をおこなっていた。ワシは、生かして飼育すれば換羽のたびに羽がえられる。殺してしまうより、ある意味では効率的だ。実際、道東やサハリンの近世アイヌがオオワシを飼育していた記録もある。おそらく擦文文化でもこのような鉤針猟がおこなわれていただろう。

小平町教育委員会の長澤政之によれば、根室アイヌのオオワシの猟場は、別当賀川《べっとうががわ》や標津川《しべつがわ》など中小河川の、それも川幅がごく狭い上流域にかぎられていた。これは、産卵に遡上するサケを襲うオオワシの習性を利用し、川端の小屋から鉤針でオオワシの脚をひっかけるという猟法に制約されていたためだ。大型の猛禽類が相手だけに、たいへんな危険をともなう命がけの猟だったらしい。

オホーツク文化のボーラ猟は、この鉤針猟とはまったく反対に、河畔林《かはんりん》に妨げられない河口や海岸

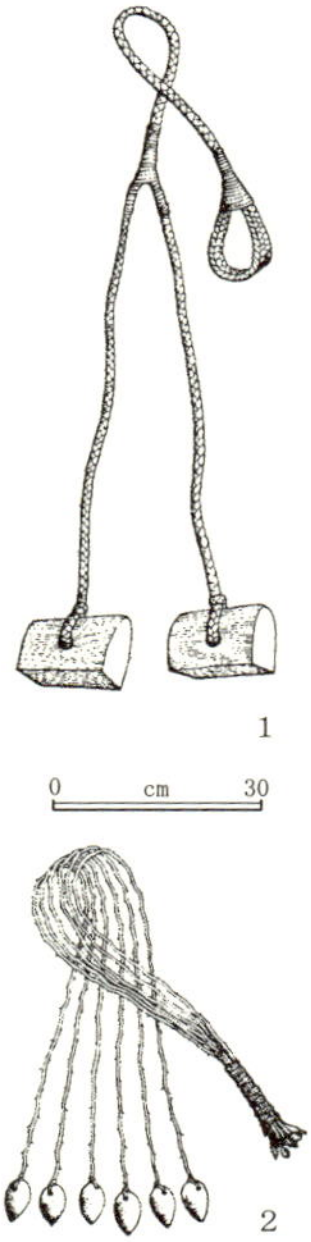

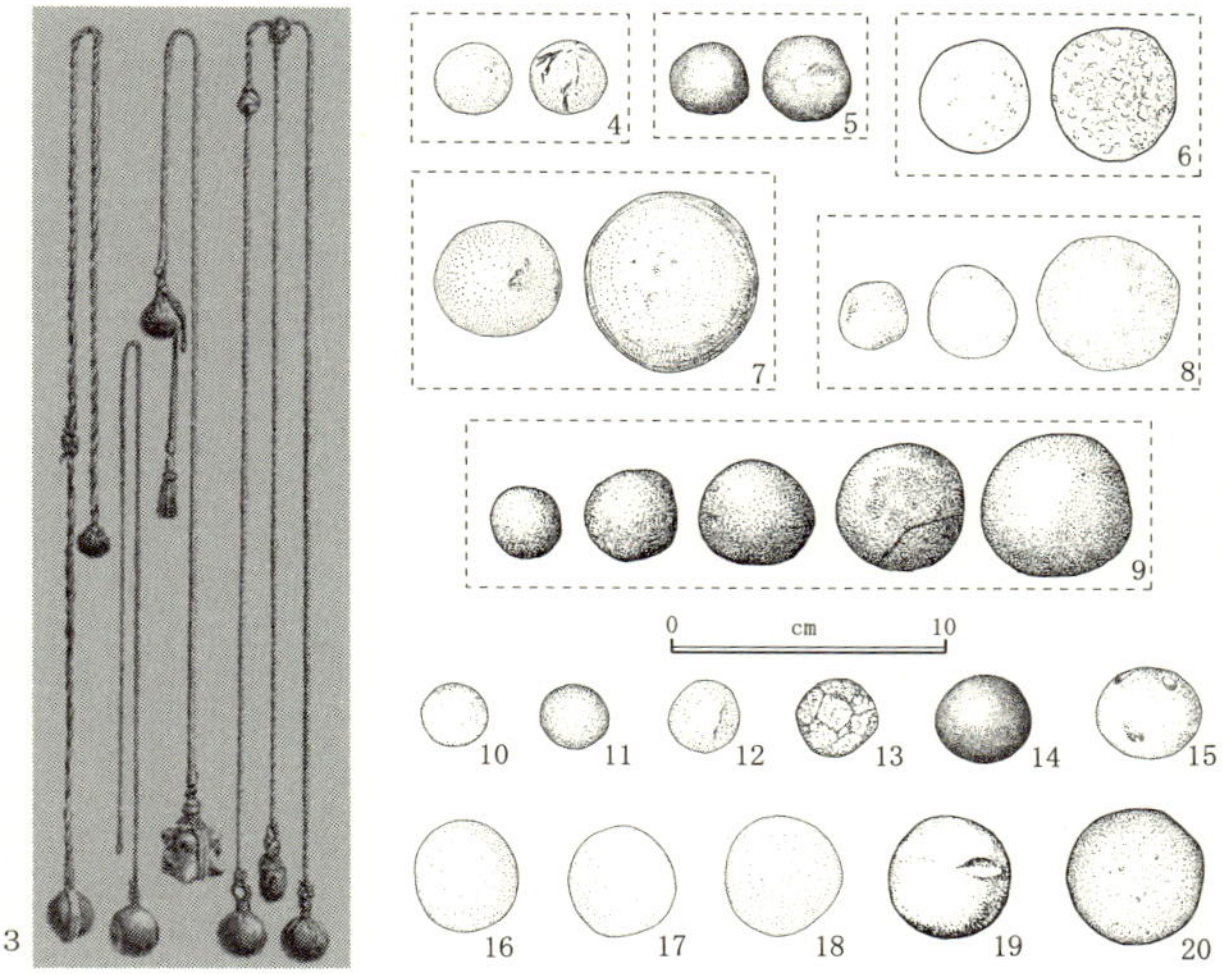

4：常呂町栄浦第二遺跡４号竪穴床(a)　5：常呂町トコロチャシ遺跡２号竪穴床(b)　6：枝幸町目梨泊遺跡４号竪穴床(c)　7：栄浦第二遺跡11号竪穴床(a)　8：同８号竪穴床(a)　9：トコロチャシ遺跡１号内側竪穴床(b)　10：同発掘区(d)　11：常呂町常呂川河口遺跡14号竪穴埋土(d)　12：栄浦第二遺跡８号竪穴埋土(a)　13：常呂川河口遺跡45号竪穴床(f)　14：トコロチャシ遺跡１号内側竪穴埋土(b)　15：同発掘区(d)　16：栄浦第二遺跡８号竪穴埋土(a)　17：同７号竪穴埋土(a)　18：同７号竪穴床(a)　19：トコロチャシ遺跡１号竪穴埋土(b)　20：常呂川河口遺跡発掘区(f)

オホーツク文化の石弾と民族誌のボーラ（玉つき投げ縄）

1：南米アイマラ族の鳥用小型ボーラ（オズワルト1983『食料獲得の技術誌』法政大学出版局）

2：北米タレウミュート族の水鳥用ボーラ（同上）

3：南米パタゴニアのボーラ（八幡一郎1960『図説世界文化史大系１』角川書店）

4〜20：オホーツク文化の石弾

付近など、広く開けた場所での使用に適した猟法といえるだろう。そして、そうした立地はまさにオホーツク文化の遺跡立地そのものなのだ。

羽を掲げる人びと

羽とオホーツク文化のかかわりに注目すると、『日本書紀』に登場する「粛慎」の習俗も大きな意味をもつことになる。

同書の六六〇年三月条には、越国（現在の福井県から新潟県）守の阿倍比羅夫が、船団を仕立てて北海道とみられる渡島の大河にいたり、そこで擦文人あるいは続縄文人とみられる在地の人びとに危害を加えている粛慎と交易をおこなう場面がある。阿倍臣が絹や鉄器を浜辺に積み上げたところ、粛慎は船を連ねてやってきたが、かれらは木に羽を掛けたものを掲げて「旗」としていた。日本側が粛慎とよんだこの人びとは、オホーツク人と考えられている。

では、粛慎はなぜ羽を掲げていたのだろうか。

オホーツク人である粛慎が、交易を目的に出向いてきたことを踏まえれば、羽の掲揚の目的は、交易品としての羽をアピールし、戦闘の意志がないことを示す目的だったとも解せる。事実、この羽の掲揚は阿倍臣らに強い印象を与え、その姿が記録されることになったのだから、交易品として認知されることには失敗したものの、羽に注意を引きつけることには成功したわけだ。私は、この羽を掲揚する粛慎の姿と、聖徳太子絵伝の羽を身にまとう蝦夷の姿に、なにか共通した印象をおぼえる。

ところで、もしオホーツク人がワシ羽の移出にかかわっていたとすれば、その移出先はまちがいなくアムール川流域の人びとだろう。オホーツク文化に流通していた大陸製品のほとんどがアムール川流域の製品だったからだ。その場合、次章でのべるようにアムール川流域の特産品のひとつがワシ・タカ羽であり、同地の人びとがこれを唐などへ朝貢していた事実が重要な意味をもつことになる。かれらは羽の経済的・政治的な価値を熟知し、羽の流通体制をもち、したがって羽を強く欲していた人びとだったからだ。

元北海道大学の菊池俊彦によれば、オホーツク人は大陸側からは「流鬼《りゅうき》」とよばれており、みずから唐へ朝貢をおこなってもいた。その朝貢にさいして、アムール川流域の人びとの朝貢品にならってワシ・タカ羽をそろえたことも十分に考えられるだろう。

オホーツク文化が道東から千島へ分布を拡大していった理由は、ワシ羽だけで解釈できるものではないだろう。だが、ワシ羽を手がかりにすると、断片的な事実が生き生きとした顔をみせる。日本側にはじめて認知されたオホーツク人が羽を掲げる人びととして描かれているのも、偶然ではないようにおもわれる。

宝をめぐる交代劇

北海道の人びとは、羽を求めて一一世紀前半にサハリンへ向かったとのべたが、苫小牧駒澤大学の蓑島栄紀《みのしまひでき》によれば、まさにこの一一世紀、実体は不明だが「粛慎羽《しゅくしんう》」なるものが本州中央で流通した。この粛慎羽こそ擦文人がサハリンからもたらした羽、つまり擦文人をサハリンに向かわせた、宝としての「名羽」ではなかったろうか。

擦文文化後半の一一世紀には、サハリンから北海道、そして東北北部を経て本州中央へいたる、北からの「羽の道」が成立していたと私は考えている。そしてオホーツク文化の段階では、これとは反対に北海道からサハリンを経由してアムール川流域に向かう、南からの「羽の道」があったのだろう。

この南北の「羽の道」の逆転は、擦文社会と本州の交易が活発化し、オホーツク文化がサハリンとの連絡を断ち切られてトビニタイ文化に変容する、九世紀末の時点にあったにちがいない。

オホーツク文化の終焉は、北海道を舞台とした宝をめぐる人びとの交代劇であり、羽をめぐる覇権の盛衰史だった、といえるのではないだろうか。

第五章
侵略する北の狩猟採集民
――オホーツク文化との関係

イナウを持つ男性図

1　戦う氷海の民

モヨロ貝塚殺人事件

　オホーツク人が暮らしたサハリンや道東のオホーツク海沿岸は、冬のあいだ流氷で閉ざされる。そのためオホーツク人は「氷海の民」や「流氷の民」などとよばれる。

　このオホーツク海に面したオホーツク文化の遺跡のひとつである網走市モヨロ貝塚は、八世紀を中心とする村のあとだ。大正二年に米村喜男衛《よねむらきおえ》がこれを発見し、理髪店を営むかたわら資料保存のため自費で博物館を建設、海軍の施設建設から遺跡を守った云々の話は、北海道の考古学関係者なら知らない者はいない。オホーツク文化の研究に先鞭をつけた遺跡であり、オホーツク文化を代表する遺跡だ。このモヨロ貝塚は、戦前から大学などによって調査がおこなわれ、多数の墓から保存状態のよい人骨と大陸産の副葬品が出土して注目を集めた。

　北海道大学総合博物館は、このモヨロ貝塚をはじめとするオホーツク文化の人骨資料を多く所蔵しており、最近それらの再検討作業がおこなわれた。そこで大きな話題になったことがある。モヨロ貝塚資料のなかに弓で射られた二体の人骨がみつかったのだ。

　その人骨がどのような人物で、どのようにして犠牲となったのか、法医学者である北海道大学の寺《てら》沢《ざわ》浩一《こういち》の鑑定によってみてみよう。

　二体のうち四七号とよばれる人骨は三〇～四〇歳の男性。左寛骨に左側から骨鏃が刺さっている。

受傷後、死亡までは短時間。次に二五号とよばれる人骨は二五～三五歳の男性。左脛骨など四ヵ所に石鏃と骨鏃が刺さっている。倒れた状態ではなく、立っているところを背中側から射られた。鏃の刺さった骨の状況から、二五号・四七号ともに至近距離ではなく、ある程度の距離から射られたことが推定されるという。

鑑定書からみる事件の真相

ではこの鑑定書から、実際の事件の様子がどのようなものだったのか考えてみよう。

二五号の鏃が石製と骨製の二種であった事実は、加害者が複数であったことを示唆している。さらに同博物館の天野哲也《あまのてつや》が指摘するとおり、当時、擦文人は石鏃を使用していなかったので、この殺人犯は同じオホーツク人と断定できる。

二五号の男性が離れた場所から多数の鏃を射られて殺害された事実は、殺人犯が複数といっても二人や三人ではなく、かなりの人数であったことを示唆している。集団に襲われたのだろう。さらに二五号はこの殺人犯たちに背中を向けていた。つまり、そこから逃げようとしていたことになる。多勢に無勢だったのだろう。そして、かれは立った状態のまま、つまり倒れるまえに多数の矢を打ちこまれている。矢は雨が降るように間断なく放たれていたにちがいない。離れた場所から、それも走って逃げようとする人間にねらいを定めて、矢を受けて倒れるまでの一瞬のあいだに、続けて多数の矢を命中させるのは至難のわざだからだ。四七号の男性も、正面ではなく左から矢を打ちこまれているから、やはり逃げようとしていたところを襲われたのだろう。

どうやら大勢の人間がモヨロ村を襲ったようだ。応酬していた村の男たちが、もはやこれまで、と逃げようとするところを、雨のように降りそそぐ矢が貫いた——鑑定書からは陰惨な情景が浮かびあがってくる。

戦いの理由はなにか

とすれば、これは集団による組織的・計画的な殺戮《さつりく》であって、偶発的な殺人事件などではありえない。オホーツク人はたがいに戦争をおこなっていたのだろうか。

実は、その可能性は大きいとおもわれる。稚内《わっかない》市大岬《おおみさき》遺跡でも寛骨に石鏃を打ちこまれたオホーツク人骨がみつかっているからだ。各地で殺戮が繰り広げられていたらしいのだ。

では、オホーツク人はなぜ殺しあわなければならなかったのか。

元国立歴史民俗博物館の佐原真《さはらまこと》によれば、考古学で明らかになった戦争の九割以上が農耕社会にともなったものであるという。北米北西海岸の先住民や、約五〇〇〇年前の東シベリアのグラスコーヴォ文化人のように、狩猟採集民が戦争をおこなっていた例はある。しかし、縄文文化に戦争はない。狩猟採集民であるオホーツク人の戦いが、世界史的にみても例外的な事例であることはまちがいない。

岡山大学の松木武彦《まつぎたけひこ》は、戦争が生みだされた理由について次のようにのべている。

戦争が多いか少ないかは、農耕社会か狩猟採集社会かというちがいによって決定されるのではない。それは単一の資源に大きく依存し、強い定住化が生じて、環境の変化に対する耐性の少ない生産のありかたがかかわっていた。つまり、資源の枯渇が戦争の発生にかかわっているというのだ。ただし、これは戦争発生の経済的な条件であり、実際に戦争に踏みだすには意識や思想が左右する部分が大きいという。

オホーツク人は、鈴谷《すずや》期とトビニタイ期をふくめると四世紀から一二世紀にかけて北海道に南下していたことになるが、同じ北海道で暮らしていた続縄文人や擦文人のなかに戦争の形跡はみとめられない。北海道の自然が気候変動などによって激変し、食料資源の枯渇が生じていたというわけではないようだ。

さらに、オホーツク人はクジラ・トド・アザラシなどの海獣狩猟民というイメージが強いが、実際にはホッケ・マダラ・ニシンなどの漁撈やクマなどの陸獣猟も活発で、オオムギ・アワ・キビなど雑穀類の栽培や、ブタの飼育までおこなっていた。つまり海獣猟が大きな比重を占めながらも、生業は多面的であり、特定の食料だけに特化していたわけではない。むしろ狩猟採集民としては理想的な生業体系といえるだろう。オホーツク人の戦いの原因が、食料資源の枯渇であったとは考えにくい。

とすれば、オホーツク人のなかに戦争発生の経済的な条件は存在しなかったのだろうか。

そうとはかぎらないだろう。松木のいう単一の資源は、食料に限定して考える必要はない。つまり、オホーツク人が交易品として生産する資源、あるいは交易品として入手した「宝」という資源であってもよいはずだ。

転換期の村

では、オホーツク文化の交易とは、いったいどのようなものだったのだろうか。

札幌学院大学の臼杵勲《うすきいさお》によれば、擦文文化が成立した七、八世紀ころ、オホーツク文化は北海道のオホーツク海沿岸から千島列島まで領域を拡大して最盛期を迎えながら、同時に大陸の靺鞨《まっかつ》系文化の

大陸製青銅帯金具
枝幸町目梨泊遺跡出土。オホーツク文化。（北海道開拓記念館 2001『知られざる中世の北海道』）

人びとと交易をおこなっていた。

「靺鞨」とは、南北朝から唐代にかけて、中国の北方地域（吉林省・黒龍江省・アムール川流域・沿海地方）にいた人びとの名称だ。

靺鞨系文化からオホーツク文化にもたらされたのは、曲手刀子《まがりてとうす》や耳飾り・帯金具・小鐸《しょうたく》といった金属製の装飾品、ブタなどだった。これに対してオホーツク文化から移出されたのは、考古学的な決め手はないが、『新唐書』流鬼伝の六四〇年の記事に、オホーツク人とみられる「流鬼」が唐に朝貢し、テンの毛皮を献じたとあるので、毛皮がおもな交易品だったと考えられる。

オホーツク文化と大陸の交易の活発化は、七世紀に靺鞨系の人びとが唐へ朝貢をはじめたことと関係している。しかし八世紀後半には大陸産品の流通が激減する。オホーツク文化と大陸の関係は希薄になり、その後のオホーツク人は金属製品の入手を本州側に求めるようになった。これは、靺鞨系の人びとが渤海国《ぼっかい》にとりこまれ、自由な朝貢交易活動が規制されたためだ。

以上の臼杵の説明のなかで興味深いのは、オホーツク文化における交易の活発化と領域の拡大が、たがいに連動していた可能性がみえてきたことだ。

オホーツク人が北海道からさらに千島列島まで進出し、大陸やサハリンからはるかに遠ざかってゆくのと並行して、大陸との交易関係はむしろ強まっていったのだから、このようなオホーツク人の地域展開には、大陸向けの交易品の生産がかかわっていたとみるべきだろう。そこにワシ羽も関与していた可能性を第四章でのべたが、いずれにせよオホーツク人の戦争は、このようなオホーツク人の地域展開のなかで生じたものだったのであり、そこに交易品の生産がかかわっていた可能性が考えられそうだ。

モヨロ貝塚は、ちょうど大陸製品の流通が激減してゆこうとする交易の転換期の村だったことになる。戦争はこの転換をきっかけとしていたのではないか。

棲み分けから侵略へ

短期間のうちに大陸から千島を結ぶ広大な交易網をつくりあげたオホーツク人は、擦文人と同様、自閉的な狩猟採集民などではなく、宝をめぐるノマドだったようだ。そしてオホーツク人の戦いは、この宝が、オホーツク人に欲望のため他者を傷つけ、排除し、屈服させる思想の道を開いてしまった可能性を示している。しかし本章でのべるように、実は擦文人もかれらと同じ道を開いていった。

宝をめぐってこのような思想に転換していったオホーツク人と擦文人は、古代の北方世界でどのような関係にあったのだろうか。本章ではこの点についてみてゆくことにしよう。

オホーツク人と擦文人は同じ狩猟採集民であり、同じ北海道に暮らしていた。両者のあいだに資源の稀少性やテクノロジーをめぐる大きな「差異」はなく、したがって大きな「差異」の表象としての宝はなかったといえる。両者が補完的な関係を構築し、たがいに「共生」すべき理由は基本的になかった。これは、次章でのべる和人とアイヌの関係と決定的に異なる点だ。

オホーツク人と擦文人は、たがいの利害が抵触しないかぎり、異文化としての強い緊張をはらんだまま棲み分けの関係をたもっていた。しかし、宝の入手をめぐって利害が抵触するや、擦文人はためらうことなくオホーツク人の領域へ侵入を開始した。その具体的な姿を、ここでは二つの局面からみてゆくことにしよう。

ひとつは、九世紀末に擦文人によってサハリンとの連絡を絶たれ、北海道に取り残されたオホーツク文化と擦文文化の関係だ。孤立したオホーツク文化は擦文文化と融合し、トビニタイ文化に変容する。かれらは擦文人に追いたてられ、領域を狭めながら同化・吸収されていった。擦文人が同化という「静かな屈服」をどのように強いていったのか、その具体像をみてゆくことにしたい。

さらに、同化したこのトビニタイ人の伝統が、その後のアイヌ文化におよぼした影響についてみてみたい。道東アイヌの形質が他地域のアイヌとは異なっており、そこにオホーツク人の影響を考える説もある。ここでは、アイヌ文化が均質なものではなく、オホーツク文化という異文化に由来する地域性・多面性をもっていたことを近世のアイヌ住居を通して考えてみたい。

もうひとつは、サハリンを舞台としたオホーツク人と擦文人の関係だ。第四章でものべたように、擦文人は一一世紀にサハリンへ進出を開始し、一三世紀にはサハリンで中国の元の軍隊と戦争をおこなっていた。サハリン・アイヌとよばれるアイヌの地域グループがいつ、どのように成立したのか、その原点を明らかにしてゆこう。

2　オホーツク文化の屈服・残存する伝統

アイヌ住居「チセ」の起源

近世アイヌの平地住居はチセとよばれる。カヤ葺きの屋根・カヤ葺きの壁・横から入る入口小屋という構造をもち、大きな地域差はなく、全道どこでも同じようなものだったと一般に考えられている。そしてこのチセはアイヌ固有の建築文化とみなされてきた。

　では、この住居はどのように成立したのか。

　チセは、アイヌがどこからやってきたのかという疑問を解くひとつの鍵として、古くから注目されてきた。そしてその成立については、北方文化の影響を重視する考えが強かった。チセの屋根の骨組みには「ケトゥンニ」とよばれる三脚が組みこまれている。これが北方ユーラシア狩猟民の三脚テントと関連するというのだ。しかし最近では、この三脚構造が南方の住居や縄文文化の竪穴住居にもちいられていたとする指摘があり、北方起源説は揺れている。

秋山郷の民家　大阪民家博物館。（筆者撮影）

　ところで、たまたま鈴木《すずき》牧之《ぼくし》の『秋山記《あきやまき》行《こう》』を読んでいたとき、一八二八年に牧之が越後と信州にまたがる秘境・秋山郷でみた民家がチセにたいへんよく似ているので、驚いたことがある。その秋山の民家がどのようなものかというと、柱は地面に穴を掘って立てた掘立柱で、丸太をそのままもちいている。柱の頭は叉《また》になっており、横木は貫《ぬき》にさしこんで固定するのではなく、縄でしばって固定する。壁は土壁ではなくカヤ葺きであり、内壁には「よしず」をめぐらせていた。床はすべて土間だった。

　調べてみると、宝暦年間（一七五一～六四年）に建てられた秋山の民家が大阪民家博物館に移築されていることがわかり、さっそく調査に訪れた。移築された民家は、やや期待はずれで、柱は掘立ではなく礎石建、それ以外のつくりも牧之がみた住居とはずいぶんちがっていた。だが、カヤ葺きの壁はもちろん、開口部が少ない点などは、やはりチセとよく似ていた。

その後、柳田国男に「アイヌの家の形」という文章があることを知った。その内容は、チセが日本に広く存在した古い時期の住居形式を踏襲するものではないか、というものだ。その指摘は、入口小屋や土間床、カヤ壁など住居の構造だけではなく、炉と主人の座位置の関係、宝を飾り置く習俗とその位置などにもおよんでいる。巨大な記憶のなかから次々類例を重ねてゆく柳田独特の手法で語られるチセと日本の民家の類似は、わずか三頁の短文だが、チセの成り立ちを考えるうえで大きな示唆を与えてくれる。

北の狩猟採集民の「物質文化」は、縄文時代以来、近世にいたるまで、大枠では本州の「物質文化」と共通してきた。もちろん住居もその例外ではなかった。近世の住居チセだけが北方起源ということは考えにくい。柳田の「直感」は信用してよいようにおもわれる。

しかし、そのことを踏まえたうえで私は、チセにはやはり北方文化の影響を色濃くとどめるものがあった、ということを指摘してみたい。

奇妙なアイヌ住居

チセに大きな地域差はなく、全道どこでも同じようなものだった、と一般に考えられていることは先にのべた。

だが、それはあやまりであり、実際には地域差が存在した。

たとえば『蝦夷《えぞ》生計図説《せいけいずせつ》』（一八二三年）によれば、東蝦夷地（知床半島以南のオホーツク海と太平洋に面した地域）のチセには次の三つの種類があったとされる。
ひとつは渡島半島南端の尻岸内《しりきしない》から胆振《いぶり》の白老《しらおい》にかけて分布する「キ・キタイ・チセ」とよばれるカヤ葺き住居、二つめは白老から日高を経て十勝の広尾《ひろお》にかけての「シャリキ・キタイ・チセ」とよばれるアシ葺き住居、三つめは広尾からクナシリ島の「ヤアラ・キタイ・チセ」とよばれる樹皮葺き住居だ。

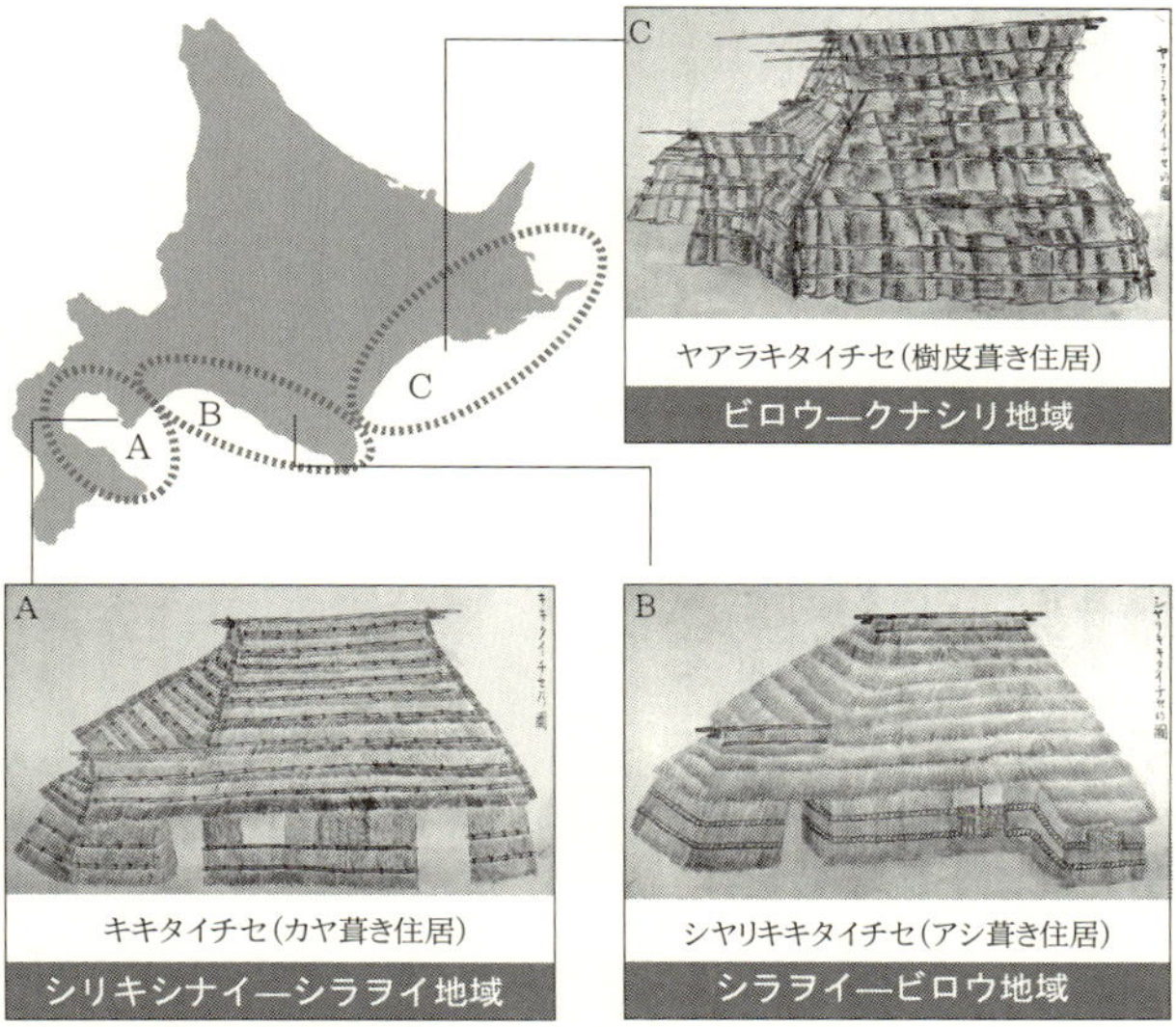

アイヌ住居チセの地域性
太平洋沿岸地域の事例。（河野本道・谷澤尚一解説1990『蝦夷生計図説』北海道出版企画センター）

このうち、道東の十勝からクナシリ島にかけての住居「ヤアラ・キタイ・チセ」は、住居を樹皮でおおう点だけが特異だったわけではなく、図をみてみると、入口小屋を欠き、壁に窓がないなど、他地域のチセとは構造的にも大きく異なっていたことがわかる。その外観はいっけん竪穴住居をおもわせる。

道南から日高にかけての二つの地域のチセは、ただ葺く素材が異なっているだけで、構造的には同一のものだ。そしてこの二つの地域のチセを、柳田が説くように本州の民家の系統とみたとき、道東の「ヤアラ・キタイ・チセ」は、それらとは異質なエキゾチックな匂いを放つものといえるだろう。

探検家の松浦武四郎も、一八五八年に道東内陸の津別町《つべつ》でこのような樹皮葺きのチセをみて、次のような記録を残している。

このあたりの小屋がけの仕方は、石狩あたりとはちがっていて、「サハリンの」「ヲロツコ」や「タライカ」の小屋がけと同じだ。屋根を葺くのにトドマツの樹皮をもちいている。……屋根を葺くには［剝いだ樹皮が］五枚もあれば六、七人用の住居には十分だ（『戊午東西蝦夷山川地理取調日誌』）。

津別のチセがサハリン先住民の小屋と同じという松浦の指摘は興味深い。松浦は一八四六年と一八五六年の二度サハリンを踏査しており、サハリン先住民の住居がどのようなものか、よく理解していた。

さらに同じ年に松浦が根室付近でみた次のチセは、樹皮葺きではないが、構造の点で「ヤアラ・キタイ・チセ」とよく似たものだった。

根室付近のチセは、ほかの地域とちがっていて、窓は入口の上にひとつ開けただけであり、そこから明かりをとっている。このチセは異様で、興味深い（同前）。

屋根に一ヵ所開けられた明かりとり以外、壁にはいっさい窓がなく、また入口小屋を欠くこのチセは、松浦のスケッチをみると、「ヤアラ・キタイ・チセ」同様、竪穴住居をおもわせる外観だ。北海道の隅々まで踏査した松浦だが、異文化の匂いを放つこの道東のチセは、おおいに興味をそそられる存在だったようだ。

これらの例から道東では、太平洋の沿岸にかぎらず内陸をふくめた広い地域で、他の地域にはみられない樹皮葺きや竪穴住居をおもわせる奇妙なチセが存在しており、さらにそれが道東の地域性として認識されていたことがわかる。

針葉樹林帯の建築伝統

ところで、本州農耕民の住居伝統を受け継ぐ擦文文化の住居は、カヤ葺きが一般的だった。しかし、樹皮葺きのものもいくつか確認されている。興味深いことに、その樹皮葺きの竪穴住居の分布は、枝幸《えさし》町ホロナイポ遺跡や遠軽《えんがる》町寒河江《さがえ》遺跡など、樹皮葺きのチセと同じく道東にかぎられる。

北海道教育庁の中田裕香《なかだゆか》は、この擦文文化の樹皮葺き住居について、オホーツク文化の影響を受けたものではないかと考えている。北見市常呂川河口遺跡の火災にあったオホーツク文化の住居では、シラカバの樹皮を屋根の垂木に木の釘で打ち付けた状況が確認されている。たしかにオホーツク文化の住居は樹皮葺きだったようだ。

道東の擦文文化の住居とオホーツク文化の関係をうかがわせる事実は、この樹皮葺きだけにとどまらない。

ひとつは、住居の柱組にもちいる材の樹種だ。

北翔大学の三野紀雄《みののりお》によれば、擦文文化とオホーツク文化の住居にもちいられた「構造材」の樹種には、明らかなちがいが認められる。オホーツク文化の住居では針葉樹が多用されており、火災住居の炭化材をサンプリングしてみると、針葉樹の出現率は平均二〇~三〇%になる。この出現率が高いか低いかは比較の問題ということになるが、擦文文化の住居構造材では基本的に〇%だ。トネリコ属やコナラ属といった広葉樹が使用され、針葉樹をもちいることはない。

ところが、道東の擦文文化の集落である枝幸町ホロナイポ遺跡と同ウエンナイ2遺跡では、住居の構造材に針葉樹が使用されている。とくにホロナイポ遺跡では針葉樹が構造材の九割も占める。これは広葉樹に強い選択性を示す擦文文化の住居のなかでは、きわめて異質だ。

この事実が、道東には針葉樹が多かったことを示しているのかといえば、そうではない。

道東のオホーツク海沿岸をあるくと、海岸砂丘上には擦文やオホーツク文化の遺跡が点在し、いまもなお竪穴住居が埋まりきらず、往時を彷彿させる景観を楽しむことができるが、そうした遺跡を見学する際、ぜひ周囲の樹木にも注目してほしい。どの遺跡も広葉樹におおわれていることがわかるはずだ。

もちろん、これらの林のほとんどは二次林だが、擦文文化のホロナイポ遺跡では、花粉分析の結果でも、イタヤカエデ・シラカバ・ミズナラといった広葉樹林の環境にあったことが明らかになっている。つまり遺跡周辺に針葉樹が多かったため、やむをえずこれを使用したわけではなかったのだ。そこで三野は、ホロナイポ遺跡の住人がわざわざ離れた場所で針葉樹を伐採し、運びこんで利用していたと考えている。このホロナイポ遺跡の擦文文化の住居では樹皮葺きも確認されている。

サハリンの針葉樹林帯で成立した、針葉樹と樹皮を多用するオホーツク文化の建築伝統が、道東の擦文文化の住居に取り入れられていた可能性は、たしかに考えられそうだ。

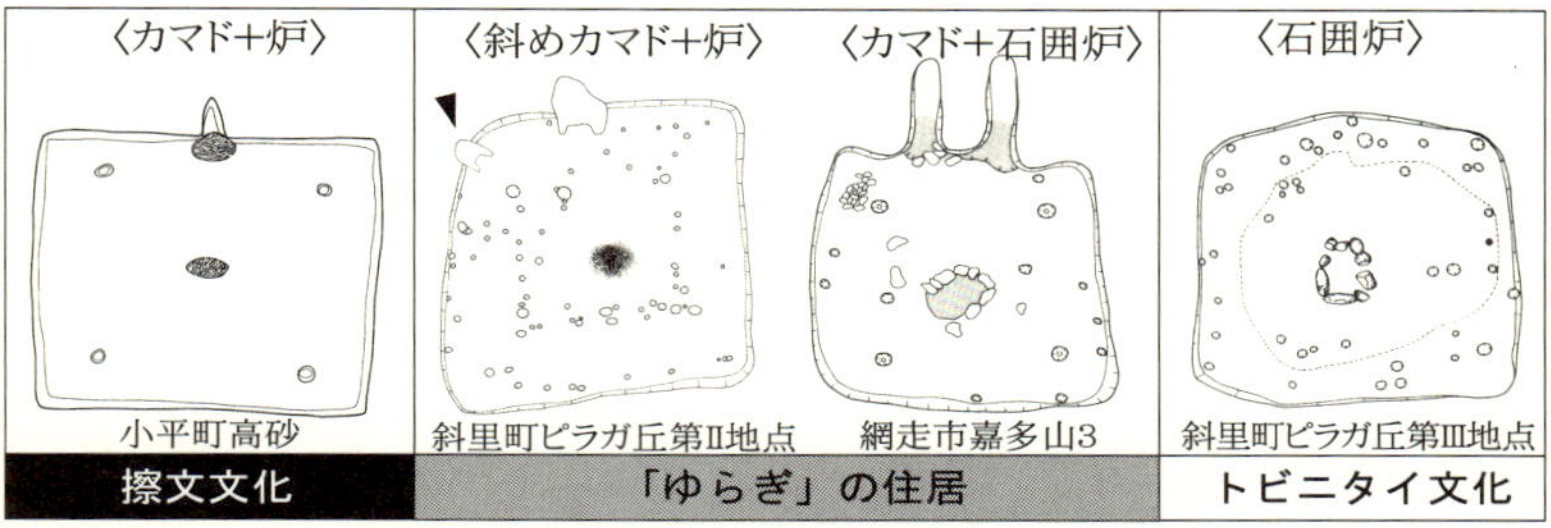

擦文文化とトビニタイ文化のあいだに生じた「ゆらぎ」の住居

同化されたオホーツク人のアイデンティティ

道東の擦文文化の住居と、オホーツク文化の関係をうかがわせるもうひとつの事実は、石囲炉《いしがこいろ》だ。

擦文文化やオホーツク文化の住居には炉がある。擦文住居の炉は石で囲わないが、オホーツク住居の炉は石で囲っており、これが特徴といえる。ところが北見市常呂川河口遺跡と網走市嘉多山《かたやま》3遺跡でみつかった擦文文化の住居は、石囲炉をもっていた。これはオホーツク文化との関係をぬきにしては、まったく理解しがたい事実なのだ。

石囲炉や樹皮葺き、針葉樹の使用など、オホーツク文化が道東の擦文文化に強い影響をおよぼしていたのは、ほぼまちがいないようだが、擦文文化とオホーツク文化は時間的に共存していたわけではない。道東に擦文人が進出したのは、オホーツク文化がトビニタイ文化に変容した九世紀末以降のことだ。したがって、道東の擦文住居にみられるオホーツク文化の影響は、その末裔であるトビニタイ人の住居から入ってきたことになる。

オホーツク住居の平面形は五角形や六角形の特徴的な形状をしていたが、トビニタイ住居は擦文住居と同じ四角形になった。しかし、擦文住居の大きな特徴であるカマドと四本柱はなく、オホーツク文化から受け継いだ石囲炉をもっていた。柱組や屋根についてはよくわかっていないが、オホーツク住居から樹皮葺きと針葉樹利用の伝統も受け継いでいたにちがいない。

トビニタイ文化が占拠していた網走から道東太平洋沿岸に進出した擦文人の住居をみると、先にのべた石囲炉をもつもののほか、擦文住居では壁の中央にあるはずのカマドを、住居の角に斜めに据えつけたものなど、奇妙な例がしばしばみられる。この「斜めカマド」は、枝幸町ウエンナイ・斜里町ピラガ丘・白糠《しらぬか》町和天別《わてんべつ》遺跡でみつかっている。こうした奇妙な擦文住居は、擦文文化に同化したトビニタイ人の住居であり、擦文文化とトビニタイ文化のあいだに生じた「ゆらぎ」といえそうだ。

総合地球環境学研究所の大西秀之《おおにしひでゆき》は、道東の擦文土器には、一般の擦文土器と微妙に異なる模倣の擦文土器が少なくないと指摘している。この模倣土器も、擦文文化に同化したトビニタイ人の「ゆらぎ」だったのだろう。

擦文文化に同化したトビニタイ人のアイデンティティが、石囲炉や斜めカマドなど多様なかたちであらわれるのは、同化の過程が一様ではなかったこと、つまり同化が組織的に進行したのではないことを示している。

受け継がれた北回りの農耕文化

トビニタイ文化は、このような建築伝統にとどまらず、大陸系の農耕文化も擦文文化にもたらしていた。

北海道開拓記念館の山田悟郎《やまだごろう》によれば、オホーツク文化では農耕がおこなわれており、住居からはオオムギ・アワ・ヒエが出土する。このうちオオムギは形状が太く短いもので、大陸沿海州《えんかいしゅう》の初期鉄器文化から金代の遺跡で出土するものと特徴が一致する。一方、擦文文化の遺跡から出土するオオムギは形態が細長く、本州の平安時代の遺跡から出土するものと特徴が一致する。つまり北回りの農耕文化と南回りの農耕文化が古代の北海道で共存していたわけだ。

ところがトビニタイ文化の同化がはじまる一〇世紀以降、道東などの擦文文化の遺跡から出土するオオムギには、オホーツク文化のタイプがみられるようになる。このことは、トビニタイ人の同化によって北回りのオオムギが擦文人に受け継がれたことを示している。とすれば、ひとりオオムギが伝えられたとみるよりは、ほかの栽培植物や栽培方法などオホーツク文化の農耕コンプレックスが一体で伝えられたと考えるのが自然だろう。

擦文文化では活発な農耕がおこなわれていたが、その農耕文化は本州からもたらされたものにとどまらず、オホーツク文化を経由した北回りの農耕文化も加わって、多様な実態をみせていたようだ。

「擦文化」の三つの画期

では、トビニタイ人と擦文人の同化は具体的にどのように進行したのだろうか。

擦文文化は完全な鉄器文化だが、トビニタイ文化が擦文文化と接触しながら鉄器化が完了するまでにはしばらく時間がかかった。つまりトビニタイ人は、隣人である擦文人から容易に鉄器を入手できる関係ではなかったのだ。トビニタイ人と擦文人の関係は基本的に疎遠なものだったとみてまちがいない。

では、その親密とはいいがたい隣人を、擦文人はどのように同化していったのか。

この点にかんしての議論の蓄積はほとんどない。また、手がかりといっても土器と住居しかない

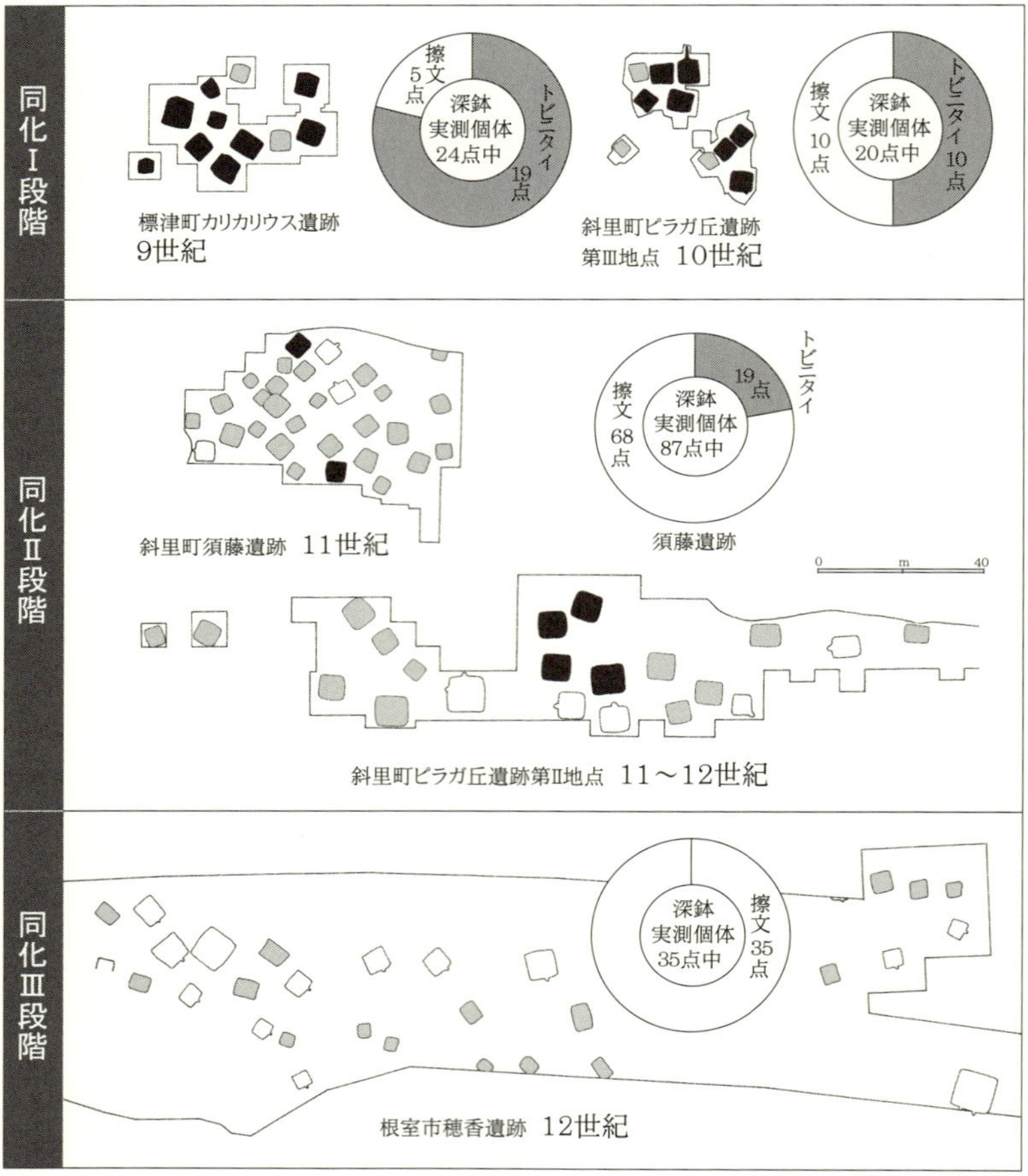

トビニタイ文化における「擦文化」の３段階

● オホーツク文化伝統が強いトビニタイ型住居（石囲炉をもつ住居。石囲炉があったと推定される住居を含む）

▢ トビニタイ型の住居（地床炉をもつ住居）

□ 擦文文化型の住居（カマドをもつ住居）

が、ここでひとつの仮説を示してみたい。少しこみいった話になるが、物質文化から社会を復元してゆくひとつの試みとしてみてもらいたい。

私は、トビニタイ人が「擦文化」してゆく過程に三つの段階を考えている。同化の第Ⅰ段階は、地域によって差はあるが、時代的には九世紀末から一〇世紀だ。村のなかでは、四角の平面形で石囲炉をもつトビニタイの住居が大半を占めるが、石囲いをしない炉の住居も混じる。土器をみると、擦文土器の影響を受けたトビニタイ土器が主体を占めるが、オホーツク文化そのものの土器と擦文土器も混じる。トビニタイ土器の割合は全体の五〇％以上だ。

同化の第Ⅱ段階は、地域によって差はあるが、一一世紀から一二世紀だ。オホーツク文化の伝統である石囲炉の住居は少数になり、かわって石囲いしない炉の住居が主体を占める。さらに、カマドと四本柱をもつ擦文住居がみられるようになる。土器ではトビニタイ土器と擦文土器が混じるが、主体は擦文土器で、トビニタイ土器の割合は全体の五〇パーセント以下になる。

同化の第Ⅲ段階は、地域によって差はあるが、一二世紀だ。住居では、石囲炉の住居はもはやみられなくなり、石囲いしない炉の住居とカマドをもつ擦文住居がほぼ半々になる。土器はすべて擦文土器であり、トビニタイ土器はみられない。

では、この住居と土器のありかたは、いったいなにを意味しているのだろうか。

同化のⅠ段階からⅢ段階への変化を、土器と住居に分けて図式化してみた。黒はオホーツク文化の伝統、白は擦文文化の伝統であり、灰色の濃い・薄いは両方の文化の影響の強さを示している。

この図からみえてくるのは、トビニタイ人の「擦文化」が、土器に比べて住居では遅く進行していることだ。そこには一段階の差がある。このズレはなにを意味するのか。

土器づくりが擦文化する背景には、土器のつくり手であった女性がかかわっていたとみるべきだろう。具体的には、トビニタイの村における擦文土器の出現は、擦文女性が婚入してきたことを意味すると考えられる。一方、住居づくりが擦文化する背景には、住居のつくり手であった男性の婚入がかかわっていたはずだ。というのも、トビニタイ住居と擦文住居は、平面形は同じ四角だが、カマドの有無だけでなく柱の位置や数も異なっており、したがって構法や間取りまでまったく異なるものだったからだ。トビニタイ住居は、たんにカマドのない擦文住居というわけではなかった。

つまり擦文化のズレは、トビニタイの村への擦文女性の婚入と擦文男性の婚入が、ズレをもって進行したことを示しているのだろう。

静かな屈服の戦略

では、なぜ男女の婚入の開始にズレがあったのか。

多くの先住民社会と同様、擦文人にとってもおそらく女性は一種の交換財だっただろう。トビニタイ社会とのあいだに関係を構築し、そこへ食いこんでゆくため、おそらく擦文人は当初、トビニタイ社会に女性を婚入させたのだとおもわれる。女性が贈与されたとすれば、トビニタイ人にとってこの喜ばしい贈り物を拒否する理由はなかった。

婚入した女性たちはトビニタイの村で擦文土器をつくった。土器づくりは女性から女性に受け継がれてゆく文化であり、みずからのアイデンティティでもあったからだ。これによって、トビニタイ土器にまじって擦文土器がみられることになったが、カマドつきの擦文住居をつくる人間はまだいない。ただし擦文文化の影響を受け、炉に石囲いをしない住居が増えてゆく。これが同化の第Ⅰ段階だ。

　擦文社会もトビニタイ社会も、アイヌ社会と同様に男は父系、女は母系でたどられる双系的な社会だったとすれば、擦文女性とトビニタイ男性のあいだに生まれた子供たちのうち、娘には母のアイデンティティである擦文土器づくりが継承されただろう。だが、この伝承の過程で文様のほどこし方など細部がオリジナルと微妙にちがってゆくことは当然ありえた。「ゆらぎ」の土器は、こうして同化の第Ⅱ段階で生じたのだろう。擦文社会からの女性の混入は続いており、これにハイブリッドの土器づくりも加わって、村の土器は擦文土器が主体を占めるようになった。

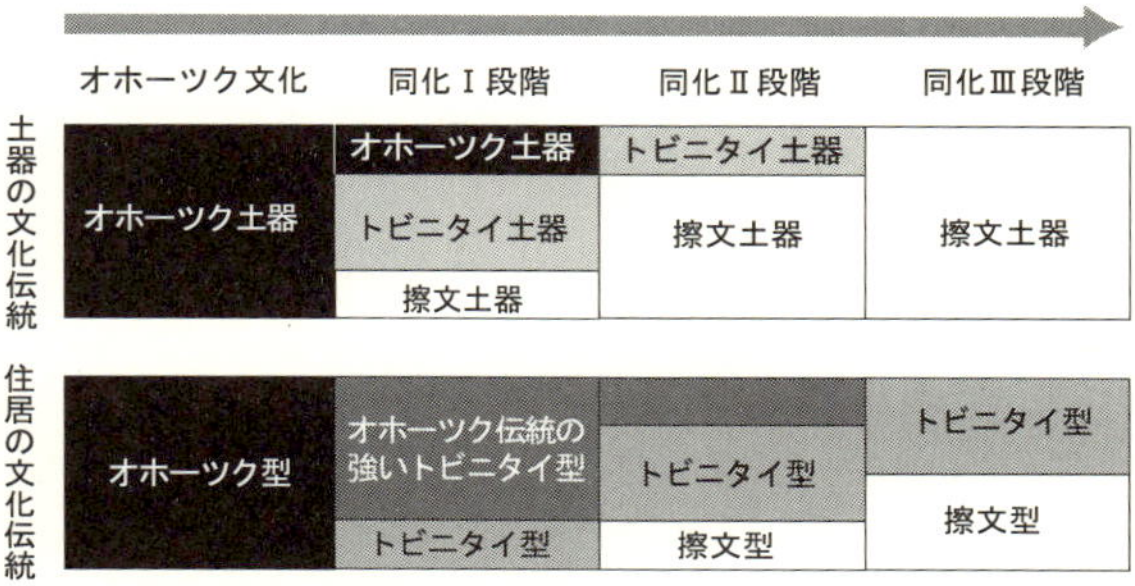

トビニタイ文化の「擦文化」模式図

　この同化の第Ⅱ段階では、トビニタイ社会への男性の婚入もはじまった。擦文女性の婚入によって擦文社会との交流が拡大してきたため、擦文男性の受け入れを拒否することはもはやできなかったのかもしれないが、擦文人を母にもつハイブリッドの女性の存在が、擦文男性の婚入の前提だった可能性もある。擦文女性は異文化の男性とも婚姻が可能であるが、男性は同じ擦文人のアイデンティティをもつ女性でなければ婚姻できなかったのかもしれない。異文化の人間と婚姻関係を結ぶ場合、一種の交換財であった女性と男性では、まったくちがった原理が働いていた可能性がある。

　婚入した擦文人の男はカマドつきの擦文住居をつくったが、それはまだ少数で、主体はカマドのない住居だ。オホーツク文化伝統の石囲炉の住居はもはや少数派になった。

次に同化の第Ⅲ段階では、擦文女性の婚入がはじまってかなりの時間がたち、ハイブリッドの土器づくりも増えたため、トビニタイ土器をつくる人間はすでにいなくなった。さらにオホーツク伝統の石囲炉の住居ももうつくられないため、この段階の村はいっけん擦文人の村にみえる。ただし、カマドのない住居がまだつくられており、擦文住居と混在している。このトビニタイ系の住居は、平面形がやや長方形に近いという特徴もある。

カマドのない住居がみられなくなったとき、もはや擦文人の村と区別できない。これが次の段階であり、すなわち同化の完了を意味する。

同化の三つの段階は以上のように説明できる。今後、発掘調査が進展するなかで、この仮説の当否が検証されてゆくはずだ。そして、もしこの仮説がある程度の事実をいいあてているとすれば、そこにはトビニタイ文化を静かに取りこんでゆく、擦文人のしたたかな同化の「戦略」を読みとることができるだろう。

3　サハリン・アイヌの成立

古相の文化をもつ人びと

サハリンにアイヌが住んでいた――この事実自体、あまり知られていないかもしれない。

北海道のさらに北に暮らすアイヌの実態が日本側に知られるようになったのは、ようやく一九世紀になってからだ。一九世紀初頭、サハリンに住むアイヌの人口は二一〇〇人を数えた。アイヌの地域集団としては一大勢力だったといえる。その居住はサハリン南部の北緯五〇度付近までおよんでいた。

しかし、サハリンを日本の領土として放棄することを定めた一八七五年の樺太・千島交換条約にともなって、八四一名のサハリン・アイヌが北海道の石狩川河口に近い対雁《ついしかり》に強制移住させられた。かれらの半数は劣悪な環境のもとで病死した。その後、日露戦争終結までのあいだにサハリンを去ったアイヌは人口の半数以上にのぼったといわれる。

一九〇五年のポーツマス条約によって、サハリンの五〇度以南はふたたび日本の統治下にはいったが、一九四五年の日本の敗戦にともなって、ほとんどすべてのサハリン・アイヌが北海道に移住させられた。

サハリンを経てアムール川下流域まで調査した幕吏の間宮林蔵《まみやりんぞう》によれば、このサハリン・アイヌは、犬ソリやスキー、ミイラづくりなど北海道本島のアイヌにはない固有の文化をもち、北海道のアイヌに比べて髭が薄いといった形質的な差異をみせていた（『北夷分界余話《ほくいぶんかいよわ》』）。

サハリン北部からアムール川河口にかけての地域には、オホーツク人の後裔と考えられる漁撈・海獣狩猟民のニブフが居住しており、またサハリンの北部東海岸ツンドラ地帯には、トナカイ飼養民のウィルタが展開していた。サハリン・アイヌはこのような先住民と接触するなかで文化変容を遂げていたようだ。

これ以外にも、サハリン・アイヌには古相の文化をもつという特徴がみられた。かれらは冬の家として竪穴住居を使用し、鍛冶をおこない、土器（土鍋）を製作していたが、これらはいずれも北海道

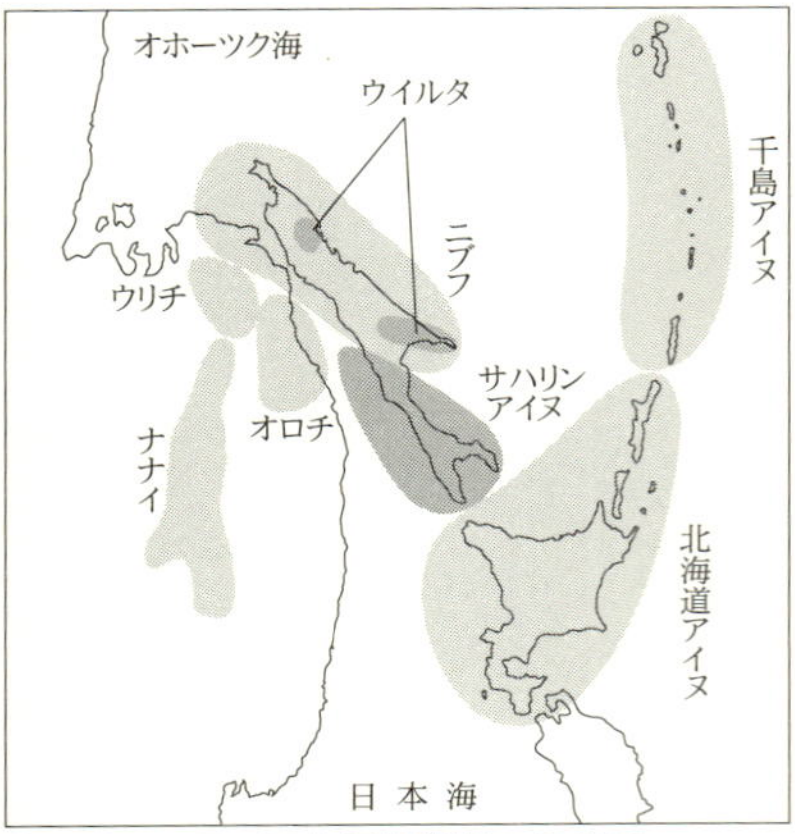

サハリン・アイヌと周辺地域の先住民
1940年以前の状況。（大塚和義2004「樺太アイヌ民族誌」『樺太アイヌ民族誌』展図録）

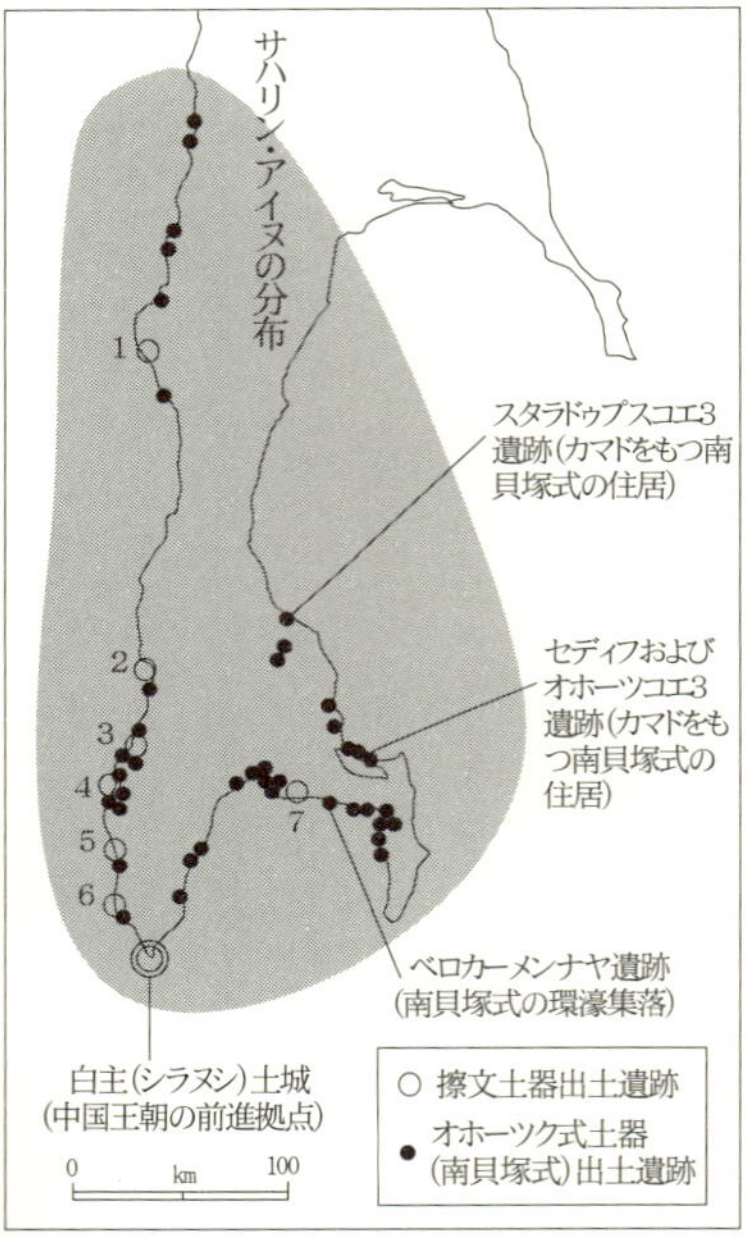

サハリンの擦文土器出土遺跡
1オルロヴァ　2チャイキノ　3ザヴェトイ・イリチャ　4ネヴェリスクII　5クズネツォヴォI　6セヴェルヌイ・クリリオン　7トレチャ・パージ
左は6の遺跡出土（サハリン州郷土博物館蔵、筆者撮影）

では中世のあいだに失われた古い文化だ。このような事実からみて、アイヌのサハリン進出が近世以前にさかのぼるのはまちがいない。

ただし、古代のサハリンは基本的にオホーツク文化の領域だった。したがってサハリン・アイヌ成立の鍵を握っているのは中世ということになる。

サハリン・アイヌの成立はどこまでさかのぼるか

中世のサハリンにおけるアイヌの動向は、中国史料をもちいた函館高専の中村和之の研究によって明らかになってきている。

それによれば、サハリンにアイヌ（中国史料では「骨嵬《クイ》」）が進出したのは一三世紀半ばだ。かれらの進出は、在地のオホーツク人の後裔のニブフ（中国史料では「吉里迷《ギレミ》」）と対立を生じた。

対立の具体的な原因は、第四章でものべたように、アイヌがニブフの「打鷹人」を虜にしようとしたことにある。元《げん》の王室はタカの捕獲・飼育をおこなう打鷹人をおいていたが、元に服属していたサハリンのニブフのなかにも、この打鷹人になっている者がいたのだ。アイヌがこのニブフの打鷹人を虜にすることは、結果として元のサハリン支配に反旗を翻すことを意味していた。

そこで元はサハリンへ派兵し、一四世紀初頭まで長期にわたってアイヌの北上を阻止していた。元の軍事行動がサハリンのアイヌを一掃したわけではないようだが、サハリンが本格的にアイヌの居住圏となったのは、元の影響力が後退する一四世紀半ば以降のことだろうという。

この元とアイヌの対立をめぐって現在、注目されているのが、サハリン南端のクリリオン岬にある白主土城《しらぬしどじょう》だ。一辺一〇〇メートルの方形に土塁と溝を配している。

中村は、元の史料にでてくるアイヌのサハリン渡海の前進拠点である「果夥《クオフオ》」を、クリリオン岬にあてる。そして、そのクリリオン岬にあって古くから知られている白主土城を、宗谷海峡を渡ってくるアイヌを阻止し、また同時に朝貢交易をおこなうため、元が拠点として築いた施設ではないかと考えている。

最近、この白主土城の発掘調査がおこなわれ、土塁が版築《はんちく》という大陸側の技術で築かれていることが判明した。このことによって、これが元の施設である可能性は一気に高まった。今後の調査によって元の施設であることが確実になれば、白主土城は中世アイヌの対外進出を象徴するモニュメントとしても、大きな意味をもつことになるだろう。

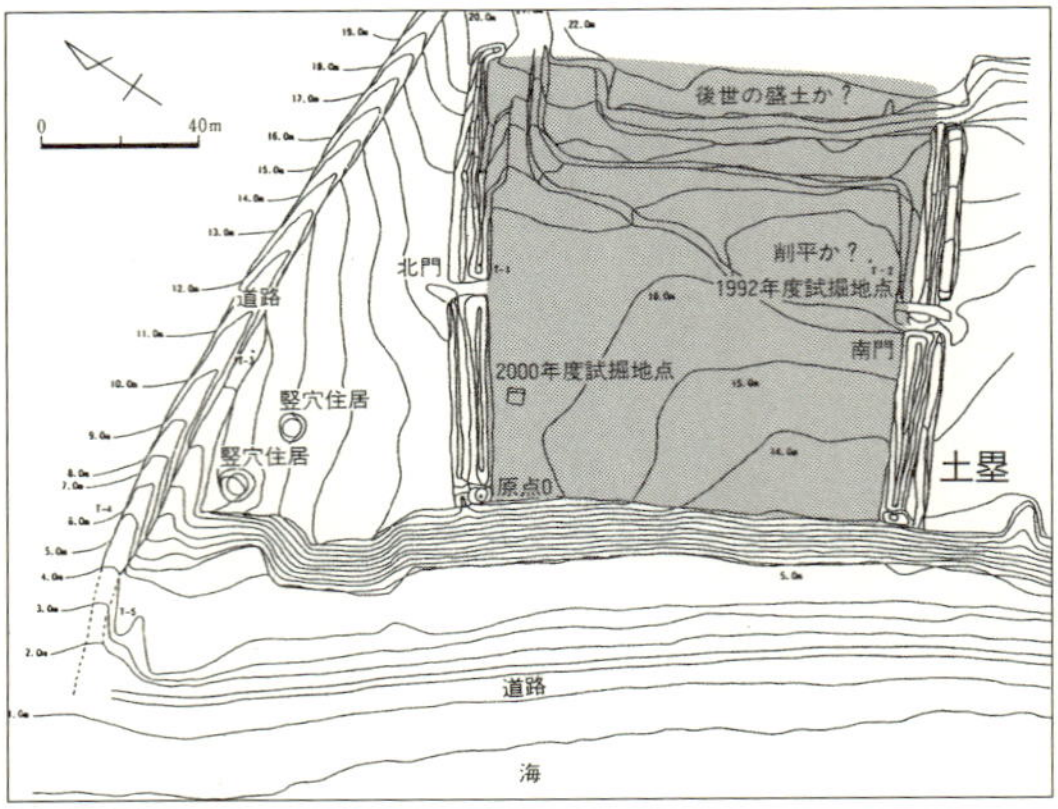

白主土城
（前川要2007「白主土城の発掘調査」『北東アジア交流史研究』塙書房）

ところで中村は、アイヌ排除のために動員された元の軍隊が一万人という大きな規模であったことから、渡海してくるアイヌだけではなく、一三世紀以前からすでに、サハリンに住みついていた北海道の人びとが多数いたのではないかという。一三世紀以前といえば北海道では擦文文化だ。サハリンに擦文人は進出していたのだろうか。サハリン・アイヌの成立をめぐる議論の焦点は、いまやこの点に絞られつつある。

実は、サハリンでは出土しないと考えられてきた擦文土器が、最近、ロシア側の研究者によって報告されるようになってきた。また、サハリンのオホーツク住居のなかに、擦文住居の特徴であるカマドをもつものの存在も明らかになってきた。大半の研究者はそれでもなお、擦文土器はたまたまサハリンに持ちこまれたものであり、擦文人のサハリン進出はなかったと考えているが、はたしてそうだろうか。

古代サハリンの状況

このことについてのべるまえに、古代サハリンの考古学的状況をごく簡単にみておくことにしたい。中世の考古学的状況については、残念ながら北海道と同じく不明な点が多い。

古代のサハリンではオホーツク文化が展開していた。このオホーツク文化の集団は、サハリン北部に居住するニブフの祖先と考えられるが、形質人類学ではアムール川下流域のウリチとよばれる人びととの類縁とする説もある。海獣狩猟や漁撈活動を活発におこない、またイヌやブタを飼育しながら、大陸のアムール川流域の集団と密接に交流をおこなっていた。

サハリンからは、オホーツク文化に先行する鈴谷式文化の集団が四世紀代から北海道への南下をはじめていたが、七世紀以降、北海道に南下していたグループが北海道固有タイプのオホーツク土器を生みだし、これと並行してサハリンでも独自の個性をもったオホーツク土器が成立していった。この七世紀から土器文化終焉の一二世紀末～一三世紀初頭にかけて、サハリンのオホーツク土器がどのような変遷をたどったのか十分に把握できていなかったが、最近、東京大学の熊木俊朗が次のように編年している。

熊木はまず、北海道のオホーツク土器を「十和田期《とわだ》」（五～六世紀）・「刻文期《こくもん》」（七世紀初頭～中葉）・

「沈線文期《ちんせんもん》」（七世紀後葉〜八世紀前葉）・「貼付文期《はりつけもん》」（八世紀中葉〜九世紀中葉）・「トビニタイ期」（九世紀後葉〜一三世紀ころ）に分類したうえで、サハリンでは刻文期前半に「江《え》の浦《うら》式1類」、後半に「江の浦式2類」、沈線文期からトビニタイ期のはじめころ（九世紀末ころ）に「江の浦式3類」、そしてそれ以降のトビニタイ期に「南貝塚式《みなみかいづか》」の土器群が並行していたとする。

サハリンと北海道のオホーツク土器の地域差が拡大してゆくのは、七世紀中葉ころの江の浦式2類であり、それ以降、時期が降《くだ》るほど地域差は大きくなっていったという。

このうちサハリンから出土する擦文土器と並行関係にあったのは南貝塚式だ。南貝塚式土器の分布はサハリン南部が中心で、北限は北緯五〇度付近とされるが、この分布がサハリン・アイヌの分布とほぼ同じであることは興味深い。というのも、この事実は、サハリン・アイヌが南貝塚式オホーツク人のテリトリーをそっくり奪いとったことを示唆するからだ。

この北緯五〇度より北は東多来加《ひがしたらいか》式土器の文化圏とされるが、北部の状況についてはまだよくわかっていない。サハリンのオホーツク文化はこの南貝塚期で終わり、土器は鉄鍋と椀におきかわったとみられている。

擦文人のサハリン渡海

第二次大戦前のサハリンでは、日本人の研究者や愛好家によって考古学的な調査がいくらかおこなわれていた。しかし、その資料のなかに確実に擦文土器として報告されたものはなかった。そのため北海道の考古学では、サハリンで擦文土器が出土することはないだろう、と考えられてきた。北海道に南下していたオホーツク人と擦文人が、親密とはいいがたい関係にあったとみられることも、そうした見方を後押ししていた。
しかし、一九八九年に元北海道開拓記念館の野村崇《のむらたかし》がサハリン教育大学（当時）所蔵資料のなかから擦文土器を発見し、さらにこの報告を受けたサハリン州郷土博物館のミハイル・M・プロコフィエフらロシア側の研究者がただちにサハリンの擦文土器の集成と報告をおこなった。これによって明らかにされたサハリンの擦文土器は、私がサハリンであらたに確認したものもふくめて、七遺跡一八点を数える。

この擦文土器の出土遺跡は、サハリンの南端から直線で三〇〇キロ北の地点にまでおよんでいる。その分布は現在までのところ西海岸に偏っているが、サハリン・アイヌの分布とほぼ重なっている点に注目したい。

サハリンでこの擦文土器をみる機会をえたが、それらは一一世紀前半の日本海北部の土器が大半を占めていた。こうした知見をもとに私は、一一世紀以降、道北日本海沿岸の人びとが中心になってサハリンへ渡海し、コロニーを設けていた可能性を論じてきたが、擦文人はサハリンに渡っていなかったとする反対意見がいまだに根強い。この反対意見の根拠がどのようなものかといえば、みつかっている土器や遺跡が少ない、擦文住居がまだみつかっていない、という二点に集約できる。

たしかに、サハリンの擦文土器の出土遺跡は七ヵ所にすぎない。だが、一九九五年の段階で確認されている南貝塚式土器の出土遺跡をみると、サハリン全土でわずか四二ヵ所だ。南貝塚人はサハリンの在地住民だが、そのかれらの遺跡でさえ、確認されているのはわずかそれだけなのだ。擦文土器のみつかった遺跡は南貝塚の遺跡数の二割にあたる。これを微々たる数とはいえないだろう。

またその南貝塚式土器にしても、多くは戦前に日本人研究者が採集した断片的な資料にすぎないし、その住居についても、ようやく最近発掘調査がおこなわれるようになって、それがどのような住居だったのか明らかになってきたところなのだ。

さらに、ロシア側で収蔵する資料のなかから擦文土器をみつけて報告したのが、日本の研究者ではなく、擦文土器になじみのないロシアの研究者であることを考えれば、サハリンの擦文土器の出土はむしろきわめて高率というべきだろう。その分布域の広さからみても、擦文人の漂着者がたまたまサハリンに残したもの、といった説ではまったく理解できないのだ。

オホーツク住居のカマドはどこからきたか

土器以外にも擦文人のサハリン渡海を示唆する資料はある。それはカマドだ。

オホーツク文化の竪穴住居は、先にのべたように五角形または六角形の特徴的な平面形をもち、床の中央には石囲炉があるが、カマドはない。このようなオホーツク住居の特徴は、サハリンでも北海道でも共通している。

しかしサハリンで発掘がさかんになってくると、この五～六角形のオホーツク住居にカマドをもつものが次々と報告されるようになってきた。このカマドは擦文住居の特徴であり、もともとは本州農耕民の住居に由来するものだ。

カマドがみつかっているのは、現在のところセディフ1遺跡・オホーツコエ3遺跡・スタラドゥプスコエ3遺跡の三ヵ所を数える。セディフ1遺跡では、四軒の南貝塚の住居のうち二軒でカマドが確認された。住居はいずれもオホーツク文化特有の五角形だが、カマドは角の部分に斜めに設けられている。オホーツコエ3遺跡では、調査された八軒中七軒の竪穴住居にカマドが確認され、そのうち四

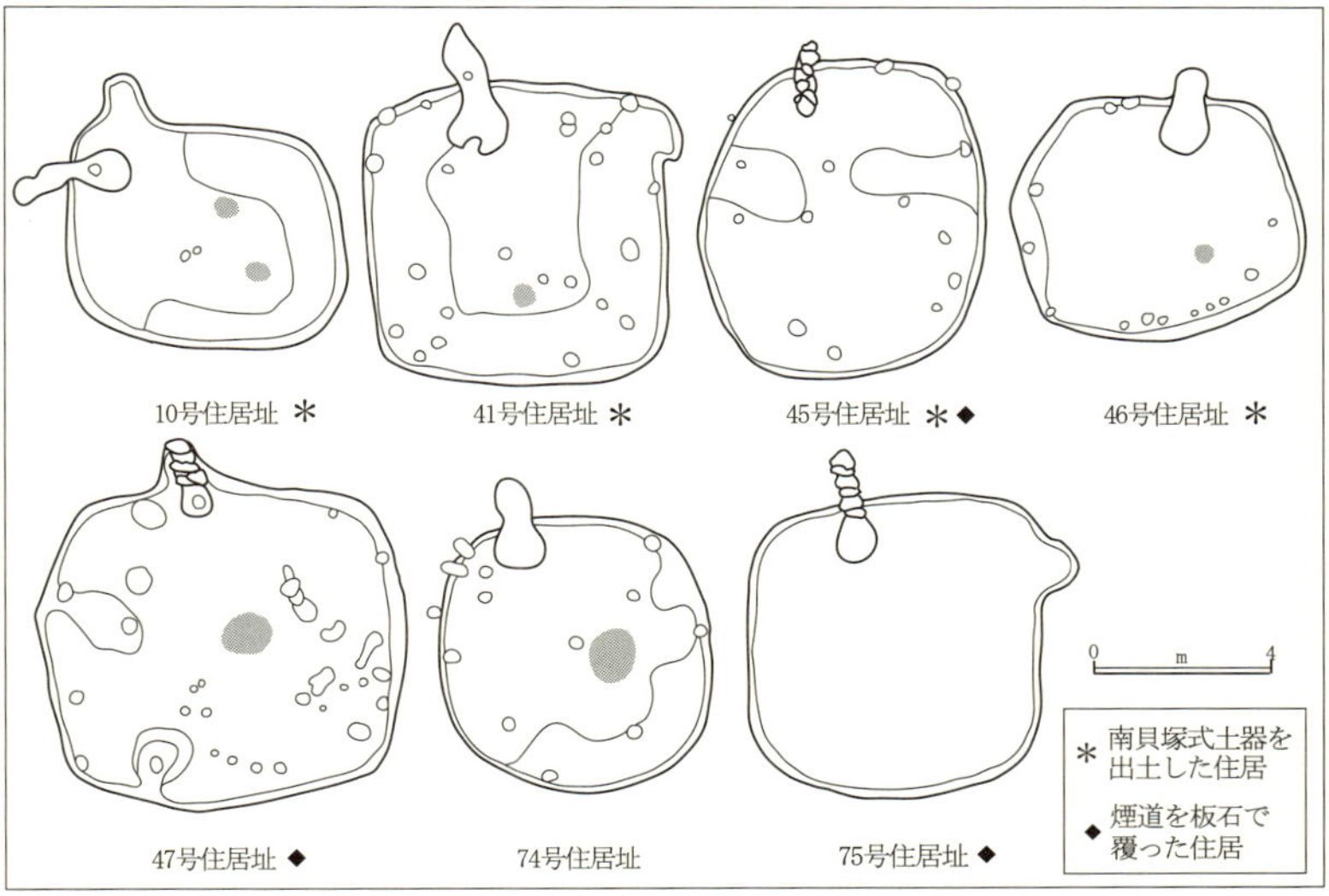

サハリン・オホーツコエ３遺跡のカマドをもつ住居

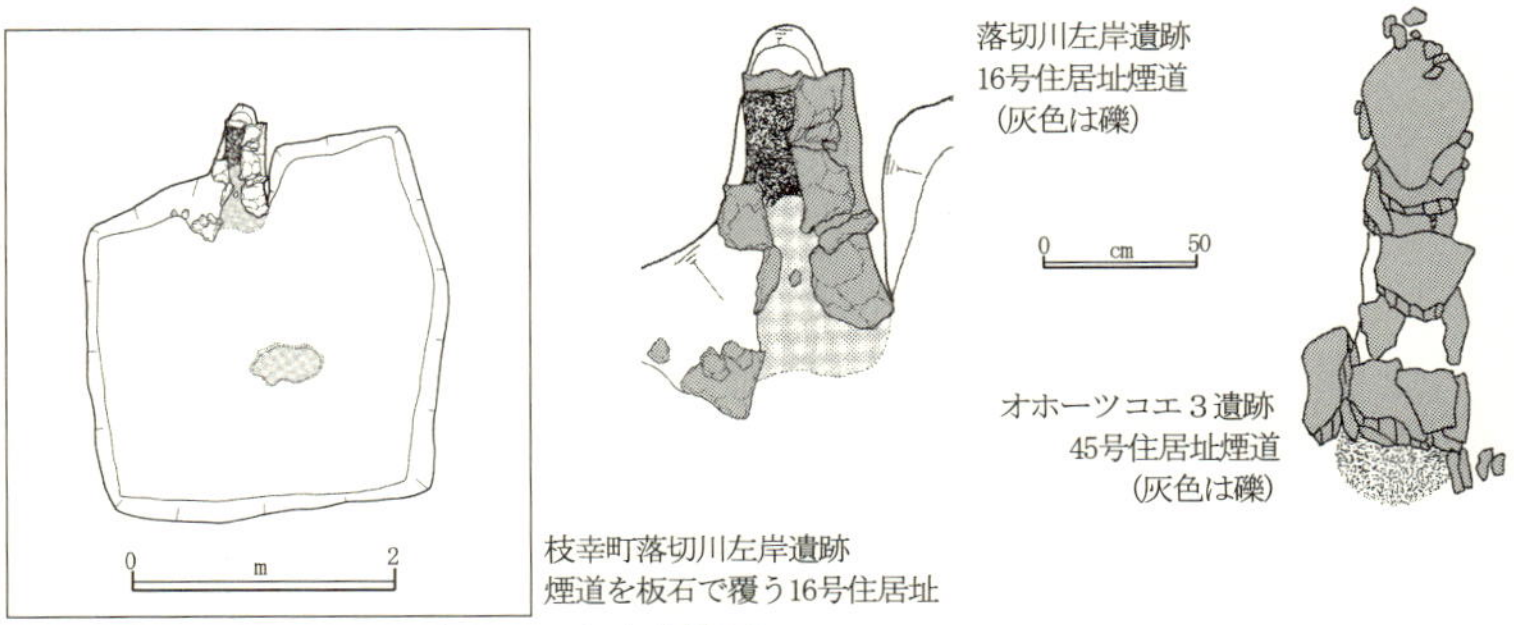

カマドをもつサハリンのオホーツク文化住居
（オホーツコエ３遺跡はShbina, O.A. 2004。落切川左岸遺跡は枝幸町教育委員会1999『落切川左岸遺跡』）

軒が南貝塚期とされる。竪穴はいずれもオホーツク文化特有の五～六角形だ。サハリンの発掘調査の進展状況を考えると、カマドをもつ南貝塚住居の発見はかなり高率といえる。

私は、このカマドを擦文人からの影響と考えているが、これに対しても反対意見がある。その根拠は、南貝塚住居のカマドが石を多用しており、こうした手法は北海道の擦文住居にはみられないという点にある。

しかしこれはあやまりだ。カマドの煙道を石でおおう手法は、青森では大鰐町《おおわにまち》砂沢平《すなざわたい》・碇ヶ関《いかりがせき》村永野《ながの》・浪岡町松山《なみおかまちまつやま》・南郷《なんごう》村砂子《すなこ》遺跡などで確認されていて、東北北部では珍しいものではないし、北海道でも小樽市チブタシナイ・余市町大川など擦文前期の遺跡でみつかっている。

問題は、南貝塚の住居に影響を与えたはずの擦文後期の住居に、カマドの煙道を石でおおったものがみられないことだ。しかし、カマドの煙道に石が一部残っていて、こうした手法があったと推測される例はいくつかある。たとえば、一一世紀代の網走市嘉多山3遺跡一号住居、北見市常呂川河口遺跡四三号住居などがそうだ。カマドの石はしばしば再利用されるから、完全にすべての石が残っているものはなかなかない。しかし、報告書をひっくり返していて、石が完全に残っている擦文後期の住居をようやくみつけることができた。一一世紀代の枝幸町落切川《おちきりがわ》左岸遺跡一六号住居がそれだ。反対説の根拠はなくなったといえるだろう。

文化受容の「クセ」

ところで面白いのは、サハリンのオホーツク住居のなかに、擦文人に同化された北海道のトビニタイ人がつくっていたのと同じ、奇妙な「斜めカマド」がみられることだ。

「斜めカマド」は本州の古代住居でも一部みられるが、先にのべたように、北海道では枝幸町ウエンナイ・斜里町ピラガ丘第二地点・白糠町和天別遺跡でみつかっており、いずれも擦文文化に同化したトビニタイ人の住居と考えられる。つまり「斜めカマド」は、オホーツク人がカマドを受容する際に共通してみせる「クセ」のようなものだったのだろう。

ただし、枝幸町ウエンナイ遺跡の「斜めカマド」住居の住人は、実はトビニタイ人ではなく、サハリンから北海道に渡海した南貝塚オホーツク人そのものだった。なぜそれがわかるのかというと、この住居から出土した土器のうち現存する二個は、一個がサハリンの南貝塚式土器なのだ。もう一個の擦文土器も、オホーツク土器に特徴的なナデの手法で仕上げたものであり、色調など全体の印象はオホーツク土器そのものだから、南貝塚人の手になる「ゆらぎ」の擦文土器と考えられる。

冬の家のルーツをさぐる

サハリンのオホーツク人の住居にカマドがかなり普及していた可能性がみえてきた。擦文人と南貝塚人の交流は、局所的で小規模なものにはとどまらなかったようだ。擦文人がサハリン南部の広大な地域に土器という足跡を残している以上、その集落がサハリンにあり、南貝塚人との直接的な交流のなかでカマドを伝えたと考えるのが、むしろ自然だろう。

実は、これ以外にも擦文人のサハリン定住を示唆する資料がある。それはサハリン・アイヌが近代までもちいていた冬の家だ。

間宮林蔵の報告にもみられるように、サハリン・アイヌは冬の家としてカマドをもつ竪穴住居に住んでいた。草葺きの屋根を土でおおったこの冬の家は、気密性と断熱性に優れ、サハリンの厳しい寒さに適していた。ただし、竪穴住居内部の環境は劣悪で、そのなかにいると「病気」になってしまうため、寒気がゆるむと待ちかねたように夏の平地住居に移ったという。この冬の家は一九世紀半ばには急速に廃れ、明治末年ころにはほとんどみられなくなった。

元札幌大学の石附喜三男は、三〇年ほどまえ、この冬の家が擦文住居に酷似している事実に注目して、擦文住居の伝統がサハリンに残存した可能性を指摘した。四角の平面形・四本柱・カマドという擦文住居の特徴を備えたサハリン・アイヌの冬の家が、石附が指摘するとおり擦文住居の伝統をとどめるものだったとすれば、北海道集団のサハリン定住は、まちがいなく擦文文化にさかのぼることになる。

石附がこの考えを発表した当時、サハリンで擦文土器は一片も確認されておらず、サハリン・アイヌの冬の家と擦文住居の関係については、類似の指摘以上に議論が進むことはなかった。しかし、サハリン南部の広大な地域で擦文土器の出土が知られるようになった現在、擦文住居の伝統がサハリ

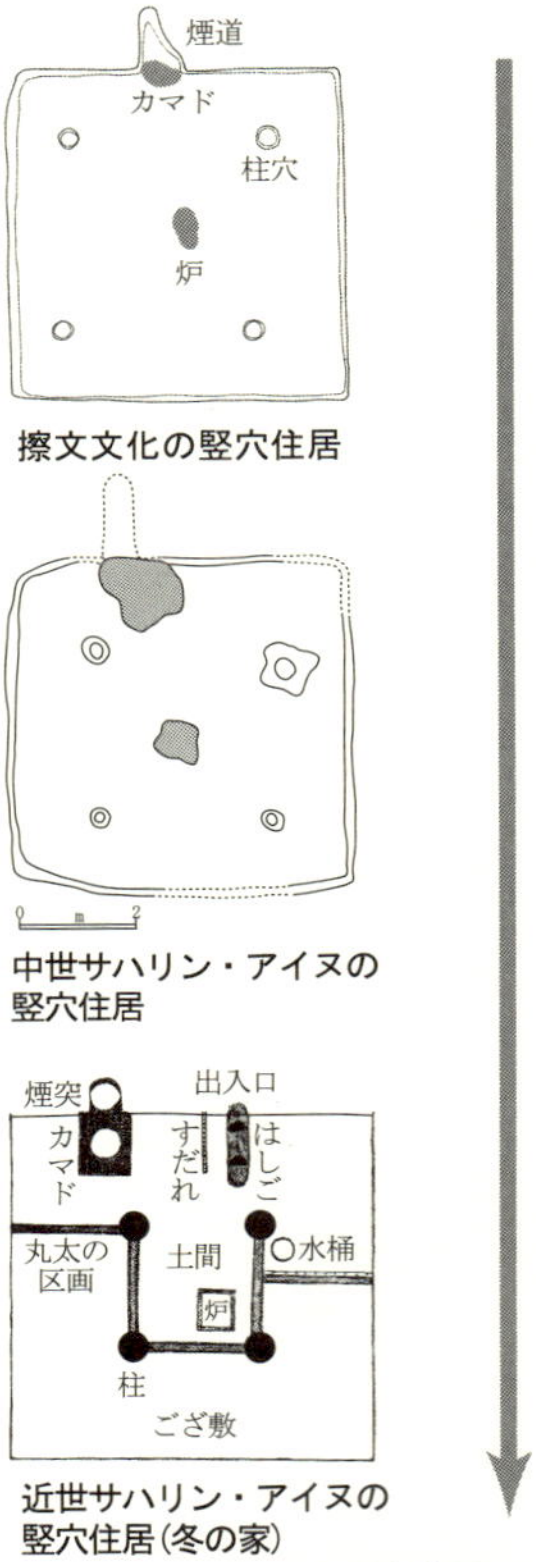

サハリン・アイヌの竪穴住居の系統
(上：小平町教育委員会1983『おびらたかさご』。中：熊木俊朗ほか2007「サハリン州コルサコフ地区セディフ1遺跡の調査研究」『第8回北アジア調査研究報告会発表要旨』(一部改変)。下：馬場脩1979「樺太アイヌの穴居家屋」『樺太・千島考古・民族誌』北海道出版企画センター)

ン・アイヌのなかで継承されてきた可能性は、簡単には否定できないものになった。実際、最近サハリンで調査されたセディフ1遺跡の中世アイヌのものとされる竪穴住居は、まさに擦文住居そのものだ。

サハリン・アイヌのなかに古代の伝統が残存したと考えられる例としては、ほかにも鎧がある。かれらの鎧は、日本の古墳時代から平安時代はじめにもちいられた挂甲《けいこう》とよばれる鎧と同じものだ。これは胴部と草摺《くさずり》が分かれておらず、胴から大腿部まで一連になっている点に特徴がある。サハリンのタライカで採集された二点が現在、東北大学総合学術博物館とサハリン州郷土博物館で展示されている。

鎧を着たサハリン・アイヌ
アイヌの自製品ではなく、古代日本製鎧の伝世品の可能性も指摘されている。(北海道開拓記念館2001『知られざる中世の北海道』)

擦文人の渡海がもたらした緊張

いずれにせよ、土器の出土からみて、一一世紀以降、日本海北部の集団が中心になってサハリンへ渡海していたのは動かしがたい事実といえるが、では擦文集団はなぜサハリンへ進出したのだろうか。

第四章でのべたとおり、そこにはワシ・タカ羽がかかわっていた可能性がある。またそれ以外にも、大陸産のさまざまな製品が関与していただろう。たとえばガラス玉もそのひとつとみ

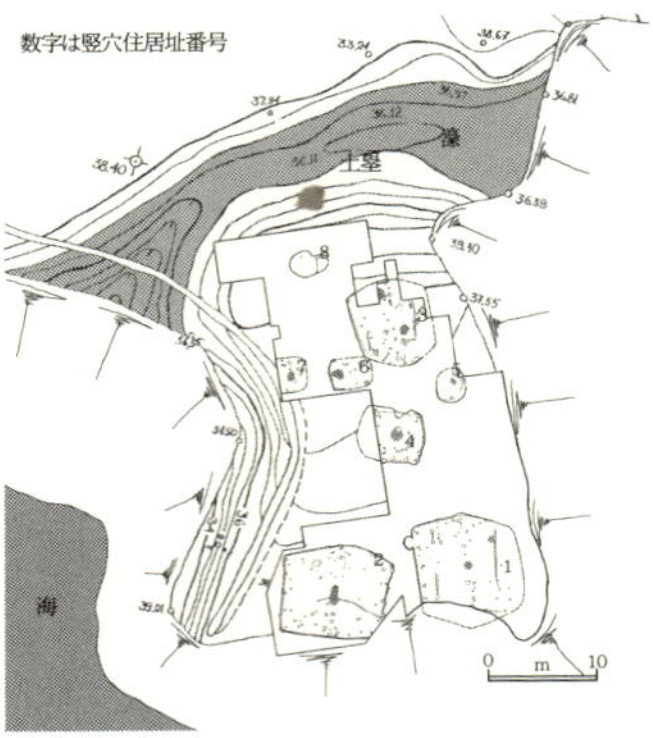

サハリン・ベロカーメンナヤ遺跡と出土した南貝塚式土器
（右代啓視・平川善祥 2004「サハリン南部のベロカーメンナヤ遺跡について」『北東アジア国際シンポジウム予稿集』中央大学文学部）

られる。

北海道の擦文遺跡では、一〇世紀以降、札幌市K39・共和町下リヤムナイ・伊達市オヤコツ・平取町カンカン・小平町高砂第2地点・根室市穂香《ほにおい》など、道内各地の遺跡から大陸産とみられるガラス玉が出土するようになる。当時、本州ではガラスは仏具に細々と利用される程度であり、一般の集落から、それも畿内以外で出土することはまずない。したがってこのガラス玉は、サハリン経由で流通していたと考えてまちがいない。

ところで、北海道開拓記念館などによってサハリンの南貝塚オホーツク人の環濠をもつ集落が調査された。ベロカーメンナヤ遺跡がそれだ。調査にあたった同館の平川善祥《ひらかわよしなが》は、この成果を受けて、サハリンのオホーツク人と北海道の擦文人が緊張関係にあり、宗谷海峡をはさんで対峙していたという考えを示した。またその年代を一〇世紀中葉とし、サハリン南部におけるこのような動向は、同じ一〇世紀に東北北部であらわれた防御性集落との関係も考えられるとした。

この議論には二つの点で疑問がある。

ひとつは、一〇世紀中葉というベロカーメンナヤ遺跡の年代だ。これは土層からえられた炭化物の放射性炭素年代測定法による測定値に基づいているが、年代の根拠はロシア側が報告した一点の測定値のみだ。

もうひとつは、擦文人とオホーツク人が宗谷海峡をはさんで対峙していたとする見解だ。両者が「間接的」に対峙していたとする根拠は、擦文人が宗谷海峡を渡っていなかったとする点にある。

しかし、サハリンのオホーツク人が、擦文人と直接的な交流がないなかで防御的な集落をつくったと考えるのは無理があるだろう。実際、一一世紀代に擦文人がサハリンに渡海していたのは事実なのだから、もしベロカーメンナヤ遺跡の年代が一一世紀以降であるとすれば、その成立には擦文人の渡海が強くかかわっていたことになる。ちなみに、最近ベロカーメンナヤ遺跡の年代測定がもう一点おこなわれたが、測定値は一一世紀代だった。

いずれにしても、擦文人のサハリン渡海、すなわちサハリン侵入は、オホーツク人に強い緊張をもたらしていただろう。領域を侵されているのだから、それは当然だ。しかし、オホーツク人が擦文人からカマドを受け入れていたとすれば、擦文人の侵入はオホーツク人とのあいだに決定的な対立を生じてはいなかったといえる。

トビニタイ人を静かに屈服させていった擦文人のしたたかな戦略が、ここでも発揮されていた、ということだろうか。

なぜ古代の伝統が残存したのか

では、北海道では失われてしまった竪穴住居など擦文文化の伝統が、サハリン・アイヌには近代まで残存したとすれば、その理由はどのように考えられるだろうか。

サハリン・アイヌのなかに擦文文化の伝統が残存したことを想定するためには、次の三つの状況が考えられなければならないだろう。

一つは、サハリンにおける渡海集団のコミュニティー（社会）が、規模はともかくすでに擦文文化の段階で成立しており、それが後世のサハリン・アイヌの直接の母胎になった。

二つには、一三世紀半ばから一四世紀初頭にかけての元との衝突が、北海道からの渡海を制限したものの、すでにサハリンで在地化していた右記のコミュニティーまで一掃するものではなかった。

三つには、擦文人の渡海後、北海道からの侵入・移住が絶えることなくおこなわれていたわけではなく、むしろその後の侵入・移住は不活発に経過した。そのため古相の文化が保たれるとともに、ニブフなどとの文化融合が進行し、サハリン・アイヌとしての固有性を深めていった。

このうち第一の状況については、中村和之が指摘する次のような事実がそれを支持しそうだ。

元と衝突していたアイヌは大陸へも往来していたが、かれらはアムール川の河口を経ずデカストリ湾から上陸して陸路内陸に向かう短縮ルートを利用しており、アムール川流域一帯の地理を熟知していた。さらにこの長距離移動は、ニブフの船と移動網に依存するかたちでおこなわれていた。またニブフのなかにはアイヌと行動をともにする者もいた。

つまりアイヌは、一三世紀の段階ではすでに、ニブフと対立する一方で共存もしながら、サハリンから大陸にかけて広大な地域で活発な活動を繰り広げていたのだ。夏のあいだだけ渡海してくるアイヌに、このような適応やニブフとの深い関係の構築が可能だったとは考えにくい。一三世紀にはすでに、北海道から渡海してきた人びとのコミュニティーが相応の規模で存在していたとみられる。このことは、そのコミュニティーの成立が擦文時代にさかのぼる可能性を強く示唆している。

第二の状況については、元やニブフの目的が、在地化したアイヌのコミュニティーまで一掃することではなく、毎年北海道からやってきては在地化したアイヌを足場にして交易活動を繰り広げる渡海人を制限し、在地化したコミュニティーを孤立させること、つまりそれによってコミュニティーの経済活動を元の側で集約するのが目的だった、と考えることもできる。

第三の状況については、この元の軍事行動の目的が達せられてサハリン・アイヌのコミュニティーが孤立し、以後しばらくは、かれらの経済活動は基本的に大陸側を指向するものになった、と考えることができるだろう。

擦文人がサハリンにコロニーをつくりあげていた可能性は、考古学からも文献史学からも支持できそうだとおもわれる。

4 肉体の宝としてのミイラ

サハリン・アイヌのミイラ習俗

さて、最後にサハリン・アイヌのミイラづくりについてのべ、サハリン・アイヌ成立をめぐる話を終えることにしよう。

サハリン・アイヌはミイラづくりをおこなっていた。この習俗は、ニブフやウィルタをはじめ周辺の人びとにはみられないことから、サハリン・アイヌに固有の文化とされてきた。一九五〇年に平《ひら》泉《いずみ》中尊寺《ちゅうそんじ》の学術調査がおこなわれ、金色堂の下に眠る藤原三代のミイラが確認されたときも、サハリン・アイヌのミイラ習俗との関連が注目された。ミイラ習俗は、奥州藤原氏がアイヌの血を引く人びとだったことの証拠ではないか、というわけだ。このような着想に立ってサハリン・アイヌのミイラを論じたものに、金田一京助《きんだいちきょうすけ》の「平泉のミイラ」がある。

また、ミイラづくりがこの地域ではあまりに特異な習俗であるため、サハリン・アイヌはミイラ文化をもっていた現存しない未知の集団を母胎に成立した、という見方も考古学では根強くある。

では、サハリン・アイヌのミイラ習俗とはいったいどのようなものなのか。そしてそれは現存しない未知の集団の習俗としか考えられないものなのだろうか。

サハリン・アイヌのミイラ習俗について記した史料として知られているのは、近藤重蔵『辺要分界《へんようぶんかい》図考《ずこう》』と、間宮林蔵『北夷分界余話』だ。

前者には、内臓を抜いた遺体を三〇日間ほど乾燥させる・奥地では三年も乾燥させる・そのあいだに親族が集まって棺をつくる・棺は半分地上にだして置く、とある。添えられた図には、着色と彫刻をほどこされた豪華な家形の棺が描かれている。

後者には、首長が死んだときにミイラとする・内臓を抜いたあと一年を費やしてミイラをつくる・ミイラづくりが失敗したときは世話にあたった女性を殺してしまう・棺は長大で彫刻と彩色をほどこし精緻をきわめるため製作に一年を要する・棺は埋めず地上に置く・女性や貧しいアイヌはミイラとせず土葬する、とある。これらは一八世紀の後半から一九世紀初頭の見聞だ。

ほかにも、一七世紀前半のオランダ東インド会社メルテン・フリースの航海記録によれば、家形の棺は地上三〇センチの四脚の上にのっている・棺の底は空気が通るように桟になっている・遺体のまわりにはさまざまな副葬品がある・棺の屋根には念入りに彫刻された動物の頭がついている、という。

さらに明代《みん》の中国史料『開原新志《かいげんしんし》』は、サハリン・アイヌは親が死ぬと内臓を抜いて乾燥させ、これを背負ってあるき、飲食にあたってこれをまつり、三年経つと棄てる、という。

肉体の宝としてのミイラ

サハリン・アイヌのミイラ習俗の起源には謎が多いが、遺体を埋めない習俗ということであれば、北海道には縄文時代以来、この伝統が存在していた。

たとえば釧路市幣舞遺跡では、縄文晩期末ころの七〇基ほどの墓が調査されているが、これらは墓のなかに柱を建てて上に屋根を設け、遺体を座った姿勢で安置し、しばらくして遺体が腐食してから埋めもどすものだった。なぜそれがわかるのかというと、座葬の遺体の足下から、床に転がり落ちた状態で頭骨が発見されたからだ。

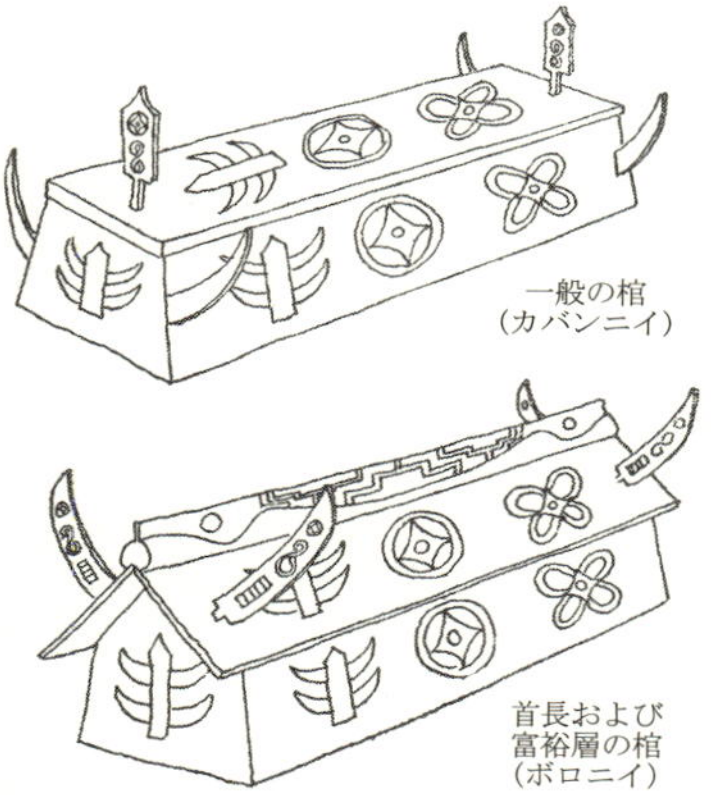

サハリン・アイヌの家形棺
サハリン西海岸智来の例。棺の底はなく桟を設ける。（西鶴定嘉1974『樺太アイヌ』みやま書房）

また、擦文文化の墓はなかなかみつからないが、これまで確認されている例では、墓はいずれも住居の床を掘って遺体を埋めている。床に土まんじゅうができてしまうので、住居はそのまま放棄したのだろう。このような住居と墓の結びつきの強さからすると、墓穴を掘らず、遺体を住居の床に直接安置した例も少なからずあったとおもわれる。実際、根室市穂香遺跡の一二世紀代の住居では、床から五〇点近いガラス玉や青銅製のベルト金具・ボタンなどがみつかったが、これらは床に安置した遺体の副葬品だった可能性がある。

また、北海道の近世アイヌは土葬が基本だが、フリースは千島のウルップ島で、小さな家のなかに横たわる人骨を確認している。その家の傍らには墓標らしき杭と、杭にかけられた一本の刀があったという。

サハリン・アイヌが古代擦文文化の伝統を色濃く保っていたとすれば、擦文の遺体を埋めない習俗が、やがて遺体そのものを積極的に保存しようとするサハリン・アイヌのミイラづくりにつながっていった可能性は考えられそうだ。さらに遺体を住居に葬り、そのまま住居を放棄してしまうような擦文人の住居と墓の強いつながりやその思想が、サハリン・アイヌでは象徴化され、住居が家形の棺に変形していった可能性も考えておかなければならないだろう。早稲田大学の菊池《きくち》徹夫《てつお》も、墓のなかに柱をたてる縄文から続縄文の墓制をあげて、サハリン・アイヌの家形棺との関連を指摘している。

ただし千葉大学の荻原眞子《おぎはらしんこ》は、ウィルタは遺体を火葬にしてミイラにはしないものの、小さな祠をつくって故人のための木偶《もくぐう》をおさめ、また火葬の際に腹部に傷をつける儀式があったことから、そうした習俗とサハリン・アイヌのミイラや家形棺との関連を考えている。

ところで、サハリン・アイヌのミイラづくりが、その製作に一年も要したという豪華な家形棺の製作もふくめて、非常に手間のかかるものであったことは注意されるべきだ。ミイラや棺の製作に従事する親族やウタレを、しばらくのあいだ扶養するための食料も必要になる。ミイラづくりは富裕層でなければむずかしいものだったのだ。実際、村人のだれもがミイラになったわけではなく、首長や富裕層がその対象であり、貧乏人と女性は土葬されていた。ミイラは階層化やジェンダーと深く結びついており、サハリン・アイヌの社会においても特殊な葬制だったとみられる。

さて、そうだとすると、ミイラと宝は実は同じものだったのではないか、と私にはおもわれてくる。ミイラとは「宝化された肉体」「宝化された自分」であり、死後にも持続する威信と名誉の究極の形態、究極の宝だったのではないか。

サハリン・アイヌのミイラは、本来は遺体を埋めない、あるいは住居に遺体を安置・埋葬する北海道の古相の習俗に発しながら、社会の階層化と一体になって徐々にエスカレートしていった葬制だったのかもしれない。

第六章
境界をみる
――「日本」文化との関係

夫婦山行図

境界に分け入る

古代の擦文人がサハリンと道東のオホーツク人の領域に侵入し、同化を進めていったことを前章でみてきた。

オホーツク人と擦文人は、同じ環境のもと、ともに狩猟採集を中心に生計をたてる人びとであり、たがいのなかに技術的・空間的な差異の表象としての宝は存在しなかった。両者が共生すべき理由はなかったといえる。

むろん共生すべき理由がないからといって、干渉や侵入が自動的にはじまるわけではない。オホーツク人が大陸や本州の宝を手にいれるため交易品として生産していたのは、おそらく獣皮やワシ・タカ羽だった。しかしそれは擦文人の交易品でもあった。擦文人が侵入を開始したのは、交易品の生産や資源をめぐる競合・取りあいがあったからだろう。

これにたいして宝をもたらす日本との関係では、擦文人はまったくちがう態度をみせた。和人も擦文人の領域に侵入しようとはしなかった。両者のあいだには交易を通じた共生の関係があったようにみえる。もっともここでいう「共生」とは、尊敬と信頼で結ばれた相互扶助の関係といったなんらかの価値観をふくむものではなく、どちらも相手から利益をえることができる相互作用であり、交流が同化や侵略に転じない関係を意味している。

では、狩猟採集民と農耕民という文化や価値観の異なる二つの社会は、どのように共生していたのだろうか。

文化の境界は「あいまい」な空間、あるいは「ぼかし」地帯などといわれる。しかし、実際にこの文化の境界のなかに分け入り、実態を明らかにした議論は多くない。交流が同化や侵略に転じてゆかない関係はどのようにして成立していたのか、交易の視点からその具体的なメカニズムをみてみたい。

さらに、中世にはこの共生関係を破って和人が渡島半島に侵入し、和人対アイヌの戦争がはじまることになったが、この侵入は擦文人の共生システムを乗っ取るようにしておこなわれていた。その実態についてもみてゆくことにしよう。

だがそのまえに、擦文社会の流通体制がどのようなものだったのか、つまり海のノマドとしての擦文人の社会がどのようなものだったのか、知っておく必要がある。というのも、文化の境界とは、この流通体制の先端にほかならないからだ。

1 海のノマドの社会

河口の大集落をめぐる常識のウソ

留萌市の隣にある道北の小平町は、日本海に向かって突きだすインカルシュッペ山がランドマークだ。見晴らしのよい山上に立ち、南を向くと、右手に日本海、左手にこれに注ぐ小平蘂川がみえる。眼下の河口は池のように停滞し、小中学生のカヌーの練習場になっている。そして遠く小平蘂川が屈曲するあたりに、二〇九軒の竪穴住居がみつかった擦文人の大集落、高砂遺跡がある。

九世紀の終わり、道北の日本海沿岸には擦文人の集落がいっせいにつくられていった。高砂遺跡はそのひとつだ。これらの集落は、留萌から天塩川にかけて直線で一二〇キロほどの地域のなか、天塩

小平町高砂遺跡　右は日本海、円内が遺跡。（筆者撮影）

川・古丹別川・小平蘂川・留萌川などいずれも大きな川の河口付近に位置している。どれも大集落といってよい。

道北日本海沿岸にそれ以前の擦文人の集落が希薄なのは、この地域がオホーツク人の影響下にあったせいだろう。では、擦文人はなぜ道北の日本海沿岸に進出していったのか。

この疑問をめぐる議論は、擦文人の集落がなぜ大きな川の河口近くにあったのか、という点をめぐってもっぱらおこなわれ、その理由についてはサケ漁によって説明されてきた。つまり、河口の大集落はサケの大量捕獲のための集落というわけだ。この説に対しては、大河川の河口でサケ漁をおこなうのは非効率的ではないかという疑問の声も当然あったが、にもかかわらず「河口の大集落」イコール「サケの大量捕獲集落」説は、北海道の考古学では定説となってきた。

しかし、これもまた考古学の「常識のウソ」のひとつだ。

「サケ・マス論」の弊害

擦文時代の石狩川水系でサケの大量捕獲をおこなっていた漁村が、沿岸部ではなく、河川の中上流域のサケ産卵場に成立していたことを第三章でみた。その理由は、河口や沿岸で捕獲されるサケは脂肪が多く酸化しやすいため、大量捕獲しても良好な保存食にはならないためだ。長期保存用には産卵場付近まで遡上し、脂肪が抜けきったサケが最適だった。だからアイヌは河口部ではなく、内陸の産卵場でサケ漁をおこなっていたのだ。

河口や沿岸のサケは、焼干しにするか、あるいは当座の食べきり用であって、塩をもちいなければ長期保存はむずかしかった。また河口での漁は非効率的でもあったから、近世になって和人が大量の塩と大がかりな建網を導入するまでは、積極的に捕獲される状況にはなかった。

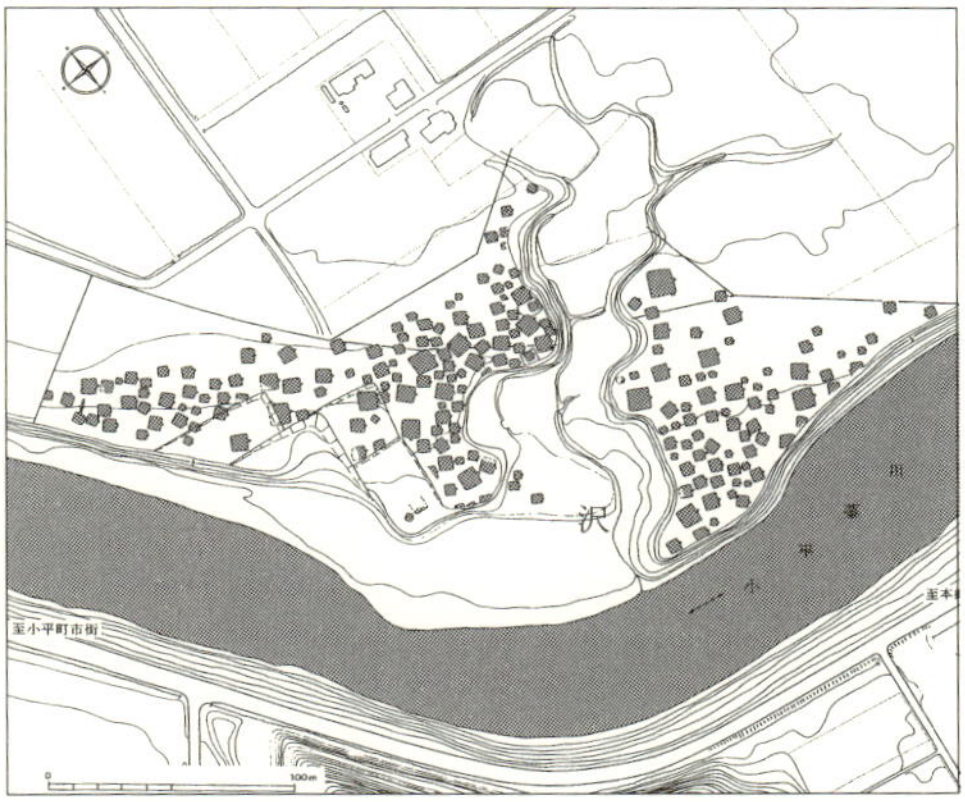

小平町高砂遺跡　竪穴住居の分布。（小平町教育委員会1983『おびらたかさご』）

この点でまず、「河口の大集落」イコール「サケの大量捕獲集落」説は成立しそうもない。

さらに、北海道の河川であれば、どこでも大量のサケが遡上するという認識自体、おもいこみ以外のなにものでもない。

高砂遺跡の報告書には、当時の生業の柱は、小平蘂川に遡上してくる大量のサケと前浜に押し寄せるニシンの二つであったとのべられている。しかし、竪穴住居二〇九軒のうち、サケの骨が確認された住居はわずか一軒だけだ。石狩川水系の擦文集落であれば、すべての住居から大量のサケの骨がみつかるから、それとはずいぶんちがっている。本当にサケを大量に捕獲していたのだろうか。

『遠山村垣《とおやまむらがき》西蝦夷《にしえぞ》日記《にっき》』（一八〇六年）には、小平蘂川にはサケやマスは一向に遡上しないとある。また『北海道巡行記《ほっかいどうじゅんこうき》』（一八七九年）には、小平蘂川は水が濁っており、泥底で流れが弱く、そのため水量が減じる夏から秋にかけて泥砂が河口を塞ぎ、サケの遡上を妨げている、と書かれている。小平蘂川はそもそも、ほとんどサケが遡上しない川だったのだ。河口が池のように停滞して小中学生のカヌーの練習場になっているのも、このような小平蘂川の特性と関係していたわけだ。

こうした視点から道北日本海沿岸のほかの集落をみてゆくと、やはりどれもサケの大量捕獲とはほど遠い実態・環境にあることがわかってきた。

苫前《とままえ》町の香川三線《かがわさんせん》遺跡と香川６遺跡は、いずれも古丹別川の河口付近にある。香川三線遺跡では八四軒、香川６遺跡では二五軒の住居が調査され、動物の骨の分析もおこなわれているが、サケの骨と同定されたものはない。

さらに先の『北海道巡行記』は、この古丹別川についても、水が濁っており、波が高いとすぐに泥砂が河口を塞いでしまうため、サケの遡上が妨げられているとある。留萌川についてもサケの遡上はなかったという記録がある。

古丹別川も小平蘂川も、サケがほとんど遡上しないばかりでなく、開拓期以前からヤツメウナギとウグイしかみられない川だった。つまりいずれの川も、生業の面ではみるべきもののない、生産力がきわめて低い川だったのだ。

検証を欠いたままドグマ化した考古学の学説「サケ・マス論」について第三章で紹介したが、その弊害はあらゆる地域と時代をおおっている。

では、道北日本海沿岸に成立した大集落は、いったいどのような性格をもつものだったのか。サケではなく、ニシンなどの海の資源に依存した漁村だったのだろうか。

漁村か・流通拠点か

高砂遺跡は、海から二キロほど小平蘂川を上った地点にある。海辺の漁村というには、かなり内陸に入っている。海の資源を対象とした漁村は一般に海辺に成立している。ニシンのようにかぎられた時期に大量に押し寄せる資源を重視していたのなら、なおのことそうであったはずだ。高砂遺跡の住人が海の資源も食料としていたのはまちがいないが、単純に漁業立地ということはできないようだ。

遺跡をよくみると、二〇〇軒以上の住居は小平蘂川と沢の合流部を核として、これを取り囲むように分布している。この沢こそ高砂遺跡がそこに成立した理由を説明するものだ。報告書は、この沢を丸木舟の舟着場と考えている。小平蘂川は生業の面でほとんど意味をもっていなかったわけだから、集落の人びとが川に固執する理由は、たしかに舟による交通しか考えられない。

さらに、この「舟着場集落」説によって、高砂遺跡が河口から離れた場所にあることの説明もつく。

報告書は、これを海からの強風を避けるためと指摘している。たしかに冬の日本海から吹きつける風は強烈だ。しかし、それは一義的な理由ではない。

高砂遺跡は舟着場を核に成立している。つまり舟を横付けすることを条件に集落ができあがっているのだ。その場合、河口域は氾濫のおそれがあり、湿地が広がっていたから、川に面して集落をつくることはできない。湿地帯から離れた海岸砂丘上なら可能だろうが、それでは川から離れてしまう。つまり川に面しながら氾濫や湿地を避けようとおもえば、ある程度上流まで上らざるをえなかったのだ。香川三線遺跡・香川6遺跡も、やはり海から二キロほど古丹別川を上った地点にある。その理由は同じだろう。古丹別川の河口もかつては湿地が広がっていた。

いずれの遺跡も、生業の点でほとんど意味のない川に執着していたのは、舟の交通のためだったのであり、このことは、道北日本海沿岸の集落が河口港・流通拠点としての性格を強くもっていたことを示している。

第四章や第五章でのべたように、道北日本海の人びとはサハリンや道東太平洋沿岸に進出し、長距離交易に従事していた。そのかれらの集落が、このような河口港・流通拠点としての性格をもっていたのは、むしろ当然というべきだろう。

舟のドック

小平蘂川や古丹別川は河口が泥砂で埋まるため、千石船《せんごくぶね》のような大型船の乗り入れができず、近世には河口港として機能していなかった。この一帯では留萌川が唯一の河口港だったが、浚渫《しゅんせつ》を繰り返してかろうじて維持されていたにすぎなかった。しかし丸木舟にとって、堆積した泥砂は支障にはならない。川の流れが弱い点や、泥砂によって海からの波がブロックされる点などは、むしろ河口港として好条件というべきだろう。私には、澱んだ河口で遊ぶたくさんの小中学生のカヌーが、擦文時代の丸木舟にだぶってみえる。

もちろん丸木舟といっても、ここでもちいられていたのは、波よけの板を縄で綴って舷側《げんそく》に積み重ね、航海用にグレード・アップしたアイヌの「イタオマチプ」（板綴舟《いたつづりぶね》）のような大型舟だったにちがいない。イタオマチプは現物がほとんど残っていないため、文字史料や絵図からその姿を知るのみだが、航海から帰るたびに綴っていた縄を切って板をすべてはずし、これを乾燥させたという。高砂遺跡の舟着場の沢は、こうしたメンテナンスの作業をし、あるいはあらたなイタオマチプをつくるためのドックでもあったのではないか。

イタオマチプ（板綴船）（Ohtsuka, K. 1999）

千歳市美々8遺跡では、近世のイタオマチプの一部が発見されて話題になった。これは、内陸の集落でもイタオマチプがもちいられる場合があったことを示している。だが、それ以上に興味深いのは、美々8遺跡の舟着場が人為的に開削されたものだったことだ。大型のイタオマチプの場合、丸木舟とはちがって、繫留《けいりゅう》やメンテナンス作業のため、本流から分離された一定の空間が必要とされたのだろう。

美々8遺跡では、この舟着場のまわりで倉庫らしき建物や道路の跡もみつかっている。まさに内陸の港・物流拠点とよぶにふさわしい。高砂遺跡の沢も、美々8遺跡と同様、舟着場として開削などの手が加えられていた可能性がある。

イタオマチプといっても大小さまざまあったが、鳥居龍蔵が千島アイヌの移住について記録したところでは、大舟二艘にそれぞれ二四名と一四名が乗りこみ、さらに両舟とも小舟一艘と生活用具一式、猟犬五匹を積載したという。内水面でもちいられていたアイヌの丸木舟

掘削した舟着場を囲む千歳市美々8遺跡のアイヌ集落（復元図）
発掘調査結果から推定復元。（北海道埋蔵文化財センター1997『美々・美沢』）

は、中上流域の浅い川用のもので長さ五〜六メートル、五〜六人乗り、〇・五〜一トン程度の荷を積載するものだったから、ここにのべられているイタオマチプは、その三倍から五倍程度の輸送能力をもつものだったようだ。

ナゾの刻印土器

この道北日本海沿岸の集落の成立におくれて、一〇世紀中葉、道南の日本海沿岸に青苗文化が成立すると、道北日本海沿岸と青苗文化の人びとのあいだには、土器の坏の底にさまざまな文様を刻む習俗（刻印）が一気にひろまった。

これまで確認されている刻印土器の出土遺跡は約四〇ヵ所、点数は三〇〇点以上を数える。高砂遺跡や香川遺跡のように、日本海に面した遺跡からは数十点単位で出土するが、それ以外の地域からは基本的に出土しない。札幌市や千歳市、旭川市など日本海側の内陸遺跡から、まれに一、二点みつかるだけだ。つまり刻印土器は、日本海に面した人びとを表象する土器といえる。

この刻印の意味や性格については、さまざまな説がある。祭器説や古代突厥《とっけつ》文字説など、どれもたいへん興味深いが、私は元小平町教育委員会の宮塚義人《みやつかよしひと》が指摘したように、アイヌが漆器の椀の底などに刻んだ「イトクパ」との類似に注目している。

イトクパとは、近世アイヌの祖印であり、長男から長男へ伝えられる男系集団のシンボルだ。元北海道大学の名取武光《なとりたけみつ》によれば、イトクパは厳密に男系の血族だけに伝えられたわけではなく、実際には移住してきたよそ者に自分の祖印をあたえて同族とし、あるいは妻の実家で祖印を受けつぐ男子がいない場合、次男や三男が妻の実家の祖印を継ぐこともあった。さらに、養子に出された人間が自身の祖印と養子先の祖印を組みあわせて新しい祖印をつくることもあり、また、よそ者に祖印をあたえる際、みずからの祖印そのままでなく、文様の一部を与えることもあったという。よそ者が多く入りこんでくる地方では、祖印のバリエーションを次々つくって与えることもあったとされる。祖印とはいっても、かなり「融通」がきくものだったのだ。

なぜ私がこのイトクパ説をとるのかといえば、その理由は、椀の底に文様を刻むという行為が共通しているからだけではない。次にのべるとおり、刻印土器の複雑な文様構造を説明するうえでも、イトクパ説は合理的だからだ。

海のノマドのあかし

元東京大学の宇田川洋は、刻印の文様を次のように分類している。

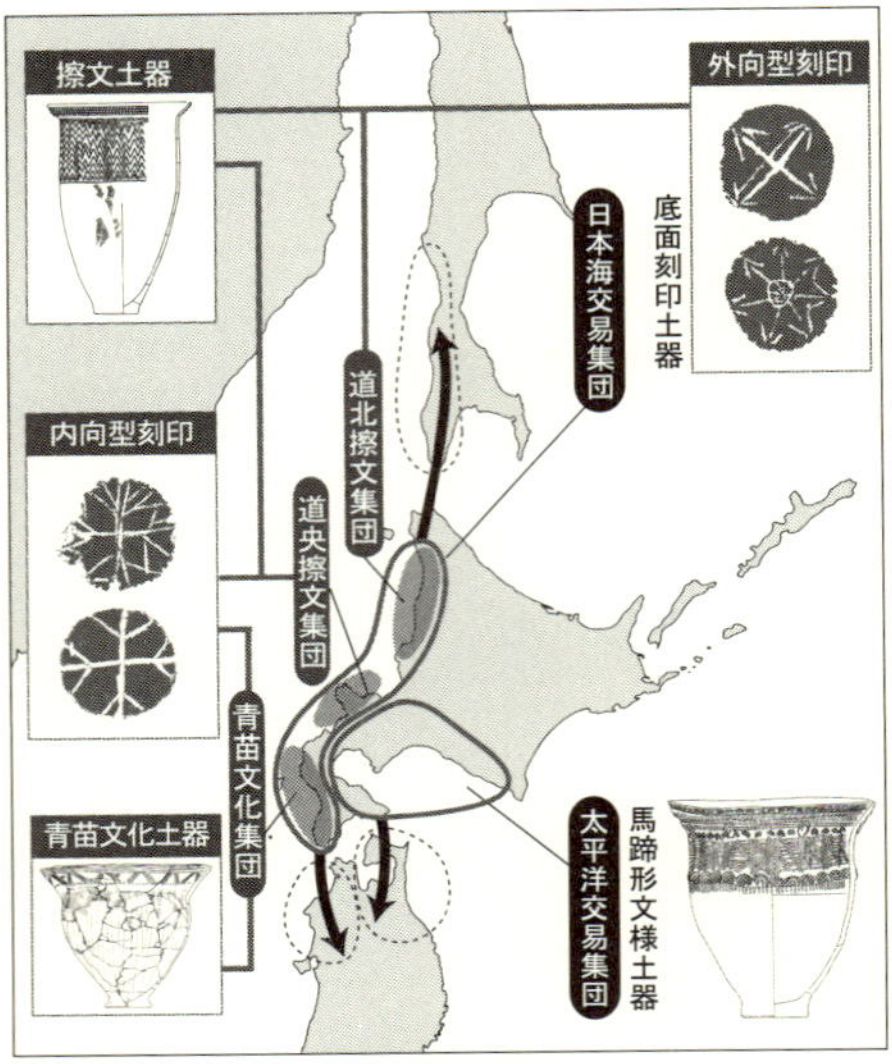

日本海交易集団と太平洋交易集団

すなわち、三〇〇点を超す刻印の文様は「×」「＋」タイプが全体の七六パーセントを占める。次に「二」タイプが一一パーセント、「〇」タイプが六パーセントと続く。道央の日本海沿岸の遺跡は調査例が少ないためよくわからないが、この出現傾向は道北でも道南でも共通しているという。

さらに踏みこんで刻印をみてみよう。「×」「＋」タイプは、道南の青苗遺跡では全体の約五〇パーセントを占めてもっとも一般的な文様だが、一方、道北の高砂遺跡では約一〇パーセントと少数派だ。一方、この「×」「＋」の先端に「返し」をくわえて変形させた文様は、高砂遺跡では約五〇パーセントを占めるのに対し、青苗遺跡では数パーセントにすぎない。さらに、この「返し」の向きに注目すると、道北では「返し」がすべて外向き（外向型）、道南では内向き（内向型）であり、道北と道南でたがいに排他的なありかたを示していることに気がつく。刻印の文様は遺跡ごと、住居ごとに固有なものも存在している。

つまり刻印は、日本海全体で共通する単純な基本文様があり、さらに道北と道南という二つの地域レベルで異なる文様があり、さらに集落レベル・住居レベルでも異なる文様がある、という構造をもつものなのだ。下位のレベルに向かうほど文様は複雑化し、個性の強い文様があらわれる傾向がある。
刻印の文様がこのように重層的な分節構造をもっていたことは、それをイトクパと考えることで無理なく説明できる。まず、日本海全体で共通する単純な文様は、同じ祖先をあらわす基本文様として早い段階に成立した。次いで道北と道南で祖先が分化し、それぞれに固有な文様が成立する。さらに、それより下位の集団レベルで祖先は分化してゆき、多様な文様が生みだされていったと理解できるのだ。

刻印が厳密に血族間にだけ伝えられた祖印であったとすれば、一〇世紀の中ごろ広大な日本海沿岸で一気に広まっていった事実は説明しにくいが、アイヌのイトクパと同様、まったくの赤の他人にも適用可能な「ゆるい」性格をもつものだったとすれば、それは十分可能だったはずだ。

つまり刻印とは、交易の中継によって地縁的に結合していった日本海沿岸の海のノマドたちが、共通の祖先に発することをおたがいに確認し、一体化しようとしたものなのだろう。ただし、この共通祖先は、状況的にはフィクションとしか考えられない。日本海沿岸の人びとは、実際には擬制的な同祖集団として一体化したとみられる。私は、この刻印土器に表象される日本海沿岸の人びとを「日本海交易集団」とよんでいる。

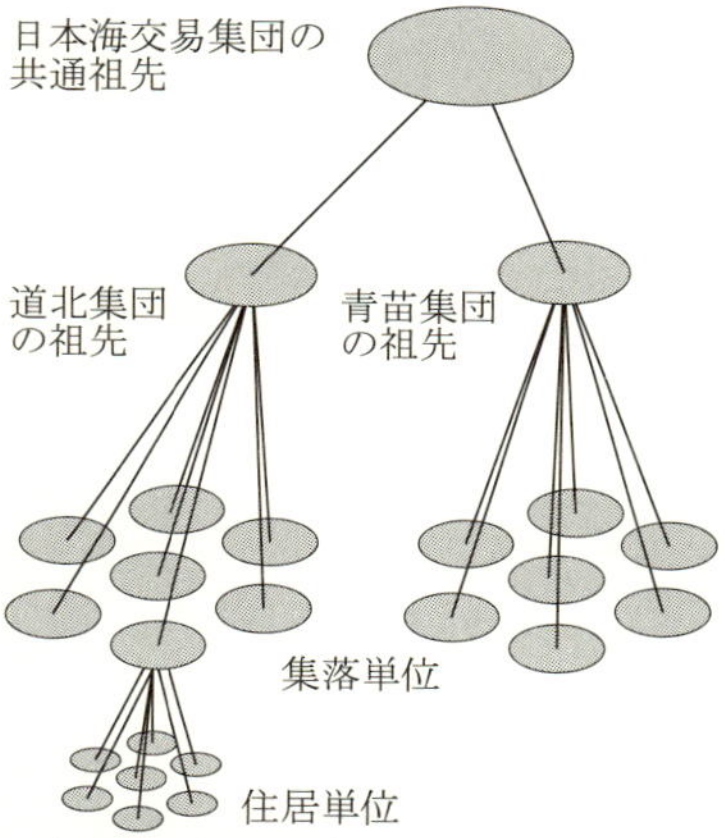

日本海交易集団の系統上の構造

道央の日本海沿岸の様相についてはよくわからないが、いくつかみつかっている刻印は、道北の外向型の刻印ではなく、道南の青苗文化の内向型文様が擦文土器にほどこされたものだ。つまり道央の日本海沿岸には、祖先からの系統が青苗文化に近い擦文集団がいたことになる。

太平洋の海のノマド

日本海の海のノマドが一体化してゆくのとほぼ同時に、太平洋沿岸の人びとも一体化の動きをみせていた。

噴火湾から日高にかけての太平洋沿岸と、札幌や千歳など内陸の石狩低地帯には、一〇世中葉以降、特徴的な馬蹄形の文様をもつ地域性の強い土器があらわれる。この文様は、一一世紀代にはさかんにもちいられるようになり、擦文文化の終わりころまで、この地域の土器にみられる。

太平洋沿岸—石狩低地帯の人びとを象徴するこの馬蹄形文様をもつ土器は、東北北部でも出土しているが、興味深いことに、その分布は陸奥湾沿岸を中心とした地域であり、日本海側の津軽平野で出土した例はほとんどない。

あとでのべるように、青森日本海側の津軽平野で出土する北海道の土器は、道南日本海側の青苗文化の土器だ。つまり日本海交易集団は津軽平野の人びとと、また太平洋沿岸—石狩低地帯の人びとは青森の太平洋側や陸奥湾の人びとと限定的に交流をおこなっていたのだ。

この太平洋沿岸—石狩低地帯の人びとを、私は「太平洋交易集団」とよんでいる。一〇世紀中葉以降、北海道では日本海交易集団と太平洋交易集団が、それぞれ東北北部の日本海側と太平洋側の集団に接続しつつ、たがいにやや排他的なかたちで交易の体制をつくりあげていったわけだ。

ただし太平洋交易集団は、日本海交易集団のように活発な動きをみせない。日本海交易集団は本州産の鉄鍋と漆塗椀をいち早く導入し、一一世紀の終わりから一二世紀のはじめには擦文文化の終焉を迎えていたが、太平洋交易集団が擦文文化の終わりを迎えたのは、道東などと同じくこれより一世紀のちのことだ。

第三章でものべたように、そこには交易品となる産物が日本海側にくらべて少なかったことも関係しているだろう。日本海交易集団は、自身の生産物だけでなく、大陸やサハリンの製品の流通にもかかわっていた。また太平洋沿岸では、噴火湾から日高にかけて単調な砂浜が続き、日本海側のように港に適当な地形が少ない。静内川など日高のいくつかの川以外、河口港に適当な規模の川もない。これらのことが太平洋交易集団の立場を相対的に弱いものとしていたのだろう。

2 境界の構造

融合文化の実態

一〇世紀中葉に道南の日本海沿岸に成立した青苗文化の人びとは、道北の擦文人と共通の祖先をもつ、つまり擦文文化に帰属意識をもつ海のノマドだった。しかし実際には、かれらの文化は擦文文化とはかなり異なっていた。

かれらの集落は、一〇世紀中葉から一一世紀末ころにかけて東北北部でひろまった、環濠をもつ「防御性集落」そのものだ。ただし一〇世紀代の松前町札前《さつまえ》遺跡には環濠がみられないから、青苗文化で防御性集落がつくられるようになったのは一一世紀代のことだろう。擦文文化の集落で環濠をもつものは一例もなく、この環濠集落は青苗文化の人びとが東北北部と社会的な緊張を共有していたことを物語っている。

環濠集落には土塁と柵列《さくれつ》も設けられるから、青苗集落と擦文集落は景観的にもかなりちがったものだったろう。さらに奥尻島青苗遺跡では、木枠をもつ本格的な井戸がみつかっている。このような井戸は東北北部の集落では確認されているが、擦文集落にはない。

青苗住居は東北北部と同じ、長方形のごく浅い竪穴または平地式住居だが、擦文住居は深さが一メートルもある方形の竪穴住居だ。また青苗住居のカマドは壁に取りつけないタイプで煙突はないが、擦文住居のカマドは壁に取りつけ、トンネルを掘って煙突としている。さらに両方の住居は、柱の数や柱を建てる位置までちがう。つまり外観も内部の間取りも、まったく異なるものだ。

ただし青苗住居には、ひとつだけ擦文住居と共通する点がある。それは、カマドと別に住居の中央に炉を設けることだ。本州の住居でカマドと別に炉を設けるものはない。なぜ北海道の住居だけそうなのかといえば、元筑波大学の前田潮《まえだうしお》が指摘するように、カマドは農耕、炉は狩猟採集の伝統を象徴するものだからだろう。東北北部の住居そのものにみえる青苗住居は、細部には狩猟採集民の精神的伝統を保持していたわけだ。

青苗土器は基本的に文様がなく、また一一世紀になると土器の表面を「ケズリ」という手法で仕上げる。こうした特徴は本州の土師器と共通している。擦文土器の表面は「ハケメ」か「ミガキ」で仕上げており、「ケズリ」のものはほとんどない。つまり青苗土器はこの点で土師器的だが、一一世紀以降は擦文土器的な刻線文様をほどこすようになる。青苗文化の土器には、両方の土器の影響がミックスしているが、その形は一貫して土師器とも擦文土器ともちがっている。とくに胴が丸くふくらむ後半期の土器は、強い個性を示している。

土師器の製作にはロクロがもちいられているが、青苗土器と擦文土器には使用されない。青苗土器と擦文土器のつくりは基本的に手がこんでおり、土師器の製作が次第に手抜きにむかってゆくのとは異質だ。つまり青苗土器も擦文土器も、土器がたんなる器ではなく、精神的な意味をもっていたらしい点で土師器とは決定的に異なっている。

青苗土器は、青森の津軽平野の遺跡からかなり出土するが、反対に擦文文化の遺跡でみつかることはほとんどない。私が実際に資料にあたって確認したかぎりでは、余市町大川遺跡と神恵内《かもえない》村観音洞窟で出土した二点を知るのみだ。

青苗文化の人びとは、その帰属やアイデンティティを擦文文化の側にもちながら、実態としては津軽平野の「和人」と濃密な交流をおこない、文化的にはそのどちらとも異なる固有の文化を形成していた、ということになる。

なぜ「青苗文化」なのか

これまでこの青苗文化は、その特異性がまったく議論されないまま擦文文化に一括りにされてきた。実際、青苗文化の人びとは擦文人と祖先を同じくしていたわけだから、かれらのアイデンティティはまちがいなく擦文社会の側にあっただろう。しかし、考古学的には固有な様相をみせるこの道南日本海沿岸の文化を、議論もいっさいなしに、ただ擦文文化と断じるだけでは、その固有性の意味を論じる道は絶たれてしまう。

擦文文化と融合したオホーツク文化をトビニタイ文化とよんでみることで、その後の議論は幅がひろがり、実り多いものになったと私は考えている。そこでこの道南の文化を、擦文文化とも日本文化とも区別し、代表的な遺跡の名前にちなんで「青苗文化」とよぶことを私は提唱しているのだ。

この青苗文化の両属的な性格は、住居や土器だけにとどまらない。

たとえば青苗文化では、鍛冶にかかわる遺物がどの遺跡からも例外なくみつかる。その量も豊富だ。一見したところ鍛冶屋の集落といった印象だ。東北北部から豊富な鋼材を入手し、活発に鉄器の生産をおこなっていたようだ。

擦文社会にも鍛冶屋はいた。しかし、鍛冶の跡はどの遺跡でもみつかるわけではない。また、鍛冶の跡がみつかる場合でも、そこでおこなわれた作業は短期間、単発的におこなわれたものが大半で、村に定住して鍛冶をおこなっていた人物がいたとは考えにくい。そこで私は、擦文文化では巡回する鍛冶工人が各地で鍛冶をおこなったと考えている。一方、青苗文化では、どの村にも鍛冶工人が常駐・定住しており、擦文社会の需要にこたえる狩猟漁撈用の鉄器をつくって流通させていたのだろう。

しかし、第三章でのべたように、奥尻島の青苗文化の遺跡では、専業的なアシカ猟とアワビの採捕がおこなわれ、アシカ皮と干アワビを本州へ移出していたようだ。つまり、青苗文化は日本的な手工業生産と、擦文的な狩猟漁撈の双方に特化しながら、それぞれの製品を本州社会と擦文社会へ移出していたとみられる。

青苗文化の両属性が深いレベルにおよび、かれらの社会を規定していたことがわかる。

東北北部の人びと

ところで、青苗文化が成立した一〇世紀中葉の東北北部はどのような状況だったのか。第一章でものべたところだが、あらためてみてみよう。

津軽では、九世紀末以降、水田開発や製鉄・窯業などの手工業生産が一斉にはじまるが、東海大学の松本建速は、東北北部の日本海側は九世紀に古代日本国の領域内から移住した農耕民によって占められたと考えている。

青森県埋蔵文化財調査センターの三浦圭介も、九世紀後葉から一〇世紀前葉にかけて、津軽には出羽国や陸奥国から多数の移住者が入りこみ、かれらが集落を爆発的に増加させるとともに、水田開発などを進めていったと考えている。

この東北北部の「和人」の遺跡から擦文土器や青苗土器がみつかるようになるのは、一〇世紀中葉以降のことだ。これは、日本海交易集団や太平洋交易集団の成立と同時期であり、その動きと軌を一にしている。

松本によれば、一〇世紀後半から一一世紀にかけて、東北北部の遺跡のほぼ五〇パーセントから擦文土器あるいは青苗土器がみつかるという。そのため、東北北部を擦文文化圏と理解する研究者もいるが、一〇〇点以上の青苗土器や擦文土器の破片を出土した遺跡は、わずか三ヵ所にすぎない。そこで松本は、濃密な交流はあったものの、東北北部は擦文文化圏ではないと指摘している。私も同感だ。

つまり九世紀末以降、津軽海峡には文化の境界が成立したのであり、縄文時代以来続いてきた東北北部と北海道西部の文化的な一体性は打ち破られ、津軽海峡をはさんで異文化が向かいあうことになったのだ。青苗文化や擦文文化の人びとは、古代日本国からの移住者で、古代日本語を話し、日本文化にアイデンティティをもつ異文化の人びとと交流していたことになる。

このような濃密な異文化交流は、一般にたがいの文化の差異の縮小、つまり文化の共通化や類似化をともなう。しかし、東北北部が擦文文化や青苗文化に同化されることはなかったし、また擦文文化や青苗文化が日本文化に同化されることもなかった。

反対に北海道の人びとは、交易品となる特定種の狩猟漁撈に特化し、狩猟採集民としての文化的固有性を深めていった。それは、農耕民である東北北部の人びととの一種の分業体制の確立であり、たがいの生業や文化の差異を深めてゆくことが、相補性を拡大し、共生の関係を保証するものにほかならなかったのだろう。

狩猟採集民と農耕民の共生システム

しかし、この逆説的な共生関係が、異文化のあいだに自動的に成立するわけではない。フレドリック・バルトは、共生する異文化のあいだには、異文化の浸食を制御してみずからの文化を持続する、社会的な仕組みが存在したはずだと指摘している。

たしかに、そうした仕組みらしきものは各地でみられる。

たとえば、京都大学の市川光雄によれば、中央アフリカのコンゴ共和国では、贈与を主体とする地域の交換様式に急速に商品経済が進入するなか、狩猟採集民ムブティが農耕民とのあいだで相互の分業と贈与交換をもとにした「疑似親族」の共存体制を築き、農耕民をつうじて外部社会の商品経済と関係を保っていた。

またジャン・ピーターソンらは、フィリピンの狩猟採集民アグタが現代まで存続してきた理由を

「交易適応モデル」、つまり生業の差異にもとづく交易をつうじて農耕民とのあいだに構築された、一体の「共存体制」によって説明している。

さらにクリス・ゴスデンは、一七世紀の北米五大湖周辺における先住民アルゴンキンとフランス人との毛皮交易において相互依存の同盟関係がむすばれ、贈与交換にもとづく「中立地帯（ミドル・グラウンド）」がつくりだされていたと指摘している。

この北米先住民とヨーロッパ人の中立地帯について、リチャード・ホワイトは、どちらかの文化を基盤に「融合」したり「同化」するものではなく、相互の差異を「同調」するものだったとしている。

異文化との交易を不可避なものとして取りこむことになった狩猟採集民にとって、文化の境界に自律的なバッファ（緩衝装置）としての「疑似親族」「共存地帯」「中立地帯」をつくりあげていくことが不可欠だったようだ。そして、そのバッファの実体は、たんなる「融合」や「同化」ではなく、異文化を「同調」する自律的な構造をもつものだった、と考えられるだろう。

文化の境界に成立した青苗文化についても、異なる価値観をもつ農耕民と狩猟採集民の異文化交流を制御する、自律的な「同調」のシステムだったといえるのではないか。

青苗文化の人びとは、擦文社会に帰属意識やアイデンティティをもちながら、実態としては異文化である東北北部の側と濃密に交流していた。境界地帯に自然発生した文化融合と簡単に片づけてしまうことのできない、かれらの複雑な両属性は、それが農耕民と狩猟採集民の交流のなかで「創造された伝統」だったことを物語っているようにおもわれる。

フロンティアとバウンダリー

ブルース・バートンは、国境には二つの形態、すなわちフロンティアとバウンダリーがあり、近代国家はフロンティアをバウンダリー化してゆくとのべている。

バウンダリーは一次元の「線（ライン）」、フロンティアは二次元の「地帯（ゾーン）」のことだ。フロンティアは「あいまいさ」や「ぼかし」といった言葉でイメージされ、異なった世界や生活様式を媒介し、内と外を結ぶ役割を果たすが、バウンダリーは内と外をへだてる機能をもつという。古代の東北地方はフロンティアとみなされる。

九世紀末、津軽海峡には文化の境界が成立し、縄文時代以来続いてきた東北北部と北海道西部の文化的な一体性は打ち破られ、津軽海峡で異文化が向かいあうことになった。つまり本州と北海道の文化的な境界がバウンダリーとして成立したのだ。

もちろん、濃密に交流していた津軽海峡の両側の世界を、ひとつのフロンティア世界とみることもできるだろう。しかしそれは、色水が混じりあうような境目のない世界だったわけでも、混沌とした世界だったわけでもない。そこには、差異が差異として維持されるシステム、あるいは制度としての「あいまいさ」が存在していたようにみえる。

津軽海峡が政治的なバウンダリーになるのは、津軽・糠部・鹿角・比内など東北北部が陸奥国の一部に組みこまれた一二世紀のことだ。それ以前の東北北部は国家支配の外にあった。政治的なバウンダリーの設定に先行して、文化的なバウンダリーとしての実態が津軽海峡に成立していたのだ。

この文化的境界成立から政治的境界成立までの二世紀のあいだ、東北北部は日本の領域内と同質の文化に属し、擦文社会に異文化として向きあいながら、政治的には国家支配を免れていた。政治と文化のバウンダリーの狭間を占め、二つの境界のズレから生じるエネルギーや利害をみずからのものとしていたところに、日本とも擦文社会とも異なる東北北部社会の固有性があったといえるだろう。

つまり日本社会と擦文社会の境界には、東北北部と青苗文化という、たがいに位相の異なる二つの中間的な世界が介在し、連動していた。フロンティア世界の実態は「あいまい」ではなく、明確な構造をもつものだったのだ。

デビッド・ハウエルは、一七世紀にオランダ人が道東で出会った、アイヌと和人の混血の日本人水夫をとりあげて、かれが「あいまい」なアイデンティティをもち、和人とアイヌの世界を行き来していた点に、先にのべた北米先住民とヨーロッパ人のあいだにあったような中立地帯の存在をみている。

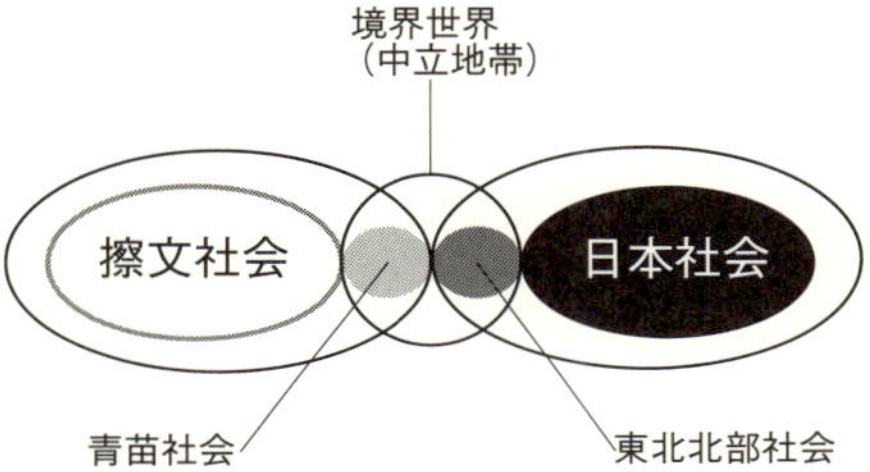

擦文社会と日本社会の境界の構造

ハウエルは、こうした「あいまい」なアイデンティティがなければ、中立地帯は成立しないと指摘する。しかし、中立地帯を構成していた青苗文化や東北北部社会の実態をみるとき、中立地帯を成立させていたのは「あいまい」なアイデンティティなどではなく、いっけん「あいまい」にみえ、両属的でありながら、実は「融合」も「同化」も拒否する固有なアイデンティティであり、したがってそれこそが異文化「同調」の鍵だったといえるだろう。

境界にフロンティアや中立地帯の存在を指摘するだけでは、もはや十分ではないのではないか。フロンティアや中立地帯が、アイヌと和人の交流史のなかで、具体的にどのような意義や役割をもつものだったのか、その共生のメカニズムを古代・中世の津軽海峡世界という個別性に即して明らかにすることが重要であるにちがいない。

「商品」というウイルス

青苗文化が、日本文化の侵食・同化・融合を制御するため境界に成立した、固有の構造をもつ共生システムだったとすれば、その具体的な機能はいったどのようなものだったのだろうか。

クレス・グレゴリーは、パプア・ニューギニアの伝統的経済に植民地化がもたらした変化を次のように明快な二つの言葉でのべている。

つまり、一方では「贈与の商品への変容」であり、一方では「商品の贈与への変容」だ。そして、商品を贈与に変容することで、伝統社会の贈与経済が植民地化によって破壊されず「開花」したと指摘している。

では、なぜ商品は伝統的な贈与経済を破壊するのか。

京都大学の田中二郎《たなかじろう》は、アフリカのカラハリ砂漠におけるコイサン人の社会が、異民族との交易によってどのように変容したか、次のようにのべている。

貨幣の流入以来、現金で売買するような他の世界のものは、所有や分配にかかわるかれらの社会規範の体系からはずれたものだという認識が定着してきており、したがって、現金で購入した馬を用いて手にいれた肉は本来の分配のルールに乗せる必要はないのだという考えがでてきている。……狩猟採集社会を通底していた平等原則の価値観は、あらたな貨幣経済原理の流入のなかで、今大きく揺らぎつつある（「カラハリ砂漠の自然と人間」）。

商品として流入してきたモノは、贈与経済の前提であり目的でもある伝統社会の平等原則を、ウイルスのように内側から侵食していったわけだ。

これらは資本主義社会と狩猟採集社会の接触の事例だが、カール・マルクスがいうように、商品が「共同体の果てるところで、共同体が他の共同体またはその成員と接触する点で、始まる」ものだとすれば、日本という異文化がもたらす産物もまた、擦文社会の伝統的な贈与経済にとっては「商品」にほかならなかったといえる。そして、異文化がもたらす一切の社会性を排除した剝き出しのモノとしての「商品」は、「反作用的に内部的共同生活でも商品にな」（『資本論』）って、伝統社会を内部から侵食してゆくだろう。

つまり、異文化との境界に成立した中立地帯の本質的な機能は、「商品」を贈与に変換することにあった、とみることができそうだ。東北北部と青苗文化という位相の異なる中間的な世界の連動は、青苗文化が「商品」を同族的関係にある東北北部から入手し、それをさらに擦文社会との同族的な関係に埋めこんで「贈与」に変換する、一種の翻訳過程だったのであり、いわばウイルスの無害化の過程だったのだ。

第二章では、弥生・古墳社会という異文化の宝が、続縄文社会に質的な転換をもたらしていたことをのべたが、この宝もまた「商品」にほかならない。擦文社会の階層化は、日本の「商品」によってさらに拡大していただろう。

擦文社会は、青苗文化という「商品」の中和・翻訳装置を必要としながら、その一方で「商品」は確実に擦文社会を侵食していったとみられる。

3 混住する和人とアイヌ

境界集団「渡党」は和人か・アイヌか

第一章でみたとおり、中世の北の狩猟採集民の姿を伝える数少ない史料として「諏訪大明神絵詞」がある。

同書によれば、一四世紀初頭の北海道には「日ノ本」「唐子」「渡党」という三つの蝦夷のグループがいた。このうち日ノ本と唐子は、言葉がまったく通じず、夜叉のような姿をしていたとあり、東北北部社会とかれらのあいだに活発な交流やコミュニケーションは基本的に存在しなかったことがわかる。金田一京助は、唐子は大陸系の文化の影響を受けた人びとを指すことから、日本海側の人びとのことであり、日ノ本は東方を指すことから、太平洋側の人びとと考えた。

この二つのグループに対して、「渡党」の記述は詳細で具体的だ。かれらは和人に似て言葉も大半は通じた。しかし髪や髭が多く、全身に毛が生え、近世アイヌ同様、毒を塗った骨鏃をもちいていた。戦いの際には、女性たちが木幣《もくへい》(イナウ)を手にもち、近世アイヌのウケエホムシュに似た戦陣呪詛をおこなった。そして道南の前堂宇満伊犬《まとうまいぬ》(松前)などから青森へ頻繁に往来し、交易をおこなっていた。つまり「渡党」はマージナルな性格をもち、蝦夷のなかでは唯一和人とのコミュニケーションが可能で、北海道と本州のあいだの交易に活躍していた人びとだった。

しかし、近世にまとめられた松前藩の家譜「新羅之記録《しんらのきろく》」（一六四六年）をみると、「渡党」は鎌倉幕府によって蝦夷地に追放された強盗海賊などの子孫、つまり和人とされている。

では、「渡党」はアイヌか、あるいは和人なのか。

元北海道開拓記念館の海保嶺夫は和人説だ。海保は「新羅之記録」の内容を踏まえ、「渡党」を西国人を基本とする悪党的な人びとが土着化したものと理解している。渡党が交易民であり、「党」と表現される点も、海保が悪党的と考える根拠になっている。この悪党説は、中世の津軽海峡世界で活躍した武士団と、西海の松浦党のような倭寇集団との類似が意識され、それが渡党に反映されたものといえる。

宮城学院女子大学の菊池勇夫は中間説だ。道南の先住民と渡海した和人が混在し、たがいの文化が影響しあい、アイヌとも和人とも明確に区別できなくなった実体が「渡党」であったとする。そして、その後道南に和人支配が確立するなかで、「渡党」はすべて和人化したと考えている。

私は、考古学的にみれば「渡党」は古代の青苗文化人の後裔そのものだ、と考えている。もちろんそこには最終的に和人も入りこみ、和人化していった。したがってその点では菊池の説に近い。

しかし、本来の「渡党」を青苗文化人の後裔とすれば、和人ともアイヌとも区別できない「あいまい」な実体が「渡党」だったわけではない。かれらの帰属意識は明らかにアイヌ社会の側にあり、また和人の側も基本的にアイヌの一派とみなしていたにちがいないからだ。事実、『諏訪大明神絵詞』は、和人が「渡党」を蝦夷の一種とみなしていたことを示している。「絵詞」に記された「渡党」の精神文化や狩猟具などの特徴はアイヌそのものだ。マージナルであるということと、実体が「あいまい」であることとは同義ではない。

私はさらに、「唐子」はサハリンを経由して大陸製品を流通させていた擦文時代の「日本海交易集団」、「日ノ本」は「太平洋交易集団」のその後の姿と考えている。つまり、『諏訪大明神絵詞』を考古学の側からみるならば、一〇世紀中葉に確立した北の狩猟採集民の流通体制が、擦文文化の終焉をはさみながらも、一四世紀の段階ではほぼかわらずに存続していたことを示しているのだ。

共生システムの変質

北海道へ和人の進出が考古学的に認められるようになるのは、『諏訪大明神絵詞』より後の一四世紀後半以降のことだ。

墓制のちがいなどによって考古学的に和人と認められる人びとの進出は、渡島半島を中心に余市町大川・千歳市末広・同美々8遺跡など道央部までおよんでいる。第一章でみたとおり、アイヌの地域社会のなかに和人の商人が入りこみ、定住しながらアイヌと交易をおこなっていたようだ。擦文社会から継承する交易体制は徐々に変容しつつあった。

なお、近世アイヌは陶磁器を珍重しなかったが、中世の道南から道央のアイヌ墓には、刀・鍋・漆塗製品などとともに陶磁器が副葬されていることが近年明らかになってきた。これまでは遺跡から陶磁器が出土すると自動的に和人の居住を示すものとみなされてきたが、中世には陶磁器も一部地域のアイヌの宝となっていたようだ。

一五世紀になると、渡島半島の南端に和人の館が次々と築かれ、その周辺には和人の町が形成されていった。館の築造にかかわったのは、当時北方交易の拠点となっていた津軽十三湊を南部氏によって攻め落とされ、蝦夷島に敗走した津軽安藤（安東）氏の勢力とされる。渡党の実態は、この地域への和人の進出によって大きくかわりつつあった。

道南の館のうち一五世紀後葉に築かれた勝山館は、上ノ国町の夷王山中腹を削平して空堀と柵でかためた山城だ。三〇〇軒以上の掘立柱の建物や竪穴住居が整然とした地割りのなかに配され、館主・家臣とその家族、鍛冶工人・漁民・修験者など、さまざまな職業や階層の人びとが混住していた。かれらはコメなど大量の物資を移入しつつ、さらに李朝青白磁などの陶磁器や茶道具までそろえて、本州とかわらない生活空間を中世蝦夷地のなかで実現していた。それは山城のイメージとは異なり、都市と評価すべきものだ。

そこで注目されるのは、アイヌの儀礼具や骨角製の狩猟・漁撈具などが五〇〇点以上出土しており、それらが館のなかで製作・使用・補修・廃棄された状況を示していることだ。また館の墓地からは、和人の墓に混じってアイヌの墓が三基みつかった。館のなかには、和人に混じって固有の生活伝統を保持していたアイヌがおり、また遺物の出土位置から、かれらは館主やそれに近い中枢を担う一団に属していたと推定されている。

この調査結果は、和人とアイヌの共生を示すものと理解され、強い衝撃をもたらした。しかし、勝山館のアイヌが青苗文化人の後裔

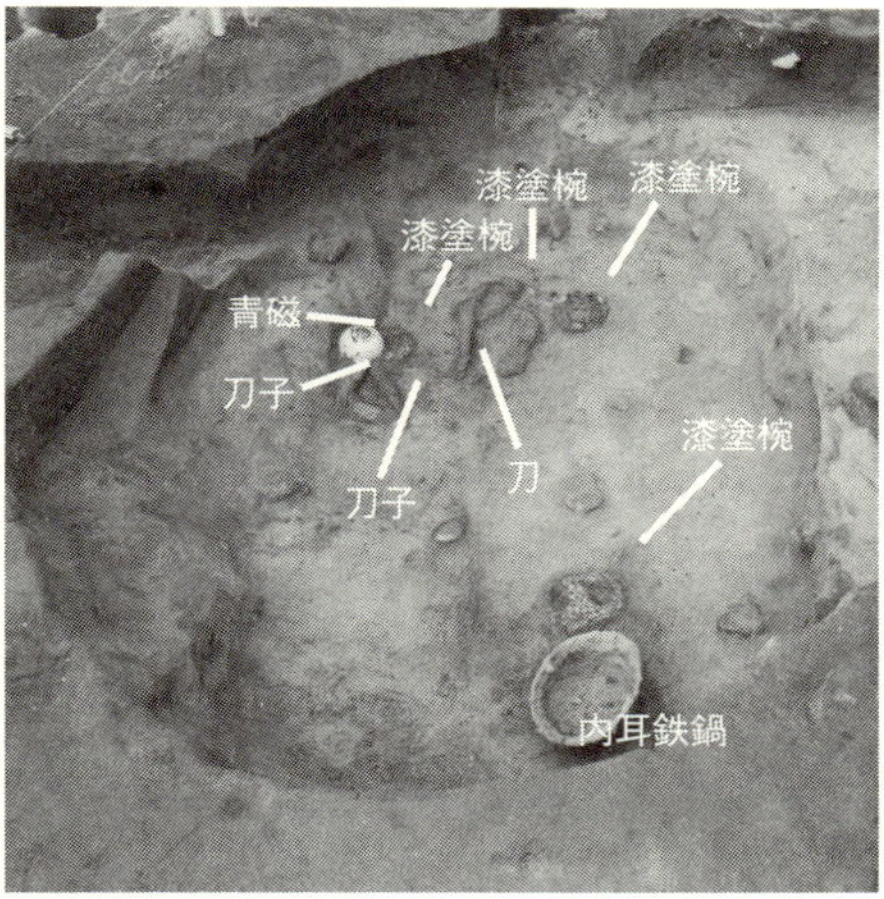

中世のアイヌ墓
泊村堀株１遺跡12号墓。14～15世紀。中国龍泉窯青磁を副葬する。中世アイヌが陶磁器を珍重していた事実が近年明らかになってきた。（泊村教育委員会2004『堀株１遺跡』）

であり、館に暮らす和人の多くが東北北部の出身であったとすれば、かれらは一〇世紀以降、文化の差異を越えてたがいに同族的意識を共有してきた人びとの子孫だったことになる。勝山館における和人とアイヌの混住は、そのような歴史的背景のもとで実現していたのかもしれない。

ただし、東北北部の和人たちは共生を目的として道南に進出したのではない。同族的関係を背景に青苗文化の領域であった道南に進出し、アイヌ社会の日本海交易体制と太平洋交易体制の結節点をみずからの管理下におくことを目的としていたのだろう。そして、青苗文化の後裔を意味していた渡党をみずから名乗ることが、交易の利権を独占する正当性・正統性を内外に示すことだったにちがいない。

一五世紀の半ばには、コシャマインの戦いをきっかけに一世紀におよぶアイヌ対和人の泥沼のような戦争がはじまった。そして、この戦争の終結によって姿をあらわしたのは、中間地帯としての「青苗文化—渡党」の世界から、アイヌを隔てる近世「和人地」の原型へと変質した道南社会だった。そしてこのことが意味するものは、アイヌの交易体制の要衝支配の完了であり、アイヌの共生システムの喪失だったといえるだろう。

第七章
アイヌ・エコシステムの世界
——交易と世界観の転換

幼児と老漁師

基層からみるアイヌの歴史

アイヌ文化はいつ、どのように成立したのか。

たとえば、アイヌの精神文化の中核をなすクマ送りを手がかりに、アイヌ文化の成立に迫ろうとする人たちもいる。元東京大学の渡辺仁は、アイヌ文化を仔グマ飼育型のクマ送りを中心とする文化要素の集合体と定義する。そして、その成立が三つの指標——定住性の確立・仔グマ飼育型クマ祭り・金属器の普及——によって認定されると考えた。

しかし、クマ送りはほんとうにアイヌ文化の中核だったのだろうか。なぜアイヌ文化の中核に据えなければならないのか。その点を掘り下げた研究はほとんどない。

そもそも考古学でいう「アイヌ文化」は、中・近世アイヌの物質文化の複合体であり、それ以上のものではない。とすれば、考古学的にその成立が中世以前にさかのぼることがないのは明白なのだ。では、アイヌには考古学的な文化複合の「断絶」、あるいは縄文人との形質的「連続」という、いずれかの歴史しかないのだろうか。いま求められているのは、このような歴史を乗り越える視点だろう。

ここでは、狩猟採集社会としてのアイヌ社会の基層をなしていた自然利用に注目し、そのありかたを、ヒトと自然の有機的関係としての「エコシステム」ととらえてみたい。そして、このエコシステムから北の狩猟採集民の歴史をたどってみることにしよう。

この基層をたどってゆくと、北の狩猟採集民の歴史には、劇的な世界観の転換があったことがみえてくる。そしてその舞台は、第三章でもとりあげた上川盆地だ。

1 上川アイヌの自然と暮らし

縄文ランドスケープとアイヌ・ランドスケープ

上川盆地は南北三〇キロ、東西二〇キロ、面積四四〇平方キロの北海道最大の盆地だ。ここに暮らす上川アイヌは、近世末には人口三〇〇人ほどだったが、内陸では最大規模の地域集団といってよい。

上川に和人の入植が本格化したのは一八九〇年代のことであり、この和人入植以前の上川アイヌの集落は石狩川本流筋と忠別川筋にあった。そしてそれらは、第三章でみた上川盆地の地形区分にしたがえば、擦文文化の集落と同じく河岸段丘のうち最下の三面にあった。

石狩川などの氾濫原には樹高一〇メートルを越すヤナギ類が茂っていた。しかし、樹林はこの川の両側を縁どるだけで、ここから一段あがった段丘三面は、和人の探検家らが「平坦清爽《せいそう》」「茫々《ぼうぼう》たる」などと形容した広大な草原が広がっていた。ただし、実際にそのなかに入ると、ヨシのたぐいが茂り、見通しはほとんどきかなかった。草原のなかにはヤチダモ・ハンノキ・アカダモなどの疎林が点在していた。

段丘三面は扇状地の扇端にあたっている。そのため湧水池のメムと、そこから流れ出した小川が各所にあって、この小川ごとに遡上止めのサケ漁場が設けられていた。アイヌの集落はこの漁場のとなりに設けられた。戸数は平均して二、三戸だが、なかには一〇戸を越す集落もあった。

この段丘三面と高さ二メートルほどの崖で隔てられた段丘二面は、「鬱蒼《うっそう》たる」「天を覆う」「千古《せんこ》不鉞《ふえつ》」と形容されるイタヤ・エンジュ・コブシ・ナラなどの老木・巨樹が密生する森林地帯だった。入植した和人の手記によれば、この段丘二面は「朝十時ころに初めてガス（霧）が晴れ、太陽の光線を樹枝の間から垣間見る有様で……夜も昼も何か異様な鳴き声や、木のすれあう音もすさまじい」世界であり、クマがひんぱんに出没した（『屯田物語原画綴《とんでんものがたりげんがつづり》』）。段丘三面とはいちじるしい対照をみせる空間だった。

上川アイヌは、この段丘二面には墓地を設けていた。現在、アイヌの人びとの墓地は段丘一面にあるが、過去に工事などで偶然発見されたアイヌ墓は、この段丘二面だ。

屯田兵村や第七師団の設置など、上川盆地の初期の大規模開発もすべてこの段丘二面でおこなわれた。縄文人の遺跡の分布もこの段丘二面が中心だ。一方、擦文やアイヌの集落があった段丘三面には商人や職人が住みつき、また遊興地としても発展していった。段丘二面の開発は、段丘三面とちがって伐根に多大の労力を要したが、それでも二面が選択されたのは、氾濫の回避が意識されていたのだろう。段丘三面は、大水の際には容易に冠水した。

段丘二面を取り囲むように、比高差四〇メートルほどの小高い丘、すなわち段丘一面がみえる。ここにはアイヌのチャシ（砦）が設けられた。また、段丘一面と二面には、送り儀礼をおこなう送り場が各所に設けられた。この送り儀礼とは、使用や食用に供した器物や動植物の魂を神の国に送り返すものだ。

擦文人とアイヌの日常世界である平坦清爽な草原地帯の景観を「アイヌ・ランドスケープ」、縄文人の世界である異様な鳴き声に包まれた森林地帯の景観を「縄文ランドスケープ」とよぶことにしよう。アイヌの墓地や祭儀場が「縄文ランドスケープ」のなかにあったことからすれば、アイヌにとってその景観は、神や死者と重なりあうものとして目に映っていたはずだ。つまり、両者はたかだか高さ数メートルの崖で隔てられていたにすぎないが、縄文人や擦文人、アイヌにとって、目に映るそれぞれの景観は、精神的に異なる意味をもっていたと考えられる。

この上川アイヌの世界は緑の山地で円く縁どられ、さらに太陽が昇る東の方向には、紺色の大雪山系が高くそびえていた。

なにを食べ、なにを交易していたか

一八七二年におこなわれた開拓使による上川アイヌの調査では、かれらの戸口を六八戸三〇六人としたうえで、年間を通じた生業を次のように記している。

> 植物では初夏にオオウバユリの鱗茎《りんけい》から製するデンプン、動物では春から秋に捕獲するシカ、秋から初冬に捕獲するサケがメジャー・フードとなっていた。それらは干鮭などの保存食に加工され、越冬食にもされた。ほかに初夏のヤツメウナギ漁、夏場のサクラマス漁、冬場を中心に年間を通じておこなわれるクマ猟が重要であったほか、テン・キツネ・タヌキ・カワウソなどの毛皮獣も多く捕獲されていた。

上川アイヌの生業カレンダー

当時のサケの漁獲は、全体で八万四〇〇〇～九万尾（一戸あたり約一三〇〇尾）であり、毛皮や胆嚢が交易品となっていたクマの捕獲は一五〇～一六〇頭（一戸あたり二頭強）だった。サケの漁獲は、第三章でみた近世の上川アイヌの漁獲に比べてかなり少ないようだが、これは当時、干鮭の移出がかなり落ちこんでいたこと、さらに下流域でのサケの乱獲によって資源が激減していたことがかかわっていたとみられる。

上川アイヌの移出品については、『蝦夷商賈聞書』（一七三九年ころ）が大量の干鮭と毛皮（クマ・キツネ・ウサギ）をかれらの特産とする。また松浦武四郎は、上川アイヌがキツネの毛皮七〇〇～八〇〇枚、カワウソ二〇〇枚、イタチ一〇〇〇枚を移出していたとする（『蝦夷日誌』）。「上川中川物産取《かみかわなかがわぶっさんとり》調書《しらべしょ》」（一八七三年）には、クマの胆嚢・毛皮（クマ・カワウソ・キツネ・テン）・ワシ・干鮭・マス・アツシ（樹皮）織・カバ皮・シナ皮・丸木舟などがあげられている。

さらに、「石狩川上貸付為換帳《いしかりかわかみかしつけかわせちょう》」によって一八八五～八九年の上川アイヌからの買上品をみると、毛皮（クマ・キツネ・カワウソ・テン・イタチ）・クマの爪・ヤツメウナギなどがある。これによって上川アイヌが入手していたのは、酒・濁り酒・濁り酒を自製するためのコメと麹・塩・染木綿・糸・シャツ・手ぬぐい・下帯・マキリ（小刀）・ハサミ・針・キセル・椀・西洋鉄砲・火薬などだった。

上川アイヌの猟場は、上川盆地の南に接する富良野盆地と、西に接する雨竜川中上流域などだった。この二つの地域は、アイヌの在地社会が存在しない無住の地であり、上川アイヌが自由に往来していた。クマ猟の場合、上川アイヌはさらに日本海北部・太平洋東部・オホーツク海・日高・胆振までおもむいていた。

農耕については、上川アイヌがこれをおこなっていた記録は確認できない。一八八四年には、上川の開拓に先立って道の農作試験所が上川に設置され、農作物の試作にとどまらず、アイヌに対する農耕の奨励もおこなわれたが、上川アイヌは開墾を約束して種イモを受けとったものの、すべて食べつくしてしまったという。

ちなみに、擦文文化では全道で活発におこなわれていた農耕だが、近世には一部地域を除いてその伝統は失われていたと考えられてきた。しかし最近、近世前半の鉄製農具と畝をもつ畑の考古学的な発見が相次いでいる。農業の衰退は近世後半のことだったのだろう。この衰退を、松前藩のアイヌに対する「禁農」「禁鉄」政策の結果とみる説もあるが、史料的に裏づけられていない。幅広い視点から検討してみる必要がありそうだ。

三つの地域グループ

上川アイヌは、上川盆地のなかで三つのグループに分かれていた。この三つのグループとは、石狩川の下手の一群（石狩川下流グループ）、上手の一群（石狩川上流グループ）、そして忠別川の一群（忠別川グループ）だ。各グループの人口は一〇〇人ほどだった。

三つのグループには、それぞれ首長（乙名）とその補佐（小使《こづかい》）がおり、さらに三つのグループ全体を統括する総首長（惣乙名《そうおとな》）がいた（『石狩十《いしかりと》勝両河記行《かちりょうかわきこう》』一八七六年）。道庁植民課はこの三ヵ所に分かれている上川アイヌを一ヵ所に集住させようと画策し、各グループの首長を集めて会議を開いたが、アイヌ側は、三つのグループがそれぞれ「少しく風習を異に」するため、従来どおりにしてもらいたいと申し入れている（一八九四年）。

これらの事実は、それぞれのグループの自律性をうかがわせると同時に、三つのグループのありかたが、和人による上川アイヌの便宜的な分割や再編によるものではなく、自生的なものだった可能性を強く示している。

では、このグループはどのような性格をもっていたのだろうか。

上川盆地には、和人の交易所である「番屋《ばんや》」が設置されていたが、もともとはそれが各グループのなかに一ヵ所ずつ置かれていたことから（「石狩川川筋図《いしかりがわかわすじず》」一八〇七年）、交易単位としての性格をもっ

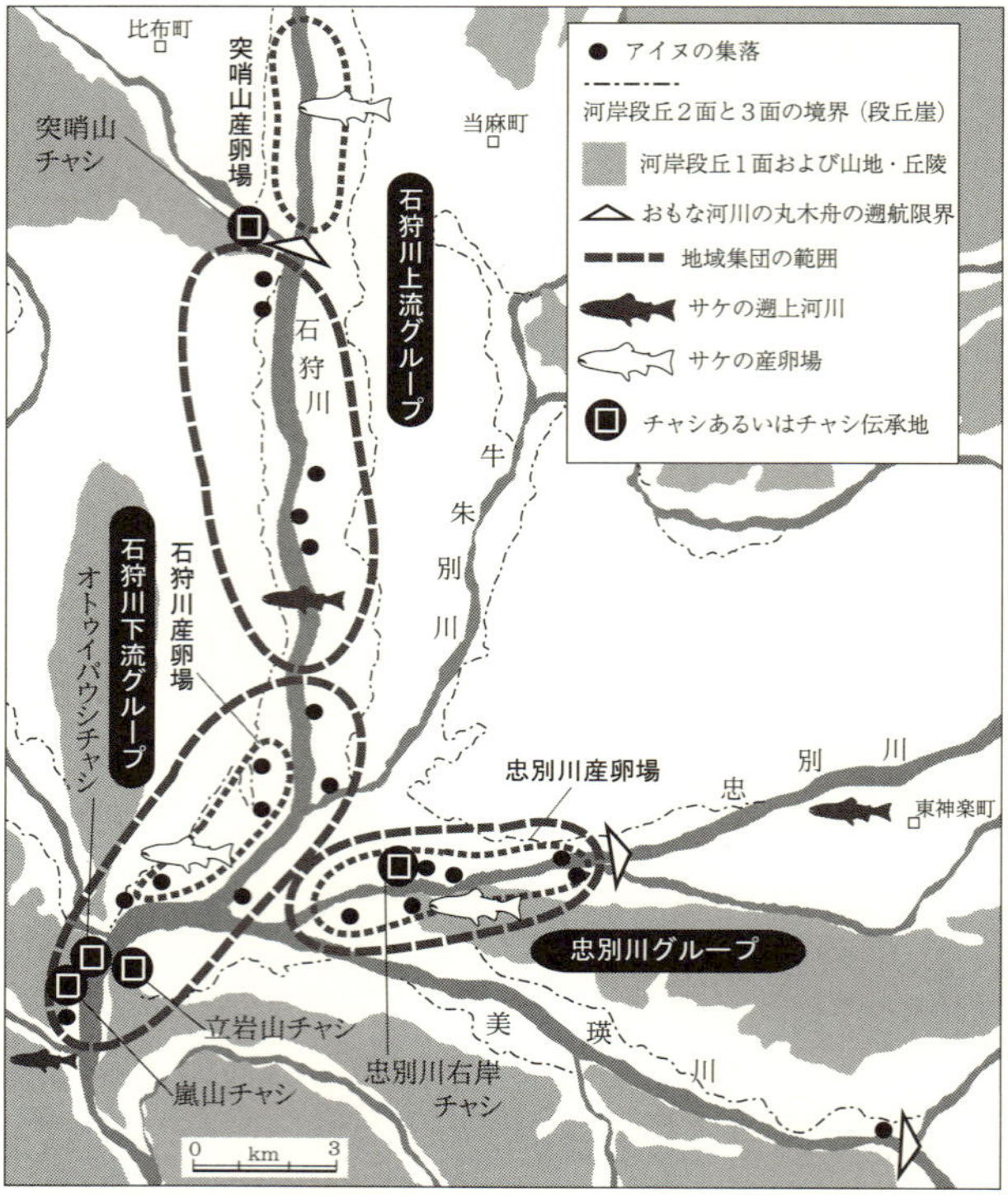

1857年の上川アイヌの集落の分布

ていたようだ。

また、このグループ間の移動や通婚《つうこん》関係がどのようなものであったか調べてみたところ、集落を離れることは全体の八〇%近い家でおこなわれていたが、移動先はもっぱら自分が属するグループの内部にかぎられていたことがわかった。

さらに上川アイヌ同士が婚姻する場合も、グループ間ではなく、基本的に自分の属するグループ内部でおこなわれていた。ただし、せいぜい一〇〇人ほどのグループ内部で婚姻が完結していたわけではなく、全体の六〇%以上が上川の「外」から妻あるいは夫を迎えていた。つまりそれぞれのグループは、移動や通婚の点でも強い自律性をもつものだったのだ。

総首長によって束ねられていた上川アイヌという統合体は、内婚の単位といった婚姻関係のうえで一定の役割をもつものではなく、自律性の強い三つのグループをゆるやかに束ねるものであり、その役割はおそらく上川盆地でおこなわれる狩猟や漁撈、交易にかかわる調停だったのだろう。

それぞれのグループが強い自律性をもっていたといっても、もちろん、たがいに敵対的だったわけではない。上川アイヌはグループの枠を越えて日常的に交流していた。しかし、各グループが通婚関係をもっていた外の世界も、石狩川上流グループは天塩アイヌ（日本海側）、石狩川下流グループは湧別・渚滑アイヌ（オホーツク海側）、忠別川グループは十勝アイヌ（太平洋側）というように、それぞれ異なっていた（『丁巳《ていし》再篙石狩日誌《さいこういしかりにっし》』）。

こうした事実から考えると、各グループが強い自律性と排他性をもつ社会的な単位であったことはまちがいない。

チャシから地域グループの成立時期を考える

チャシは、第二章でものべたように壕や土塁、柵列などによって一定の空間を画する施設であり、砦などと訳される。ただし、その性格はまだ十分明らかになっておらず、チャシがだれのための施設なのか、つまり個人や家ごとの施設か、あるいは集落ごとの施設かを明らかにすることは、チャシの性格を絞りこんでゆくうえで重要な意味をもっている。

日高の沙流川流域では、個々の集落とチャシが対応しているので、集落ごとにチャシをつくっていたと考えられている。天塩川流域でもそうした傾向があるようだ。

ただし、ユーカラに登場するチャシは個人のためのチャシがほとんどだ。この個人は神か首長で、チャシはその居城であり、そこには大量の宝が蓄えられている。ひょっとすると、そうしたチャシもあったのかもしれない。

しかし上川のチャシをみると、沙流川や天塩川とはちがって、その分布は各地域グループに対応している。個々の集落ではなく、地域グループがチャシの造営・管理の主体だったとみてまちがいない。このこともまた地域グループの自律的・排他的な性格を裏づけるものだ。

ところで、チャシの造営主体が地域グループだったとすると、チャシは地域グループがいつ成立したのかを考える手がかりになる。三つの地域グループの存在が文献史料からたどれるのは一九世紀はじめまでだが、全道でチャシがつくられたのは一六〜一八世紀と推定されているから、地域グループの成立は一九世紀より前と考えられる。

三つの地域グループのうち、その成立が擦文時代までたどれる可能性があるのは、第三章でみたように、擦文集落が集中していた石狩川下流グループだけだ。石狩川上流と忠別川のグループにはこれまで擦文集落はみつかっておらず、したがって二つのグループの成立が擦文時代までさかのぼる可能性はほとんどない。

では、この二つのグループが成立したのはいつなのか。そこで興味深いのは次のような事実だ。石狩川上流グループについては、天塩アイヌが不漁のため石狩川河口に近い上ツイシカリに移住させられ、その後、経過は不明だが、上川盆地の石狩川上流に住みついたとする一八一三年の記事がある。事実、松浦武四郎によれば、石狩川上流グループと天塩アイヌは深い交流をもっていた。

また忠別川グループは、十勝から移住してきたとする伝承がある。一九世紀半ばには、かれらは和人商人の横暴を嫌ってしばしば集団で逃亡し、そのたび連れ戻されていたが、その逃亡先は十勝だった。

これらの移住記事を事実とした場合、石狩川上流グループと天塩アイヌ、忠別川グループと十勝アイヌの交流の濃密さは、移住が一九世紀を数百年もさかのぼる出来事ではなかったことを示唆している。

一方、上川アイヌのなかには、かれらが三つのグループからなっており、洪水の際にそれぞれ三ヵ所の高台に避難したという洪水伝承が伝えられていたが、この三ヵ所の高台とされる場所にはそれぞれチャシがある。つまり、この洪水伝承はチャシ伝承が変形したものとみられる。

この三ヵ所のうち二ヵ所のチャシにはチャシ伝承が伝えられている。しかし突哨山チャシは伝承がなく、たまたま土木工事中に壕が発見されて存在が明らかになったものだ。つまり、突哨山チャシの記憶が上川アイヌのなかからまったく失われていたことは、上川盆地のチャシの造営がそれほど新しいものではなかったことを物語っている。

両方のあいだをとると、上川盆地のチャシ造営は一七世紀前後ではなかったかとの印象をもつが、その結論は将来のチャシの発掘調査によって明らかにされてゆくだろう。

サケと丸木舟の世界

三つの地域グループのなりたちについては、なお不明な点が多いとしても、上川盆地のなかでなぜ三つに分かれていなければならなかったのだろうか。

そこで注目したいのが、第三章でのべた上川盆地のサケ産卵場だ。

三ヵ所あったサケの産卵場をみると、石狩川下流グループは石狩川産卵場とほぼ重なっており、忠別川グループは忠別川産卵場と一致している。つまりそれぞれのグループは、産卵場を占めることで三つに分かれていたようなのだ。上川アイヌの重要な交易品はサケであり、実際、上川アイヌが大量のサケを捕獲していたことを第三章でみてきた。地域グループが産卵場を占めていたのには、このような理由があったのだろう。

ただし、石狩川上流グループと突哨山産卵場は重ならない。実は、ここには丸木舟の問題がかかわっていた。

積雪がかたく締まる春先以外、陸地はヤブが茂り、移動が困難だったため、上川アイヌは丸木舟をもちいて往来していた。近世の探検家の記録をみると、アイヌをガイドに雇い入れ、丸木舟で上川アイヌの集落を次々に訪れている。上川アイヌの社会は丸木舟による交通を不可欠としていた。

上川アイヌの丸木舟は、長さ五～六メートルほどの幅が狭い小型の丸木舟で、浮きをよくするため底を薄く削り、舳《へ》先《さき》があまり上がらない「浅河用」とよばれるタイプの舟だった。五、六人が乗舟でき、〇・五〜一トンの荷の積載が可能だったようだ。しかし、かれらの使用する丸木舟はこの一種だけではなかった。

上川アイヌは、石狩川上流と下流のグループの中間にあったテシシルベで丸木舟の乗り換えをおこなっていた。その理由は、「浅河用」の舟は小さく軽いため、上流グループの急流地帯を上り下りするのが困難だったからだ。石狩川上流グループの舟は、下流グループの舟とは異なる「急流用」とよばれるタイプの舟だった。これは、舟幅は狭いが長さがあり、舳先が高く上がって急流を降るスピードに耐えるよう工夫されていた。このような丸木舟の乗り換え地点が地域グループの境界でもあったのは、たいへん興味深い。

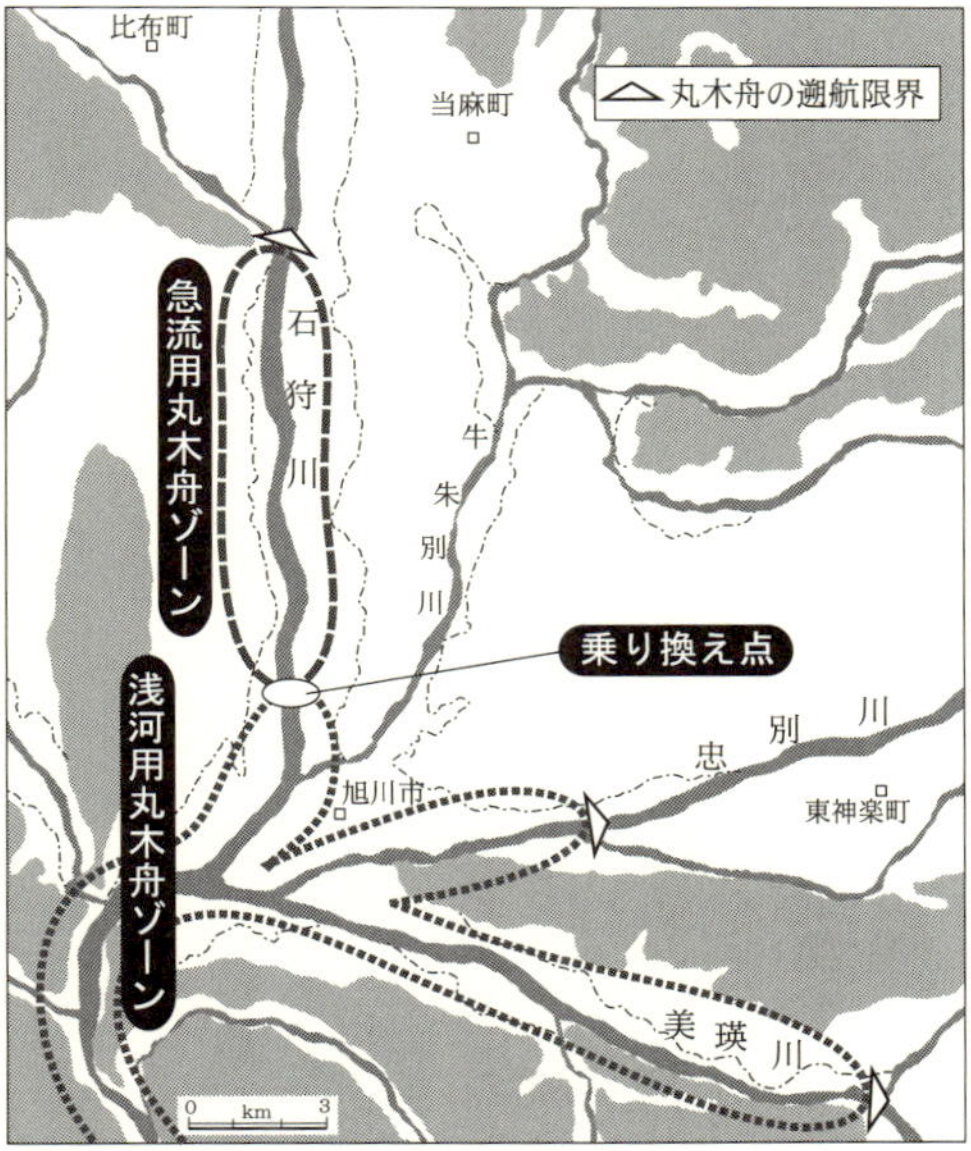

上川盆地における丸木舟の運航システム

ところで、上川盆地の丸木舟の遡航限界を史料で調べてみると、おもしろいことがわかった。上川アイヌの丸木舟の遡航限界は、集落の分布限界と一致しているのだ。遡航限界を越えて分布する集落は基本的にない。上川アイヌの地域展開は、なによりもこの丸木舟の遡航限界に制約されていたようだ。

丸木舟がなぜそれほど重要だったのかといえば、そこには交易がかかわっていた。ユーカラをみると、丸木舟はアイヌ社会で「神の中でもより重い神」になっていたが、それは丸木舟が交易のもたらす富の媒介であることに由来していた。

上川アイヌが移出していた交易品はおもに干鮭と獣皮だったが、このうち干鮭は、漆塗りの行器一個が干鮭四八〇〇本、鉄鍋一個が八八〇本、耳盥《みみだらい》一個が八〇〇本、アイヌ交易用の粗悪な漆塗椀一個が八〇本に相当した（一八五四〜五九年当時）。上川アイヌの移出品は莫大な量におよんだはずだ。それらは各グループのなかにあった交易所に集められ、さらに石狩川河口まで運ばれた。このような物流に丸木舟は欠かせなかったのであり、そのため丸木舟の遡航限界を越えて集落がつくられることはなかったのだろう。

開発されつくす漁場

では、産卵場と重ならない石狩川上流グループは、サケの大量捕獲はおこなっていなかったのだろうか。

史料からは、石狩川上流グループもサケを捕っていたことが確認できる。ただし、産卵場地帯の小川で漁をおこなっていた石狩川下流や忠別川のグループとはちがって、石狩川上流グループは石狩川本流に遡上止めを設けてサケを捕獲していた。

石狩川本流での漁は、産卵場地帯の小川の漁にくらべて多くの困難をともなった。しかし、突哨山産卵場は石狩川産卵場に次ぐ規模と推定され、サケの遡上は忠別川産卵場より格段に多かったはずだから、そこに向かって大量のサケが石狩川本流を遡上していただろう。相応の漁獲があったのはまちがいない。また上流グループが占める石狩川の上流は水量が少なく、本流での漁が唯一可能な地域でもあったのだ。

擦文時代の集落が石狩川産卵場に限定的に分布していたのは、そこが最大の産卵場でもっとも生産性が高く、またサケの捕獲が容易な地域であると同時に、石狩川に支流が次々合流し、水量が豊かで、盆地内では丸木舟の運航がもっとも容易な地域だったからだとおもわれる。その後おそらく一七世紀前後になって、生産性の点では二次的なものでしかなかった忠別川産卵場と突哨山産卵場が漁場として開発されていったのだろう。

一八七六年当時、上川アイヌ全体を束ねた総首長（惣乙名）はクウチンコレだが、かれの集落は石狩川下流グループのポロメム集落だった。つまりクウチンコレは、サケ産卵場のなかでもっとも生産性の高い石狩川産卵場を占めていたのだ。この事実は、産卵場・漁場の生産性の階層的関係が、そのまま三つの地域グループ間の階層的関係に反映されていたことをうかがわせる。

2 縄文エコシステムとアイヌ・エコシステム

森の民・川の民

上川アイヌは、サケ漁と丸木舟を核とする川の生態・川の資源に深く結びついた、いわば「川の民」だった。上川の擦文社会は、この近世アイヌ社会の原型といえるものだった。

これに対して上川の縄文集落は、第三章でみたとおり、擦文や近世の集落とちがって盆地一円の多様な場所にある。産卵場より上流の地域や、遡上河川から離れた台地上、あるいはサケの遡上しない川筋にも分布しており、サケとのかかわりは希薄だ。

サケ漁自体はおこなっていたにちがいないが、産卵場に集落を構えてまでサケ漁に特化することはなかったわけだ。縄文文化のサケ漁は、生業上の選択肢のひとつにすぎず、当時は特定の資源に偏らない多様で柔軟な生業体系が存在していたといえそうだ。

また、縄文集落は、丸木舟の航行可能な川から遠く離れており、当時は丸木舟の利用が集落立地の条件とはなっていなかった。擦文や近世の社会を規定したサケ漁と丸木舟の二つは、縄文社会では規定的なものではなかった。

擦文や近世の集落が立地したのは、河岸段丘三面とよばれるもっとも低い段丘面であり、洪水の被害を覚悟でそうした立地に集落を構えていた。これに対して縄文集落は段丘二面や一面にあり、最下の三面に位置する遺跡もいくつかあるものの、それらはシカの陥《おと》し穴《あな》猟場だった。つまり上川の縄文人にとって、擦文や近世の集落がある最下の段丘面は、基本的に狩猟・漁撈の空間であり、近代になって入植した和人たちと同様、冠水のおそれがあるため居住適地としては認識していなかったことになる。

縄文集落がある段丘二面や一面は、巨木が密生する昼なお暗い空間であり、上川の縄文人は森の生態と深く結びついた「森の民」だった。

「縄文エコシステム」から「アイヌ・エコシステム」へ

擦文時代の石狩川水系では、産卵場地帯を占めて内陸の「漁村」が成立していったが、富良野盆地や雨竜川流域などサケが遡上しない川筋では、擦文文化の集落はもちろん、近世のアイヌ社会も存在

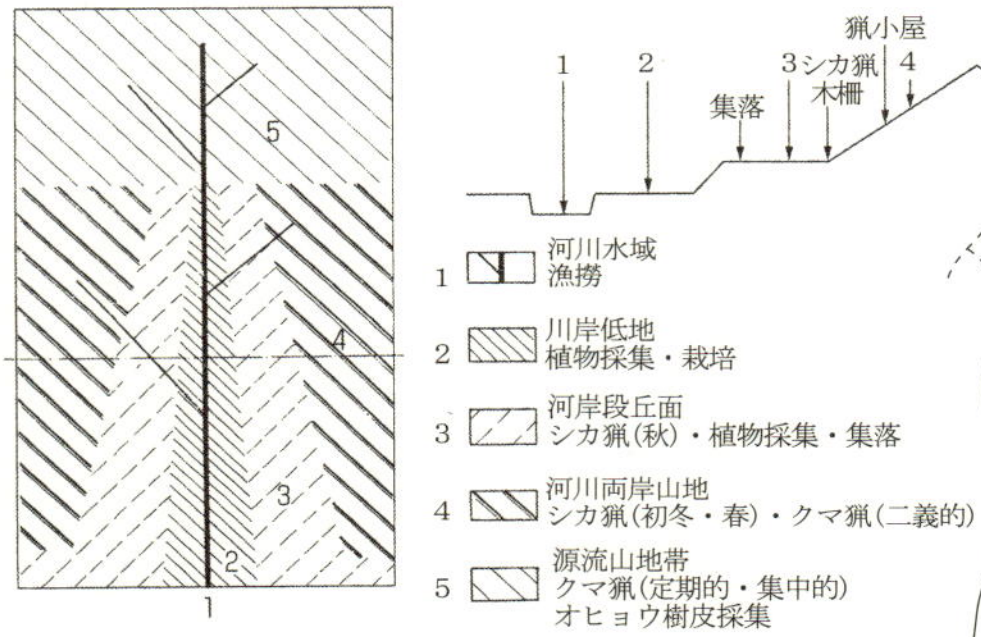

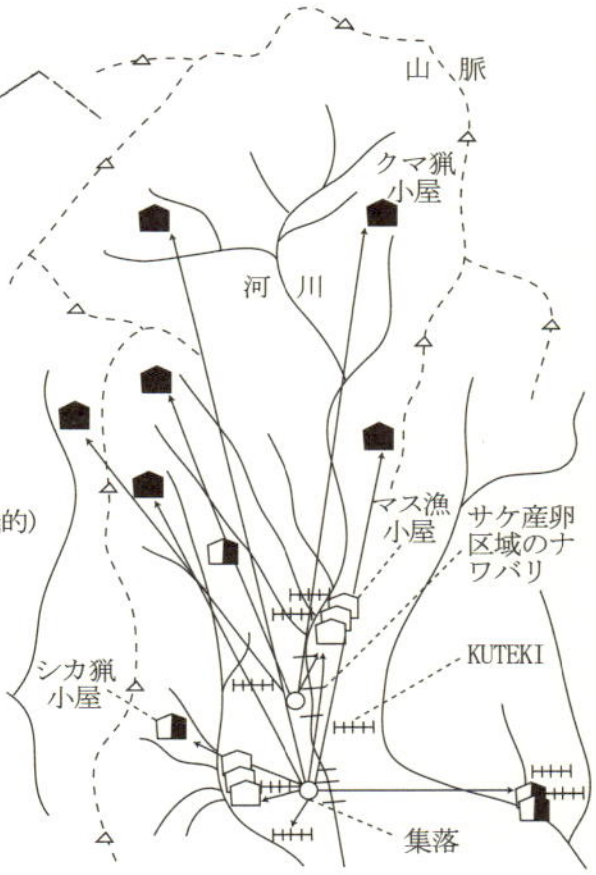

近世アイヌのエコシステム
渡辺仁が示したアイヌ・エコシステムの一例。
左：アイヌの生計活動からみた河川流域の生態ゾーン。
右：生態ゾーンの放射状開発。（渡辺仁1977『人類学講座12　生態』雄山閣出版をトレース）

しなかった。しかし、そのようなサケの遡上しない川筋にも縄文遺跡は多く分布している。九世紀末から一〇世紀以降、この地域の人びとにとって、サケ漁が交易とかかわって必須の生業となるなかで、集落の立地は劇的に転換し、サケが遡上しない多くの地域は居住不適地として切り捨てられてゆくことになった。

富の生産としてのサケ漁に偏向し、流通手段としての丸木舟の運航のありかたに規定された擦文から近世の自然利用・環境適応を「アイヌ・エコシステム」とよぶことにしよう。そして、特定種に偏らない柔軟な生業の体系をもち、河川交通が社会を規定する要因となっていなかった、多様性や分散性を特徴とする縄文の自然利用・環境適応を、これと区別して「縄文エコシステム」とよぶことにしたい。

アイヌ・エコシステムとは、もともと元東京大学の渡辺仁が提唱した、文化人類学的なアイヌ社会の生態モデルだ。たとえば、渡辺が十勝アイヌなどの事例をもとに示したアイヌ・エコシステムとは、次のようなものだ。

渡辺はアイヌ社会を川筋社会ととらえる。そして、アイヌの集落は段丘面に営まれるが、この定住集落を拠点として、河川源流地帯ではクマ猟、丘陵では早春・初冬のシカ猟、段丘面では秋のシカ猟と植物採集、氾濫原では植物採集、河川ではサケ・マス漁という、生計活動にもとづく生態ゾーンが成立していた。そして、この生態ゾーンと有機的に結びついた集団領域、集団の地縁や血縁関係、協業や分業、儀礼などのありかた、すなわちローカルなアイヌ社会それ自体を、生態系と不可分な、生態系に統合されたものとみなして、渡辺はアイヌ・エコシステムとよんだのだ。

このアイヌ・エコシステムの概念は、最近では取り上げられることも少ないが、アイヌ社会を生態的な視点から理解し、また説明するうえでもたいへん有効だ。

ただし渡辺のアイヌ・エコシステムは、古老からの聞き取りにもとづいて提示したアイヌ社会のモデルであり、近世末のアイヌのエコシステムであったにもかかわらず、それを場所請負制や、その後の農業奨励策によって「崩壊」する以前の「伝統的な採集生活」の姿と位置づけ、アイヌ社会の普遍的・原型的な生態モデルとした点に問題がある。

渡辺は、アイヌ・エコシステムがほぼ同じ環境のもとにあった縄文人の社会を復元するためのモデルになると信じていたが、本書が明らかにしたように、アイヌ社会の自然利用は縄文社会から不変だったわけではなく、歴史的な変容を遂げていた。

このような歴史性を捨象した静態的概念である渡辺のアイヌ・エコシステムを、そのまま受け入れるわけにはいかない。そこで私は、渡辺のアイヌ・エコシステムを一〇世紀以降に生じていった「交易適応」の生態的な社会モデルととらえなおし、さらに縄文エコシステムを設定してこれと対置することで、北の狩猟採集民の歴史的な動態モデルとして位置づけている。つまりこのことによって、狩猟採集という同一生業の社会における変化を、歴史的なパラダイム・シフトとして理解し、評価することも可能になるわけだ。

世界観の転換

国立歴史民俗博物館の藤尾慎一郎は、縄文人が稲作を受け入れて弥生農耕社会に転換するには、たんに稲作の技術だけではなく、祭祀など精神文化もふくめた枠組み全体としての転換が必要であり、その枠組みを提示したのが渡来人だったとのべている。

縄文エコシステムからアイヌ・エコシステムへの転換は、このような全面的な生業の転換ではなく、同じ狩猟採集の枠組みのなかでの転換にすぎなかったが、それにもかかわらず擦文人の世界観に深い影響をおよぼしていた可能性がある。

たとえば、わずか数メートルの崖で隔てられた二つの段丘面の景観「縄文ランドスケープ」と「アイヌ・ランドスケープ」が、縄文人と擦文人・近世アイヌにとって、精神的に異なる意味をもっていただろうことは先に指摘したとおりだ。

ほかにも次のような変容が考えられる。たとえばアイヌの集落を守護する神にコタン・コロ・カムイがある。このカムイはシマフクロウの姿をしていたが、それはシマフクロウがサケを食料としており、産卵場に集落を構えるアイヌのテリトリーとシマフクロウのそれが重なっていたためとされる。とくにサケ漁を生業の中心とする石狩川水系では、シマフクロウはクマより地位の高い神だった。

しかし石狩川水系の縄文遺跡をみると、その立地は産卵場や遡上河川から離れているものがほとんどで、シマフクロウの生息環境とかさならない。そもそも縄文社会ではサケは多様な食料選択肢のひとつにすぎず、地域社会が一律サケ漁に特化することはなかったから、もし縄文社会に集落の守護神がいたとすれば、それはシマフクロウではなかったことになる。

元東京大学の宇田川洋は、根室市オンネモト貝塚と北見市常呂川河口遺跡で出土したオホーツク文化のフクロウ彫刻をシマフクロウと理解し、アイヌのコタン・コロ・カムイとの連続性を考えている。しかし、オホーツク文化の器物に意匠された他の動物は、クジラや海獣、水鳥といった海浜の生き物がほとんどだ。このフクロウの仲間も海浜を生活圏とするもの、たとえば北極圏で繁殖し、冬に道東の流氷原や沿岸部などに渡来するシロフクロウではなかったか。

宇田川は、クマ祭りというアイヌ文化の精神的基盤が、オホーツク文化に由来するものと理解しており、フクロウ彫刻をシマフクロウと判断したのも、そのような理解にもとづくにちがいない。だが、集落の守護神としてのシマフクロウ信仰は、アイヌ・エコシステムへの転換にともなって、擦文文化のなかで成立した可能性を考えてもよいだろう。

ほかにも、アイヌの丸木舟を重要な神とする観念などがアイヌ・エコシステムのなかで成立したはずだ。アイヌ・エコシステムの成立は、象徴的世界の転換をともなうものだったとみられる。

活力に満ちた苦悩の時代のはじまり

アイヌ・エコシステムを交易適応のシステムとすれば、それはたんに「川の民」の川筋社会のモデルにとどまるものではない。事実、縄文エコシステムからアイヌ・エコシステムへの転換は、川筋社会などを越えた広い範囲で生じていた。それは縄文時代以来、北の狩猟採集民の社会を通底してきた、生態系にもとづく文化圏の転換だ。

近世の北海道は、日本海からオホーツク海側の西蝦夷地と、太平洋側の東蝦夷地の二つに分かれ、さらに松前を中心とした渡島半島西南部には和人地が設定されていた。この東西蝦夷地は、本来はその境界も明確なものではなかったが、一八世紀末に幕府が東蝦夷地を直轄するにあたって、その境界を明らかにしたものとされる。しかし、この東西蝦夷地という地域設定は、次にのべるように和人の側からの便宜的・一方的なものではなかったようだ。

一九世紀前葉の東蝦夷地には、次の地域グループが存在した。

チュプカウンクル（エトロフ島以東）、シメナシウンクル（十勝の広尾以東）、メナシウンクル（日高の静内以南～幌泉《ほろいずみ》）、シュムクル（日高の新冠《にいかっぷ》から白老）、ウショロンクル（噴火湾の幌別《ほろべつ》から有珠）、ウシケシウンクル（噴火湾の長万部《おしゃまんべ》から森《もり》）、ホレバシウンクル（噴火湾の鹿部《しかべ》から戸井《とい》）だ（『松前《まつまえ》並《ならびに》東《とう》西蝦夷地《ざいえぞち》場所々地《ばしょばしょち》名荒増和《めいあらましわ》解《げ》休泊里数山道行程等大概書《きゅうはくりすうさんどうこうていとうたいがいしょ》』）。

東北学院大学の榎森進《えもりすすむ》は、この七グループについて、一七世紀後葉に静内の首長シャクシャインが釧路の首長と血縁関係にあったこと、またシャクシャインと同じ静内川筋を占めながら対立していた首長オニビシについたアイヌがシュムクルのアイヌであることなどから、これらが緊密な関係をもった連合体を構成していたと指摘している。

また元北海道開拓記念館の海保嶺夫は、シャクシャイン蜂起の際、噴火湾沿岸の総首長であったアイコウインが、日高南部のアイヌや道東のアイヌと連絡をとりつつ行動していたことから、やはり東蝦夷地のアイヌ全体におよぶ組織性が存在したと考えている。

つまり東蝦夷地とは、太平洋側に割拠する地域グループが連合体をなしており、和人の側もそうした実態をある程度ふまえたうえで、その総体的な範囲を示すものだったと考えられそうだ。とすれば、これに相対する西蝦夷地についても当然同じような実態をもつものとみてよいだろう。つまり東西蝦夷地という地域設定は、近世北海道のアイヌ社会が、太平洋側と日本海・オホーツク海側の大きく二つの地域グループの連合体からなっていたことを示唆しているのだ。

ここで、縄文・続縄文における地域的な文化圏のありかたをみてみよう。

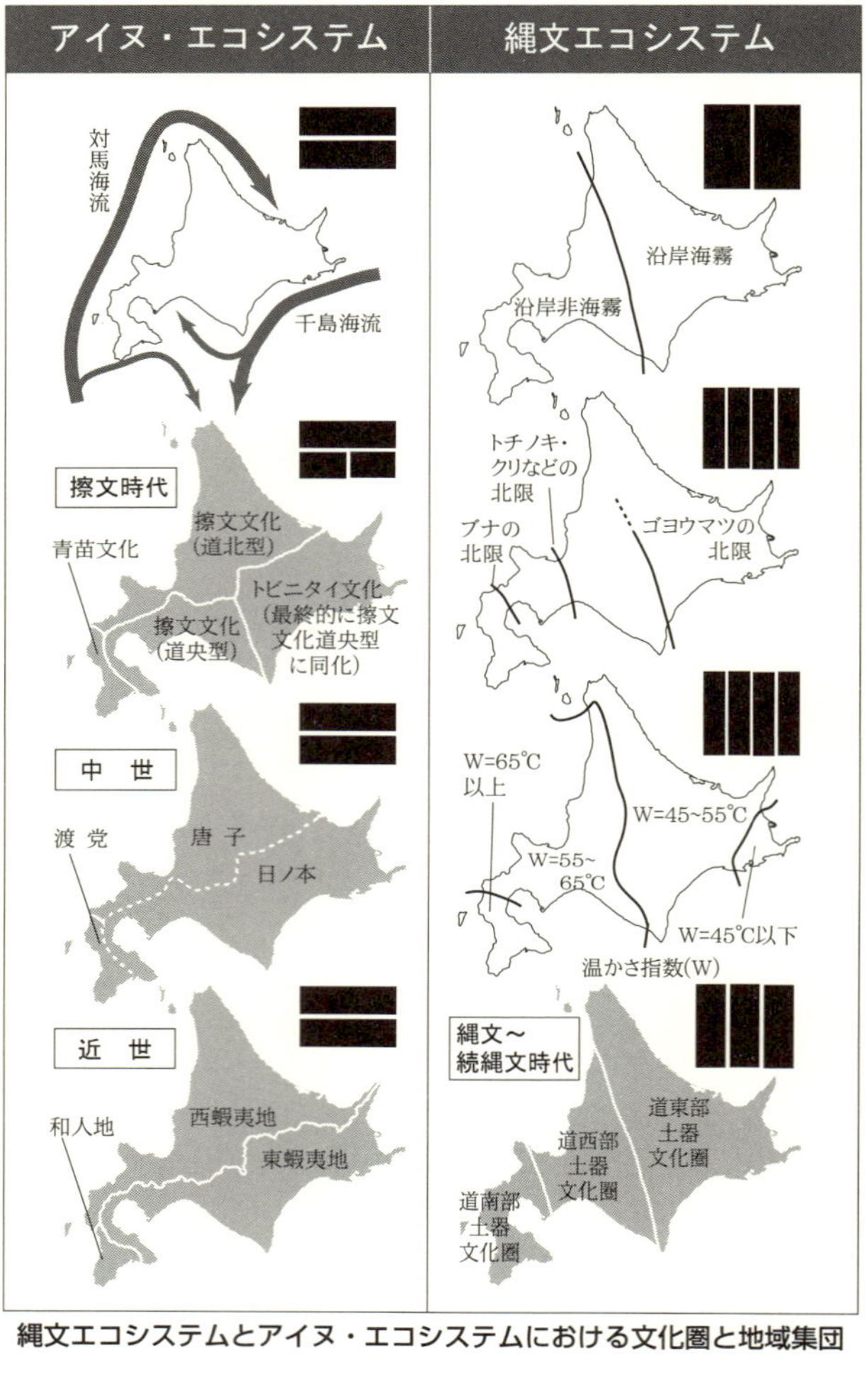

縄文エコシステムとアイヌ・エコシステムにおける文化圏と地域集団

当時の文化圏は、基本的に道東・道西・道南というタテの分割としてあらわれる。この地域的な構図は、時期によって大きく塗り替えられることもあったが、つねに揺りもどしをくりかえしてきた。こうした文化圏のありかたは、気候や動植物相といった生態系のちがいに由来するとみられる。

ところが第六章でみたように、一〇世紀中葉以降、日本海沿岸には日本海交易集団、太平洋沿岸には太平洋交易集団という海のノマドの社会が成立し、文化圏の構図はそれまでとは大きく変化していった。

北海道を日本海―オホーツク海側と太平洋側の二つに大きく分ける、この一〇世紀中葉以降の地域展開は、近世の東西蝦夷地の地域区分と共通している。同じ一〇世紀中葉に成立した青苗文化圏は、近世の和人地とほぼ同じ地域を占めている。道東のトビニタイ文化が擦文文化に同化された一二世紀末ころには、東西蝦夷地の原型ともいうべき地域的なフレームがほぼ完成したといえる。

そして、中世の渡党・唐子・日ノ本という三種類の蝦夷は、この擦文社会の青苗文化・日本海交易集団・太平洋交易集団の地域展開を引き継ぎ、近世の東西蝦夷地・和人地という地域体制につながっていった。

北海道を日本海側・オホーツク海側と太平洋側に大きく分けるヨコの分割原理は、気候や植生ではなく、北海道を取り巻く海流のありかたにかかわっていたのだろう。一〇世紀中葉以降、日本海沿岸と太平洋沿岸に成立していった流通体制は海上交通に依拠するものだったのであり、したがってこの海上交通とかかわる海流が、擦文社会の地域展開を規定していったにちがいない。

気候や植生に規定された「陸域型」文化圏から、海流にもとづく「海洋型」文化圏への広域的な社会の転換もまた、縄文エコシステムからアイヌ・エコシステムへの転換ということができる。

海のノマドは、アイヌ・エコシステムの海洋適応として誕生した人びとだったのであり、一〇世紀以降生じた北の狩猟採集民の交易適応は、たんなる狩猟漁撈への特化ではなく、精神文化から社会の構図までを塗り替える劇的なパラダイム・シフトだった。そしてこの転換は、アイヌの活力に満ちた時代の幕開けであり、格差と内部対立が拡大してゆく苦悩の時代のはじまりでもあったのだ。

おわりに——進化する社会

名誉と威信の歴史

宝を視点として縄文文化から中近世の北の狩猟採集民の歴史をたどってきた。

異文化の宝は、北の狩猟採集民の歴史に大きな変容をもたらしてきた。それは、社会の内部では蓄積のはじまりと階層化の拡大、縄文エコシステムの終焉とアイヌ・エコシステムの成立であり、また社会の外部に向かっては、オホーツク文化への侵略・同化と「日本」との共生だった。北の狩猟採集民の社会は、宝によって複雑化の道をあゆんできたといえる。

この社会の変容は、近世には深刻な問題をアイヌ社会にもたらしていた。内部対立だ。

海保嶺夫によれば、一七世紀後葉のシャクシャインの戦いの際、日高・石狩などのアイヌが三〇～四〇挺ほどの火縄銃を所持しており、これは当時の軍役規定にしたがうとほぼ二万石の大名に匹敵する鉄砲の数だった。一八世紀前葉にはエトロフ島のアイヌが鉄砲を所持しているのが確認されており、全島でかなり普及していたとみられる。

鉄砲はシャクシャインの戦いで実際に使用され、和人側に戦死者をだしているが、本来はアイヌ同士の抗争に備えるものだった可能性がある。シャクシャインの戦いの発端となったのは、同じ日高の静内川筋を占めるシャクシャインを首長とするグループと、オニビシを首長とするグループのアイヌ社会内部の対立抗争だったが、そこでも鉄砲がもちいられ、死傷者をだしているからだ。

当時チャシがさかんに造営されていた事実からみても、アイヌ社会内部の対立は常態化していた可能性がある。渡辺仁が近世アイヌ社会を「戦争複合体」と評したのは第二章でみたとおりだ。

このシャクシャインとオニビシの内部対立の原因は、シブチャリ川のサケ漁業権にあったが、サケ漁業権をめぐる対立は各地で頻発しており、ほかにも千歳川筋のイサリ川とムイサリ川、道東のフウレン川とベトカ川、ニシベツ川のサケ漁業権をめぐるアイヌ同士の対立がよく知られている。サケ漁業権をめぐる対立が先鋭化していたのは、それが交易品生産としての意味をもっていたからだ。イサリ・ムイサリの事件では、石狩アイヌが千歳アイヌの占める千歳川筋に出漁していたことが問題の発端だったが、千歳アイヌは、石狩アイヌがサケを自分たちの食料として捕るぶんにはかまわないとみていた。つまり、交易のためにサケを捕ることが問題とされていたのだ。第三章でみたように、自給食料としてのサケの消費量はたかが知れたものだったから、たんに食料確保のためならば漁業権が深刻な社会問題化することはなかっただろう。

古代から中世の北の狩猟採集民は、宝の入手をめぐってオホーツク人の領域を侵略していったが、他者を排除し屈服させるこの思想は、外部からやがて内部にも向けられていったようだ。

では、北の狩猟採集民の世界に激動をもたらしてきたこの宝とは、そもそもなんだったのか。アイヌ社会の宝をみるとき、それは名誉と威信にほかならなかった。宝をもつ者が名誉と威信をもつからこそ、宝もちであることが首長の条件となっていたのだ。宝をもたない者が貧乏人と軽蔑されたのは、かれが名誉と威信をもたない者だったからだろう。マルセル・モースがいうように、宝は「名誉の貨幣」だったのだ。

アイヌの宝とは異文化からやってくるものであり、差異そのものだった。宝をもつことは差異をもつことであり、他者とのあいだに簡単に埋めることのできない差異をもつことが名誉と威信を保証した。そして宝は他者との差異化を押し進め、社会の階層化を拡大してゆく基盤をなした。

資本主義が人びとを差異化し、差別化してゆくシステムだとすれば、北の狩猟採集民の歴史もまた、このヒエラルキカルな差異化のシステムに向かってゆくひとつの道筋だったといえるのかもしれない。

進化する社会

従来アイヌ及びアイヌ文化は、時代による変遷と地方による差異とを無視して、あまりにも単純に考えられすぎていた嫌いがあります。……アイヌ及びアイヌ文化の内容が今まで考えられていたよりも遥かに複雑であり、豊富であり……そこから北海道の先史時代の人と生活を明らかにする鍵をいくらでも摑み出してくることができるのだという印象を皆さんに持っていただくことができましたなら、私の目的は達せられたのであります（知里真志保「ユーカラの人々とその生活」）。

アイヌ出身の言語学者・知里真志保が指摘したとおり、アイヌの歴史はけっして単純なものではなく、複雑化の道をたどってきた。本書はそのことを明らかにしたつもりだ。

ただし、日本の歴史を単純に「進歩」と評価するのがむずかしいように、アイヌ社会のこの複雑化の歴史をどのように評価するか、考え方はさまざまだろう。アイヌの歴史は名誉と威信を求める誇り高い歴史だったが、それは不平等や戦争の思想と一体のものだった。柔軟な自然利用と過少生産の縄文エコシステムは、硬直した自然利用と過剰生産のアイヌ・エコシステムに転換したが、それは同時に「日本」との共生の体系でもあった。進歩とも退歩とも単純に割り切れないこの両面性こそ、アイヌ社会の複雑化の実態だったといえる。

しかし、はっきりしているのは、この社会の複雑化は「進化」、つまり差異の体系としての社会が差異の分節化と肥大に向かってゆく過程だったということだ。

弥生・古墳社会や律令国家といった「南」からの直接間接の影響と、オホーツク文化や中国王朝といった「北」からの直接間接の影響の狭間にあって、複雑化という「進化」をたどらなければ、北の狩猟採集民には早晩、同化という差異の淘汰の道しか残されていなかっただろう。かれらの複雑化は、かれらという差異が生き残ろうとし、生き抜いてきた軌跡として理解しなければならないものだ。その点でこの「進化」は、私たちの評価など越えたところにあるともいえる。

本書は、アイヌの社会進化の歴史が縄文文化以降、私たちのそれとはかなりちがったものであり、またある意味ではよく似かよったものであることを示した。アイヌは狩猟採集に「とどまった」のではなく、歴史的な環境のなかで狩猟採集を「選びとった」のであり、私たちの歴史とつねに同時代を生き、深く交流しながら、複雑な狩猟採集社会としてちがった進化を遂げてきたのだ。アイヌ社会は最終的に日本社会に支配されたが、それは二つの集団間の力学的な問題であり、社会進化の優劣とは関係がない。

そしてこのアイヌ社会の進化は、名誉と威信という価値と深く結びついていた。宝が北の狩猟採集民の歴史をかえてきたといったが、かれらがなぜ宝を追い求めるノマドであったかといえば、宝が名誉と威信をもたらしたからだ。私たちは、私たちとはちがう価値を至上のものとし、ちがうかたちで進化した社会があったことを受け入れなければならないだろう。

アイヌの歴史を知ることの意味

砂沢《すなざわ》クラさんは、私が暮らしている旭川で生まれ育ち、明治から平成を生きたアイヌ女性だ。上川に和人が集団入植して数年後に首長の娘として生まれ、伝統的な文化を継承しながら、貧窮と迫害のなかを生きてきた。その彼女の自伝である『ク スクップ オルシペ――私の一代の話』は忘れられない本の一冊だ。

その本のなかで私は、私自身が暮らしているこの旭川で、動物や祖先と濃密に交感し、神謡や伝承とともに生きてきた人たちがいること、つまり同じ都市環境のなかに生きながら、まったくちがった世界がみえている人びとがいることを、強い現実感をもって知ることができた。どこまでも均質にみえる世界のなかに、異文化が重なりあっているのを体感したのだ。

同じ上川アイヌの女性・杉村京子《すぎむらきょうこ》さんの自伝「半生を語る――近文《ちかぶみ》メノコ物語」も、強く心に残る。

一人暮らしで気兼ねのいらない老婆（フチ）の家には、仲間のフチが集まって、のんびりと背負い袋（サラニップ）や背負い縄（タラ）を作ったり、花ござ（チタラペ）を織ったりしながら、即興歌（ヤイサマ）や踊り（ウポポ）や昔話（トゥイタク）を楽しむ声が外にもれ、時にはフチ同士で日向ぼっこをしながらすき櫛で互いに頭のしらみ（ウリキ）を退治しあうなど、本当にのどかなものでした……。

第二次大戦前の旭川ではまだこのような異文化の世界がみられたのだ。

アイヌという差異は世界の複雑さをかいまみせてくれる。それを知るのは刺激的な体験であり、私たちを活性化するだろう。アイヌ文化は、私たちへのかけがえのない贈り物といえる。

ところで、最近は耳をおおいたくなるようなニュースがあふれている。人びとはつながりを失い、とげとげしい剝《む》きだしのエゴになってゆくようにみえる。商品と貨幣によって媒介された現代の社会は、自己と他者の差異化を徹底的におしすすめ、差異のヒエラルキーのなかで一人一人が孤立し、おたがいに無関心なバラバラの差異になるところまで、私たちを連れてゆこうとしているのかもしれない。

しかし、連帯を欠いた差異に未来はない。アイヌという差異と連帯し、共に生きることができなければ、私たち一人一人が孤立し、剝きだしの差異になる未来を回避することなど、とうていできないにちがいない。アイヌの歴史を知り、アイヌと私たちの関係のなりたちを知ることは、私たち自身の未来をかえる、ひとつのステップにほかならないはずだ。アイヌはなぜ私たちではないのか、アイヌの歴史がなぜ私たちの歴史ではないのか——。あまりに身近で区別しがたいアイヌという存在を相対化し、他者の視線を自分のなかに取りこむという点でも、アイヌの歴史を学ぶ意味は大きいといえる。

アイヌの民族や文化が不変の実体であるのか、あるいは創られた伝統であるのかという「本質主義」と「構築主義」の議論がなされてきた。歴史的にみれば、アイヌは異文化との交流を通じてつねに変容し、狩猟採集の実体についても、劇的な変化を遂げていたことを本書は明らかにした。しかしこの「本質」か「虚構」かという議論のなかで、ときに忘れられているようにみえるのは、私たちのまえにはアイヌとして生きようとし、アイヌとして生きてゆかなければならない人びとが存在するという、リアルな差異の現実だ。

単一民族・単一文化という同一化の「虚構」が圧倒的な力で支配するなか、勇気をもって差異という「本質」を誇り高く生きてゆこうとする人びと。だが、それは叶えられているか。私たちが考えなければならないのは、このことだろう。

参考文献

●はじめに

網野善彦『無縁・公界・楽』平凡社ライブラリー、一九九六年
市川光雄「平等主義の進化史的考察」『ヒトの自然誌』平凡社、一九九一年
クラストル、ピエール『国家に抗する社会』書肆風の薔薇、一九八七年
村井章介『アジアのなかの中世日本』校倉書房、一九八八年
モーリス＝鈴木、テッサ『辺境から眺める』みすず書房、二〇〇〇年

●第一章

石田肇・近藤修「骨格形態にもとづくオホーツク文化人」『北の異界』東京大学総合研究博物館、二〇〇二年
今泉隆雄・藤沢敦「東北」『列島の古代史1—古代史の舞台』岩波書店、二〇〇六年
海保嶺夫『日本北方史の論理』雄山閣、一九七四年
海保嶺夫『エゾの歴史』講談社学術文庫、二〇〇六年
菊池勇夫「蝦夷島と北方世界」『日本の時代史19—蝦夷島と北方世界』吉川弘文館、二〇〇三年
高倉新一郎『アイヌ政策史』日本評論社、一九四三年
田村俊之「道央部のアイヌ文化」『新北海道の古代3—擦文・アイヌ文化』北海道新聞社、二〇〇四年
徳井由美「北海道における一七世紀以降の火山噴火とその人文環境への影響」『徳井由美業績集』徳井由美業績集刊行会、一九九五年
中村和之「北の『倭寇的状況』とその拡大」『北の内海世界』山川出版社、一九九九年
埴原和郎「日本人の形成」『講座日本通史』一、岩波書店、一九九三年
藤尾慎一郎『縄文論争』講談社選書メチエ、二〇〇二年
松村博文「渡来系弥生人の拡散と続縄文人時代」『国立歴史民俗博物館研究報告』一〇七、国立歴史民俗博物館、二〇〇三年
松本建速『蝦夷の考古学』同成社、二〇〇六年
三浦圭介「北奥の巨大防御性集落と交易・官衙類似遺跡」『歴史評論』六七八、校倉書房、二〇〇六年

●第二章

青野友哉「恵山文化と交易」『新北海道の古代2—続縄文・オホーツク文化』北海道新聞社、二〇〇三年
乾　芳宏「美沢川流域の環状土籬群」『北海道考古学』一

七、一九八一年
岩崎奈緒子『日本近世のアイヌ社会』校倉書房、一九九八年
宇田川洋「北海道のチャシの様相」『北東アジア交流史研究』塙書房、二〇〇七年
加藤邦雄「道南・道央地方の墳墓」『縄文文化の研究6—続縄文・南島文化』雄山閣出版、一九八二年
木村英明「柏木B遺跡からカリンバ3遺跡」『カリンバ3遺跡』恵庭市教育委員会、二〇〇三年
ゴドリエ、モーリス『人類学の地平と針路』紀伊國屋書店、一九七六年
佐々木利和『アイヌ文化誌ノート』吉川弘文館、二〇〇一年
サーヴィス、エルマン『民族の世界』講談社学術文庫、一九九一年
サーリンズ、マーシャル「プア・マン、リッチ・マン、ビッグ・マン、チーフ」『進化と文化』新泉社、一九七六年
瀬川拓郎「狩猟採集という選択」『歴博フォーラム　弥生時代はどう変わるか』学生社、二〇〇七年
瀬川拓郎「縄文—続縄文移行期の葬制変化」『縄文時代の考古学9—死と弔い』同成社、二〇〇七年
高倉新一郎『アイヌ政策史』日本評論社、一九四三年
知里幸恵編訳『アイヌ神謡集』岩波文庫、一九七八年
中沢新一『熊から王へ』講談社選書メチエ、二〇〇二年
長沼　孝「狩猟採集民の副葬行為」『季刊考古学』七〇、雄山閣、二〇〇〇年
平山裕人「チャシ文化と交易」『アイヌのチャシとその世界』北海道出版企画センター、一九九四年
モース、マルセル『社会学と人類学』一、弘文堂、一九七三年
矢吹俊男「縄文時代の墓制」『続北海道五万年史』郷土と科学編集委員会、一九八五年
矢吹俊男「美沢川流域の環状土籬」『資料集シンポジウム縄文の風景をさぐる』北海道考古学会、一九九六年
渡辺　仁「チャシとイコロ」『新版古代の日本・月報』六、角川書店、一九九二年

●第三章

石附喜三男「アイヌ文化における古代日本的要素伝播の時期に関する一私見」『古代文化』一九—五、一九六七年
石附喜三男「『蝸牛考』とアイヌ文化論」『北海道の文化』二一、一九七一年
大塚達朗「『サケ・マス論』とは何であったか」『生業の考古学』同成社、二〇〇六年
岡田淳子『北の民族誌』アカデミア出版会、一九九九年
金子浩昌「青苗貝塚の動物遺存体の特徴と擦文人の経済活動について」『青苗貝塚における骨角器と動物遺存体』奥尻町教育委員会、二〇〇三年

木村英明「遺跡からみる生産と祈り」『小清水町アオシマナイ遺跡発掘調査報告』小清水町教育委員会、二〇〇三年
小林真人「北海道の戦国時代と中世アイヌ民族の社会と文化」『北の内海世界』山川出版社、一九九九年
斉藤享治『日本の扇状地』古今書院、一九八八年
坂井秀弥「水辺の古代官衙遺跡」『古代王権と交流』三、名著出版、一九九六年
佐々木利和『アイヌ文化誌ノート』吉川弘文館、二〇〇一年
佐藤孝雄「中・近世における北海道アイヌの狩猟と漁撈」『考古学ジャーナル』四二五、一九九七年
鈴木忠司「岩宿時代の水と川をめぐる立地論」『朱雀』一八、京都文化博物館、二〇〇六年
瀬川拓郎「アイヌのサケ加工と移出に関する基礎的研究」『アイヌ関連総合研究等助成事業研究報告』四、(財)アイヌ文化振興・研究推進機構、二〇〇五年
瀬川拓郎『アイヌ・エコシステムの考古学』北海道出版企画センター、二〇〇五年
中川　裕「『ことば』が語るアイヌ人と和人の交流史」『北からの日本史』二、三省堂、一九九〇年
新美倫子「縄文時代の北海道における海獣狩猟」『東京大学文学部考古学研究室研究紀要』九、一九九〇年
西本豊弘「北海道の縄文・続縄文文化の狩猟と漁撈」『国立歴史民俗博物館研究報告』四、一九八四年
西本豊弘「北海道の狩猟・漁撈活動の変遷」『国立歴史民俗博物館研究報告』六、一九八五年
渡部　裕「北東アジア沿岸におけるサケ漁1」『北海道立北方民族博物館研究紀要』五、一九九六年

●第四章

大石直正「地域性と交通」『講座日本通史』七、岩波書店、一九九三年
菊池勇夫「鷲羽と北方交易」『キリスト教文化研究所研究年報』二七、宮城学院女子大学キリスト教文化研究所、一九九三年
菊池俊彦『環オホーツク海古代文化の研究』北海道大学図書刊行会、二〇〇四年
菊池俊彦「カムチャツカ半島出土の寛永通宝」『北からの日本史』二、三省堂、一九九〇年
児島恭子『アイヌ民族史の研究』吉川弘文館、二〇〇三年
児玉作左衛門『明治前日本人類学・先史学史』日本学術振興会、一九七一年
佐々木利和『アイヌ絵誌の研究』草風館、二〇〇四年
瀬川拓郎「釧路市出土の底面刻印土器について」『中世日本列島北部からサハリンにおける民族の形成過程の解明』北海道大学総合博物館、二〇〇七年
鳥居龍蔵「聖徳太子絵伝蝦夷降伏の絵に就いて」『阿夷奴研

究』二、一九一七年
長澤政之『近世蝦夷地、場所請負制下のアイヌ社会』東北学院大学大学院文学研究科提出博士論文、二〇〇五年
中村和之「一三～一六世紀の環日本海地域とアイヌ」『中世後期における東アジアの国際関係』山川出版社、一九九七年
中村和之「アイヌの沈黙交易について」『第一六回北方民族文化シンポジウム報告』北海道立北方民族博物館、二〇〇二年
中村和之「元朝のサハリン進出をめぐる北方先住民の動向」『中世総合資料学の提唱』新人物往来社、二〇〇三年
蓑島栄紀「平安期における『粛慎』について」『北東アジア国際シンポジウム　サハリンから北東日本海域における古代・中世交流史の考古学的研究予稿集』中央大学文学部日本史学研究室、二〇〇四年
Mcgrady, M.J., Ueta, M., Potapov, E., Utekhina, I., Masterov, V.B., Fuller, M., Seegar, W.S., Ladyguin, A., Lobkov, E.G. & Zykov, V.B. 2000. Migration and Wintering of Juvenile and Immature Steller's Sea Eagles. *Ueta, M. & Mcgrady, M.J. (eds) First Symposium on Steller's and White-tailed Sea Eagles in East Asia.* Wild Bird Society of Japan, Tokyo.

●第五章

天野哲也「オホーツク文化とはなにか」『新北海道の古代2—続縄文・オホーツク文化』北海道新聞社、二〇〇三年
石附喜三男「エミシ・エゾ、アイヌの文化」『北方の古代文化』毎日新聞社、一九七四年
臼杵勲「北方社会と交易」『考古学研究』二〇六、二〇〇五年
大西秀之「トビニタイ土器分布圏における『擦文式土器』の製作者」『古代文化』四八—五、一九九六年
荻原眞子「沙流アイヌの葬制と他界観」『東北学』七、東北芸術工科大学、二〇〇二年
菊池徹夫「アイヌ史と擦文文化」『北からの日本史』二、三省堂、一九九〇年
金田一京助「平泉のミイラ」『金田一京助全集』一二、三省堂、一九九三年
熊木俊朗「サハリン出土オホーツク土器の編年」『北東アジア交流史研究』塙書房、二〇〇七年
佐原真「日本・世界の戦争の起源」『人類にとって戦いとは1—戦いの進化と国家の形成』東洋書林、一九九九年
瀬川拓郎「同化・変容・残存—住居にみるアイヌ文化の成立過程」『海と考古学』六一書房、二〇〇五年
瀬川拓郎「サハリン・アイヌの成立」『中世の東北アジアと

アイヌ』高志書院、二〇〇八年
寺沢浩一「考古学資料（人骨）の法医学的観察」『国際シンポジウム　骨から探るオホーツク人の生活とルーツ』資料、北海道大学総合博物館、二〇〇六年
中田裕香「北海道の古代社会の展開と交流」『古代王権と交流』一、名著出版、一九九六年
中村和之「一三〜一六世紀の環日本海地域とアイヌ」『中世後期における東アジアの国際関係』山川出版社、一九九七年
平川善祥「サハリン・オホーツク文化期末期の様相」『「北の歴史・文化交流研究事業」研究報告』北海道開拓記念館、一九九五年
前川要編『北東アジア交流史研究』塙書房、二〇〇七年
松木武彦『人はなぜ戦うのか』講談社選書メチエ、二〇〇一年
三野紀雄「先史時代における木材の利用」『北海道開拓記念館研究年報』二二、北海道開拓記念館、一九九四年
三野紀雄「先史時代における木材の利用三」『北海道開拓記念館研究紀要』二八、北海道開拓記念館、二〇〇〇年
三野紀雄「先史時代における木材利用」『「北の文化交流史研究事業」研究報告』北海道開拓記念館、二〇〇〇年
山田悟郎「擦文文化の雑穀農耕」『北海道考古学』三六、二〇〇〇年
Shbina, O.A. 2004. Dzilishh'a s Pechami na Mnogosloynom Poselenil Okhotskoe-3 na Yudznom Sakhaline, *Vestnik Sakhalinskogo Muzeya*, X. Yudzno-Sakhalinsk.
Prokofiev, M.M., Deryugin, V.A., and Gorbunov, S.B. 1990. *Keramika Kul'tury Satsumon i ee Nakhodki na Sakhaline i Kuril'skikh Ostrovakh*. Yudzno-Sakhalinsk.

●第六章

市川光雄「ザイール、イトゥリ地方における物々交換と現金取引」『文化を読む』人文書院、一九九一年
宇田川洋「北方地域の土器底部の刻印記号論」『日本考古学』一、一九九四年
小川英文「狩猟採集社会と農耕社会の交流・相互関係の視角」『現代の考古学5―交流の考古学』朝倉書店、二〇〇〇年
海保嶺夫『エゾの歴史』講談社選書メチエ、一九九六年
菊池勇夫「蝦夷島と北方世界」『日本の時代史19―蝦夷島と北方世界』吉川弘文館、二〇〇三年
ゴスデン、クリス「考古学・コロニアリズム・物質文化」『考古学研究』二〇六、二〇〇五年
瀬川拓郎「擦文時代の交易体制」『歴史評論』六三九、二〇

〇三年
瀬川拓郎「異文化・商品・共生」『考古学研究』二一〇、二〇〇六年
田中二郎「カラハリ砂漠の自然と人間」『地域の世界史4—生態の地域史』山川出版社、二〇〇〇年
名取武光「削箸・祖印・祖系・祖元及び主神祈より見たる沙流川筋のアイヌ」『名取武光著作集2—アイヌと考古学』北海道出版企画センター、一九七四年
ハウエル、デビッド「近世北海道における中間領域の可能性」『場所請負制とアイヌ』北海道出版企画センター、一九九八年
バートン、ブルース『日本の「境界」』青木書店、二〇〇〇年
バルト、フレドリック「エスニック集団の境界」『「エスニック」とは何か』新泉社、一九九六年
前川啓治『グローカリゼーションの人類学』新曜社、二〇〇四年
前田潮「擦文時代住居の火処について」『北方科学調査報告』一、筑波大学、一九八〇年
松本建速『蝦夷の考古学』同成社、二〇〇六年
マルクス、カール『資本論』一、国民文庫、一九七五年
三浦圭介「青森県の古代防御性集落」『蝦夷研究会青森大会シンポジウム「北日本古代防御性集落をめぐって」要旨集』蝦夷研究会、二〇〇五年
Ohtsuka, K. 1999. Itaomachip: Reviving a Boat-Building and Trading Tradition, *Ainu: Spirit of a Northern People*. National Museum of Natural History, Smithsonian Institution.

●第七章

天野哲也「アイヌ文化の形成過程」『クマ祭りの起源』雄山閣、二〇〇三年
宇田川洋「オホーツク『クマ祀り』の世界」『北の異界』東京大学総合研究博物館、二〇〇二年
榎森進『増補改訂　北海道近世史の研究』北海道出版企画センター、一九九七年
海保嶺夫『エゾの歴史』講談社学術文庫、二〇〇六年
瀬川拓郎「神の魚を追いかけて—石狩川をめぐるアイヌのエコシステム」『エコソフィア』一一、昭和堂、二〇〇三年
藤尾慎一郎『縄文論争』講談社選書メチエ、二〇〇二年
渡辺　仁「アイヌの生態系」『人類学講座12—生態』雄山閣出版、一九七七年
渡辺　仁「アイヌ文化の成立」『日本考古学論集9—北方文化と南島文化』吉川弘文館、一九八七年

●おわりに

海保嶺夫『日本北方史の論理』雄山閣、一九七四年
杉村京子「半生を語る—近文メノコ物語」『あるくみるきく』一四八、近畿日本ツーリスト、一九七九年
砂沢クラ『ク スクップ オルシペ——私の一代の話』福武文庫、一九九〇年
知里真志保「ユーカラの人々とその生活」『知里真志保著作集』三、平凡社、一九七三年

あとがき

本書では、交易を視点としてアイヌの歴史をふりかえったが、これを機会にさらにアイヌの歴史や文化に関心を広げていっていただければうれしい。

北海道考古学の概説書としては宇田川洋『アイヌ文化成立史』（北海道出版企画センター）、アイヌ史全体については田端宏・桑原真人監修『アイヌ民族の歴史と文化―教育指導の手引』（山川出版社）、アイヌ文化については『アイヌ文化の基礎知識』（草風館）をまずは参照されるのがよいだろう。いずれも専門の研究に裏打ちされたたしかな内容だが、わかりやすく、入手しやすい。

私自身のあゆみは小さなものにすぎない。しかしそれでも多くの先生や先輩の指導や応援がなければ、ここまでくることはできなかった。すでに鬼籍に入った方もおられるが、心から感謝申し上げる。また広大な北海道のなかで、日常に埋没しそうになりながら、各地でひとり懸命に発掘調査や研究に取り組んでいる若い考古学の関係者にも、この場を借りてエールをおくりたい。

本書は、選書メチエ編集部の山崎比呂志さんから執筆の機会をいただいたものである。地方で細々と研究を続けている私のようなものを「発掘」し、風変わりなアイヌの歴史を書かせてみようとおもいたった山崎さんに深い敬意を表する。また本書の執筆にあたって、つねに応援を惜しまなかった表憲章さんと岡本達哉さんに感謝したい。そして、私の家族にも。

瀬川拓郎

おもな地名

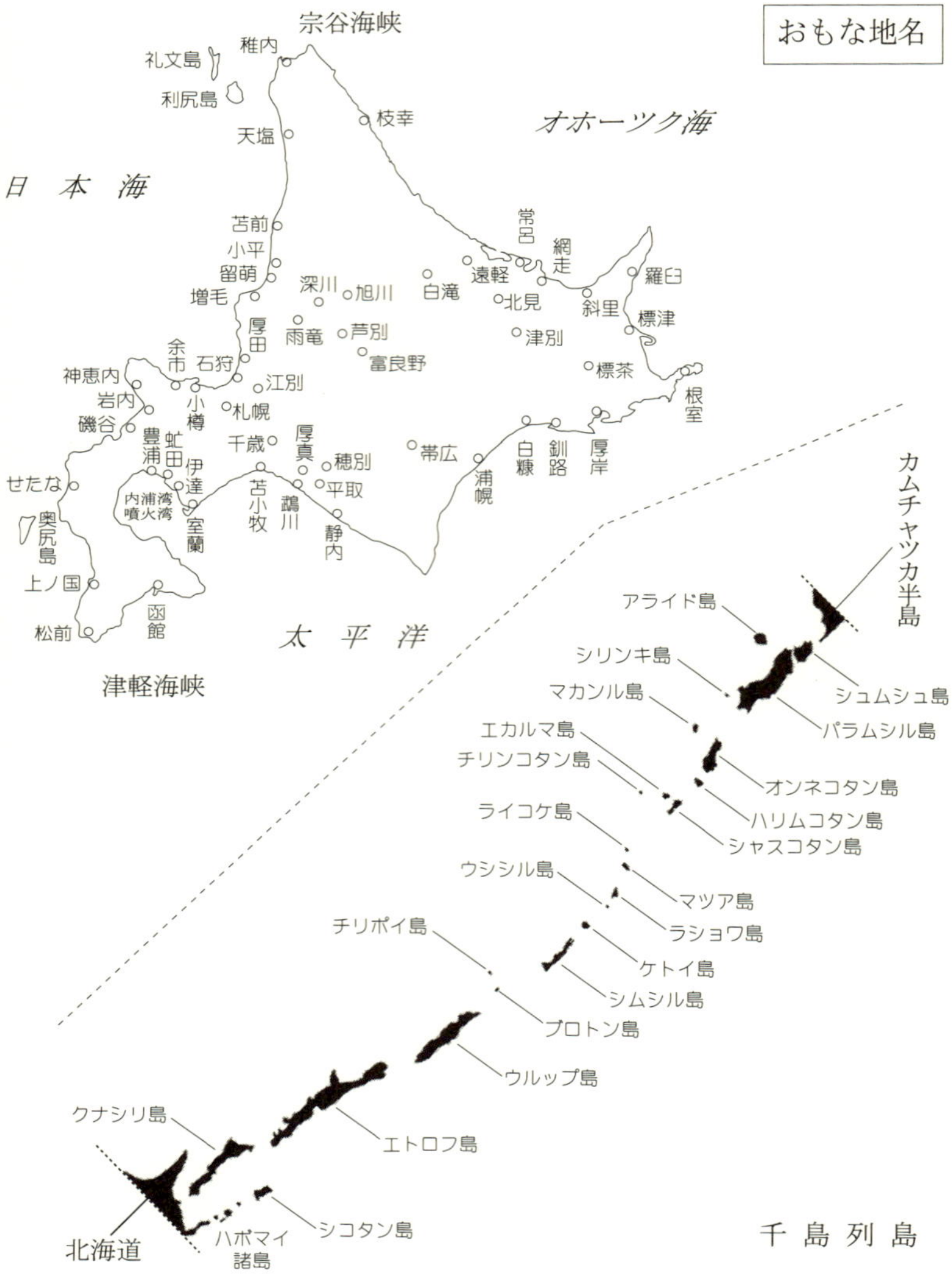
宗谷海峡
稚内
礼文島
利尻島
枝幸
オホーツク海
天塩
日本海
苫前
小平
留萌
増毛
深川
旭川
白滝
遠軽
常呂
網走
北見
羅臼
斜里
標津
厚田
雨竜
芦別
津別
富良野
余市
石狩
神恵内
江別
標茶
岩内
小樽
札幌
根室
磯谷
豊浦
虻田
千歳
厚真
帯広
穂別
白糠
釧路
厚岸
せたな
伊達
浦幌
平取
内浦湾
噴火湾
苫小牧
鵡川
室蘭
静内
奥尻島
上ノ国
函館
松前
太平洋
津軽海峡
カムチャツカ半島
アライド島
シリンキ島
シュムシュ島
マカンル島
パラムシル島
エカルマ島
チリンコタン島
オンネコタン島
ハリムコタン島
ライコケ島
シャスコタン島
ウシシル島
マツア島
ラショワ島
チリポイ島
ケトイ島
シムシル島
ブロトン島
ウルップ島
クナシリ島
エトロフ島
シコタン島
北海道
ハボマイ
諸島
千島列島

ヤ

ラ

ワ

マ

ナ

ハ

タ

サ

カ

索引

ア

アイヌの歴史《れきし》
海《うみ》と宝《たから》のノマド

二〇〇七年一二月一〇日第一刷発行　二〇二三年九月一一日第一三刷発行

著者　瀬《せ》川《がわ》拓《たく》郎《ろう》

発行者　髙橋明男
発行所　株式会社講談社
東京都文京区音羽二丁目一二—二一　郵便番号一一二—八〇〇一
電話（編集）〇三—五三九五—三五一二　（販売）〇三—五三九五—五八一七
（業務）〇三—五三九五—三六一五
装幀者　山岸義明　本文データ制作　講談社デジタル製作
印刷所　信毎書籍印刷株式会社　製本所　大口製本印刷株式会社

ISBN978-4-06-258401-2　Printed in Japan
N.D.C.211　278p　19cm

講談社選書メチエ　刊行の辞

書物からまったく離れて生きるのはむずかしいことです。百年ばかり昔、アンドレ・ジッドは自分にむかって「すべての書物を捨てるべし」と命じながら、パリからアフリカへ旅立ちました。旅の荷は軽くなかったようです。ひそかに書物をたずさえていたからでした。ジッドのように意地を張らず、書物とともに世界を旅して、いらなくなったら捨てていけばいいのではないでしょうか。

現代は、星の数ほどにも本の書き手が見あたります。読み手と書き手がこれほど近づきあっている時代はありません。きのうの読者が、一夜あければ著者となって、あらたな読者にめぐりあう。その読者のなかから、またあらたな著者が生まれるのです。この循環の過程で読書の質も変わっていきます。人は書き手になることで熟練の読み手になるものです。

選書メチエはこのような時代にふさわしい書物の刊行をめざしています。

フランス語でメチエは、経験によって身につく技術のことをいいます。道具を駆使しておこなう仕事のことでもあります。また、生活と直接に結びついた専門的な技能を指すこともあります。

いま地球の環境はますます複雑な変化を見せ、予測困難な状況が刻々あらわれています。

そのなかで、読者それぞれの「メチエ」を活かす一助として、本選書が役立つことを願っています。

一九九四年二月　　野間佐和子

KODANSHA